OBERFLÄCHENGESTALTUNG AUF KERAMIK

molly hatch

Intarsientechnik, Stempeln, Schablonieren, Zeichnen und Malen auf Ton

CV

Erstveröffentlichung in den USA unter dem Titel
„New Ceramic Surface Design"
Quarry Books, a member of Quarto Publishing
Group USA, Inc.
100 Cummings Center
Suite 406-L
Beverly, Massachusetts 01915-6101

Für die deutsche Ausgabe:
© 2017 Christophorus Verlag GmbH & Co. KG,
Rheinfelden
ISBN 978-3-8388-3651-5
Art.-Nr. 3651

Übersetzung: Wiebke Krabbe
Redaktion: Xenia Kuczera
Satz und Covergestaltung: GrafikwerkFreiburg

Printed in China

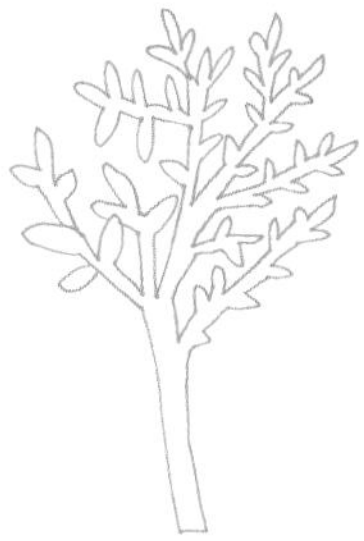

Für alle, von denen ich auf meinem Weg lernen durfte
– vielen Dank!

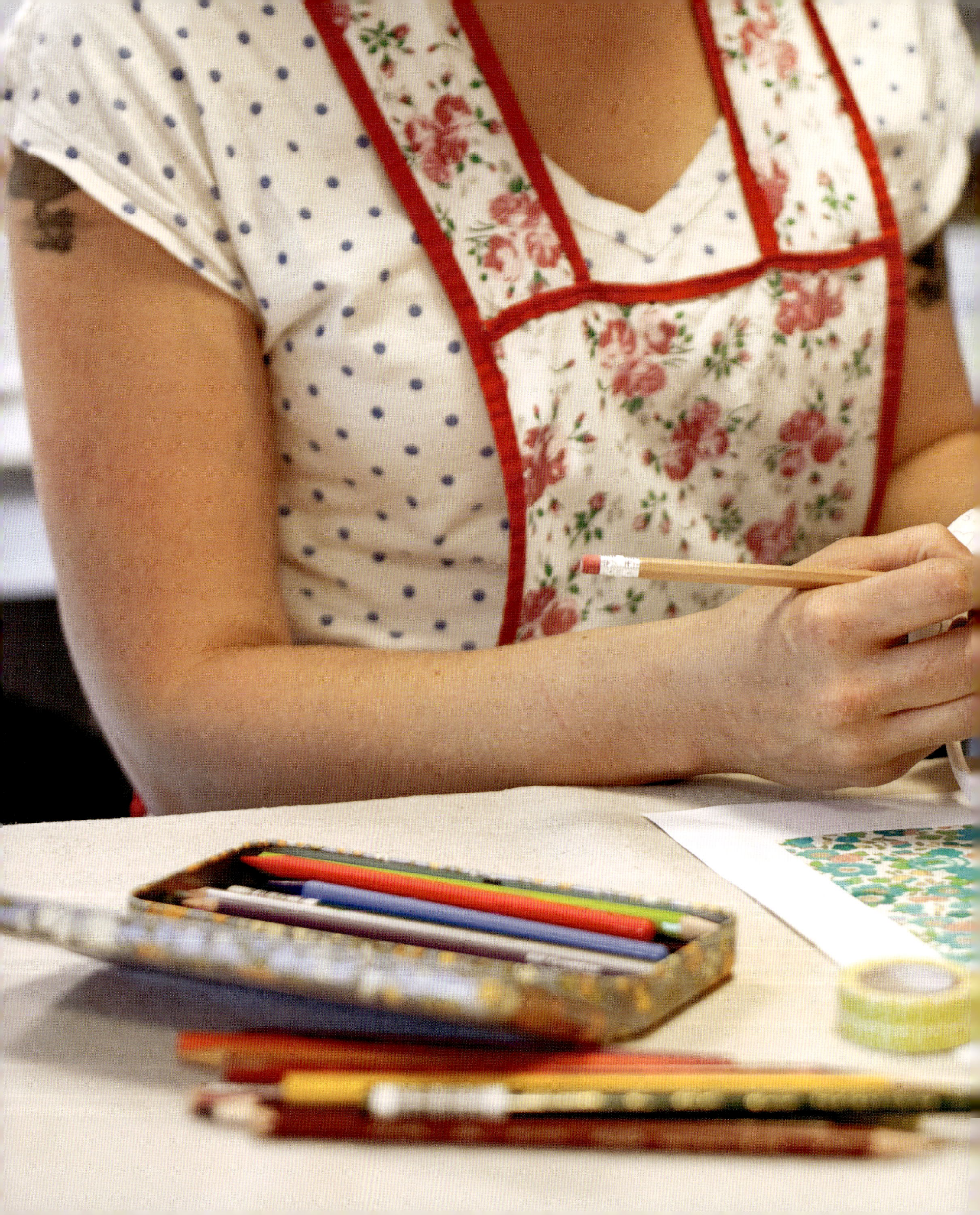

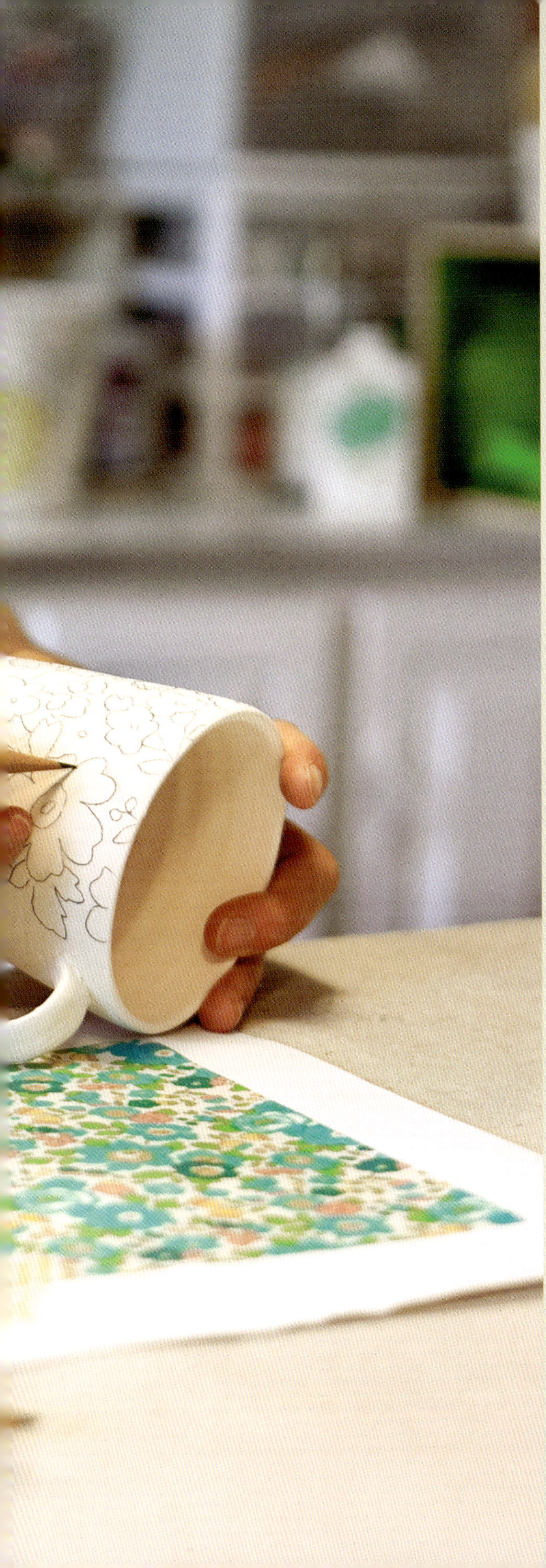

INHALT

VORWORT

Beim Töpfern konzentrieren wir uns oft hauptsächlich auf die Form und ihre Ausarbeitung. Normalerweise besteht der erste wichtige Lernabschnitt darin, Formen aus Ton zu erschaffen. Erst wenn wir ausreichende Sicherheit in der Formgebung gewonnen haben, wenden wir uns der keramischen Oberfläche zu. Und da gibt es fantastische Möglichkeiten zu entdecken.

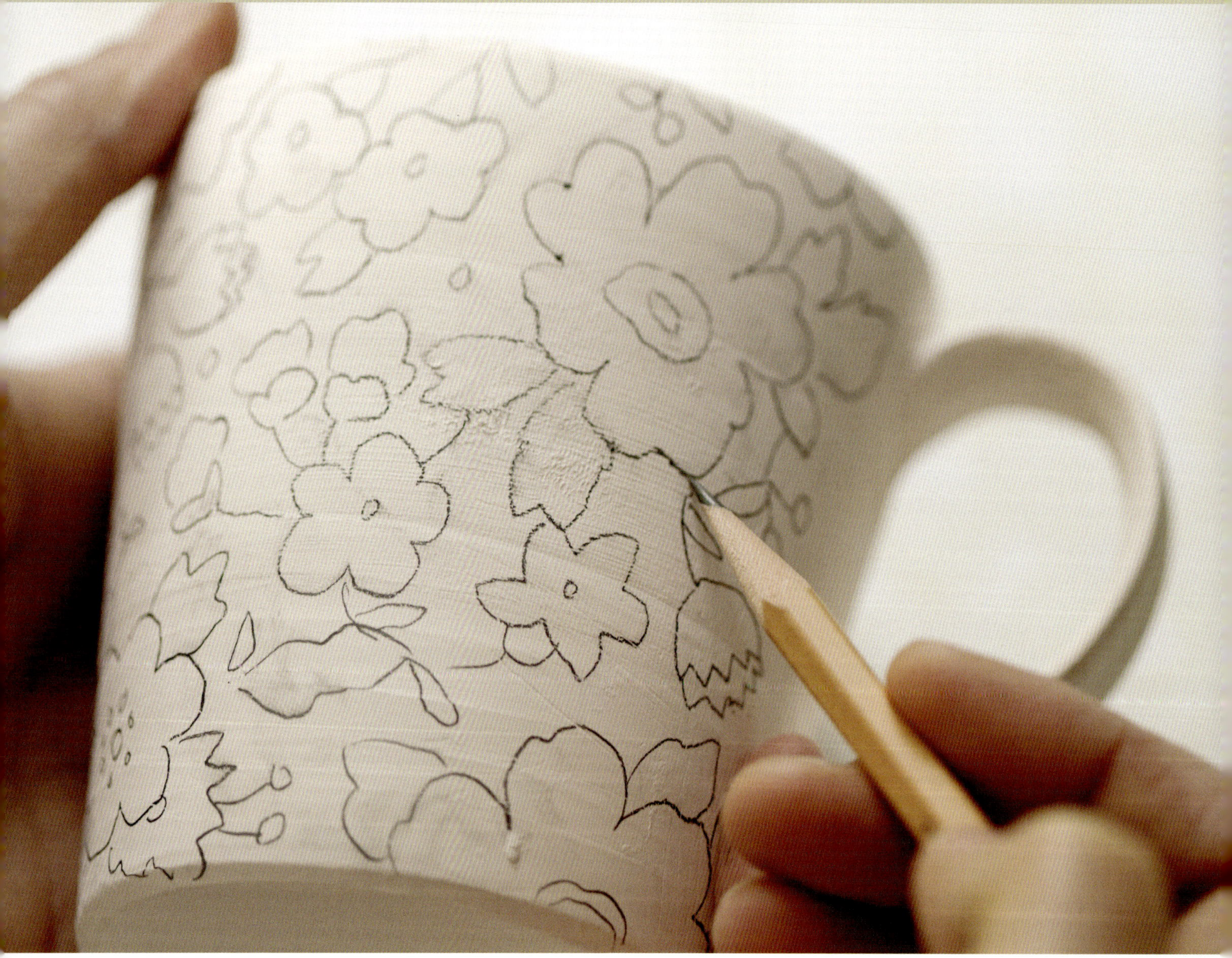

Lange Zeit habe ich meine Gefäße kaum verziert oder, ihre Oberflächen nur mit gestempelten Dekoren zu verziert. Meine Herangehensweise an die Oberflächendekoration hat sich grundlegend gewandelt, als einer meiner Dozenten mir zeigte, wie ich auf den Oberflächen von Gebrauchsgefäßen aus Ton zeichnen konnte – fast so wie auf Papier. Danach packte mich das Keramikfieber. Die keramische Oberfläche ist ein Malgrund, auf dem ich nach Herzenslust zeichnen, malen oder grafische Muster gestalten kann, und bei meinen Arbeiten steht heute die Oberflächengestaltung im Vordergrund.

Dieses Buch habe ich für alle geschrieben, die interessante Oberflächendekore auf Ton gestalten möchten, aber noch nicht die richtige Technik gefunden haben. Auf den folgenden Seiten stelle ich viele Techniken vor, für die nur einfache Werkzeuge und Materialien und eine klare Glasur als Überzug benötigt werden. Ich gehe zwar davon aus, dass Sie Grundkenntnisse der Töpferei und der Formgebung besitzen, dennoch verstehe ich dieses Buch als Werk für Einsteiger, die sich an die Oberflächengestaltung herantasten möchten. Ich habe mich bemüht, praxisnah und leicht verständlich zu schreiben, denn mir ist bewusst, dass meine Leser sehr unterschiedliche Vorkenntnisse besitzen. Weil das Malen und Zeichnen nicht jedem liegt, habe ich am Ende des Buchs Vorlagen und Schablonen für alle Projekte zusammengestellt. So können Sie einzelne Techniken ausprobieren, ohne selbst Motive oder Muster zu entwerfen.

Das Buch zeigt Gestaltungstechniken für ungebrannte Tonkörper und für geschrühte Objekte. Der Einfachheit halber wird für die Farbgestaltung immer Unterglasur verwendet, und für den schützenden Überzug eine klare oder getönte Glasur. Schon mit diesen wenigen Materialien ergeben sich zahllose Möglichkeiten, keramische Objekte zu dekorieren.

Die erste Gestaltungstechnik, die meine Begeisterung weckte, war Sgraffito, die auf der Tonoberfläche ähnlich aussieht wie ein Holzschnitt. Als ich geschickter wurde, veränderte sich mein Stil und ich wollte gern feinere Linien dem Ton gestalten. So probierte ich die Mishima- oder Intarsientechnik mit Schlicker und stellte fest, dass man mit dieser Methode auf Ton fast so gut zeichnen kann wie auf Papier. Bis heute bevorzuge ich diese Technik, weil sie meinen Arbeiten ihr typisches Aussehen mit einer charakteristischen Liniensprache gibt. Aber kombiniere ich die Intarsientechnik auch gern mit anderen Methoden. Viele habe ich von meinen Dozenten gelernt, andere in Workshops, von Freunden oder Kollegen. Obwohl es sich größtenteils um traditionelle Methoden handelt, habe ich die Arbeitsweisen und Werkzeuge abgewandelt, um Keramik in meinem ureigenen Stil zu gestalten.

Dieses Buch ist in sechs Kapitel gegliedert. In den ersten drei Kapiteln erfahren Sie alles Wesentliche über die Werkzeuge und die Ideenfindung für Ihre Projekte. Gerade das Sammeln von Inspirationen und Bildmaterial ist nicht immer einfach, spielt aber eine wichtige Rolle. Ich erkläre auch, wie man Formen gestaltet, deren Oberflächen sich gut dekorieren lassen, und welche grundlegenden Kompositionstechniken sich für die Oberflächen dreidimensionaler Formen eignen.

In den Kapiteln 4, 5 und 6 folgen konkrete Projekte mit vielen praktischen Tipps. Kapitel 4 hat lineare Muster zum Thema. In Kapitel 5 geht es um Texturen, und Kapitel 6 befasst sich der Form von Motiven. Eine kleine Auswahl wichtiger Fachausdrücke wird im Glossar am Ende des Buchs erklärt. Dort finden Sie auch Rezepte, die ich in meiner Werkstatt erprobt habe, und die Sie als Alternative zu gekauften Produkten einmal ausprobieren könnten. Und schließlich verrate ich meine Lieblings-Bezugsquellen für Werkzeuge und Materialien wie fertige Glasuren, Unterglasuren oder Färbemittel.

Zum Ende jedes Projekts stelle ich einen Keramikkünstler vor, dessen Arbeit mir gefällt und der mit der vorgestellten Technik arbeitet. Manche haben jahrelange Erfahrung, andere sind recht neu dabei, aber alle haben inspirierende Arbeiten gestaltet, an denen sich die Möglichkeiten der jeweiligen Technik gut zeigen lassen. Lassen Sie sich von diesen Beispielen anregen, selbst neue Variationen der Techniken zu erfinden.

Betrachten Sie dieses Buch als Sprungbrett und finden Sie Ihren eigenen Stil der Oberflächengestaltung. Ich möchte Einsteigern das nötige Grundwissen vermitteln und versierten Töpfern interessante Anstöße geben. Mich fasziniert an der Oberflächengestaltung, dass sie unerschöpfliche Möglichkeiten bietet. Es macht mir Freude, meine Arbeiten zu dekorieren, und ich hoffe, Ihnen wird es ebenso gehen. Wandeln Sie die Projekte ab, erfinden Sie neue Werkzeuge und passen Sie die Arbeitsweise Ihrem jeweiligen Keramikobjekt an. Bei jedem Stück, das Sie dekorieren, können Ideen für weitere Objekte entstehen, und auf manche werden Sie immer wieder zurückgreifen. Vor allem aber möchte ich mit diesem Buch meine Begeisterung für die Oberflächengestaltung teilen. Geben Sie sie weiter!

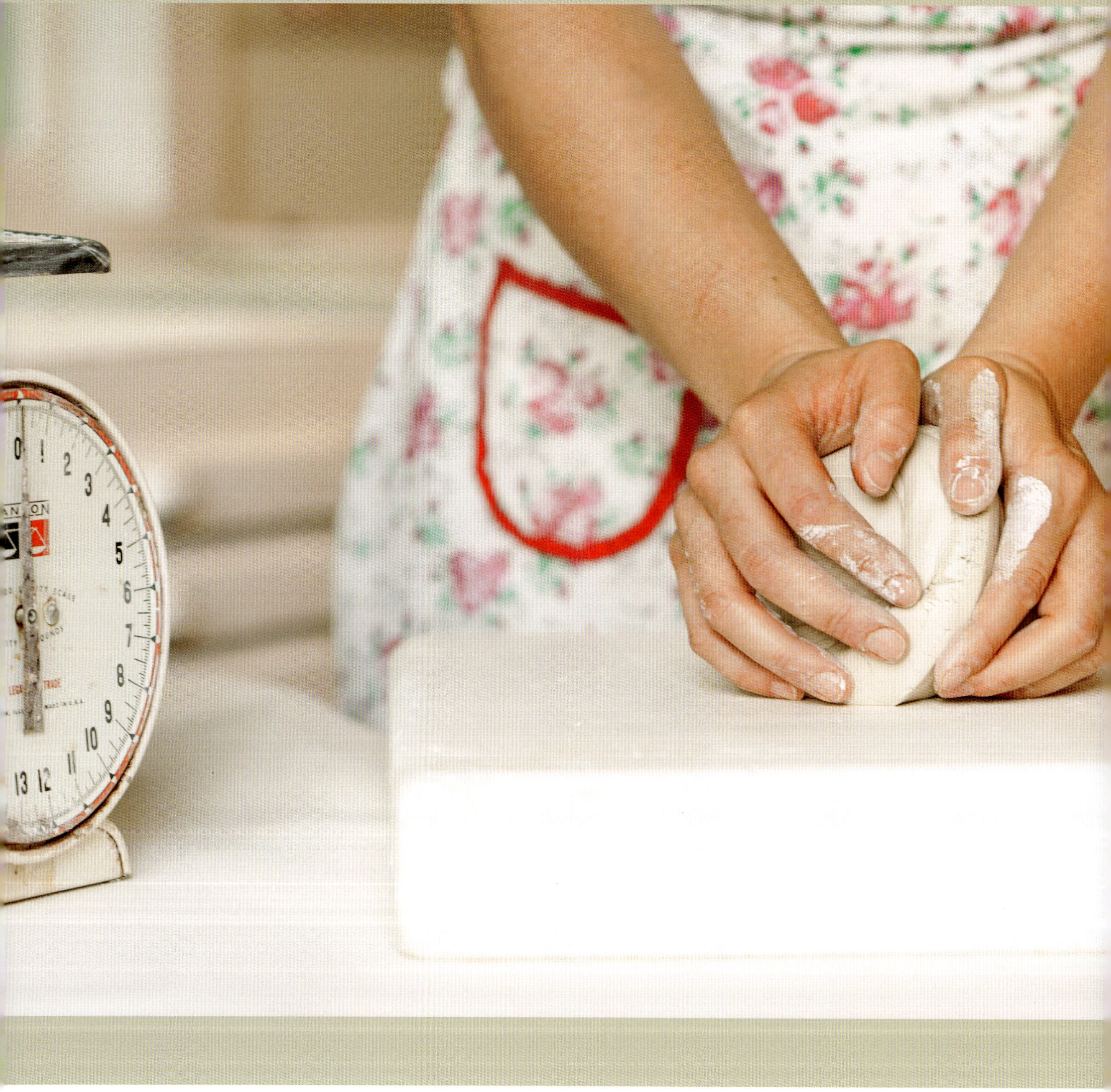

1

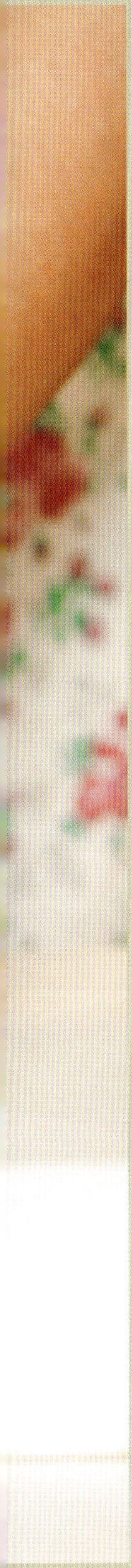

GRUND-WISSEN

In diesem Kapitel erfahren Sie Wissenswertes über Materialien und Werkzeuge, die Sie für die Projekte in Kapitel 4–6 brauchen. Sie sollten über eine einfach ausgestattete Werkstatt verfügen und Grundkenntnisse der Töpferei besitzen. Ich habe zwar für die Projekte in diesem Buch Porzellanton verarbeitet, aber Sie können gern den Ton verarbeiten, mit dem Sie am besten zurechtkommen. Ich möchte Sie ausdrücklich ermutigen, die Projekte so abzuwandeln, dass sie Ihren persönlichen Arbeitsmethoden am besten entsprechen. Wenn Sie ein neues Material ausprobieren, verwenden Sie es zuerst für eine kleine Probearbeit, bevor Sie sich ein größeres Projekt vornehmen.

Gute handwerkliche Arbeit gelingt nur mit den richtigen Materialien und Werkzeugen. Im folgenden Kapitel stelle ich die Werkzeuge vor, die ich bevorzuge, und erkläre die Gründe dafür. Außerdem gehe ich auf typische Schwierigkeiten ein, die bei den Projekten auftreten können, und gebe praktische Tipps, wie Sie solche Probleme selbst lösen können.

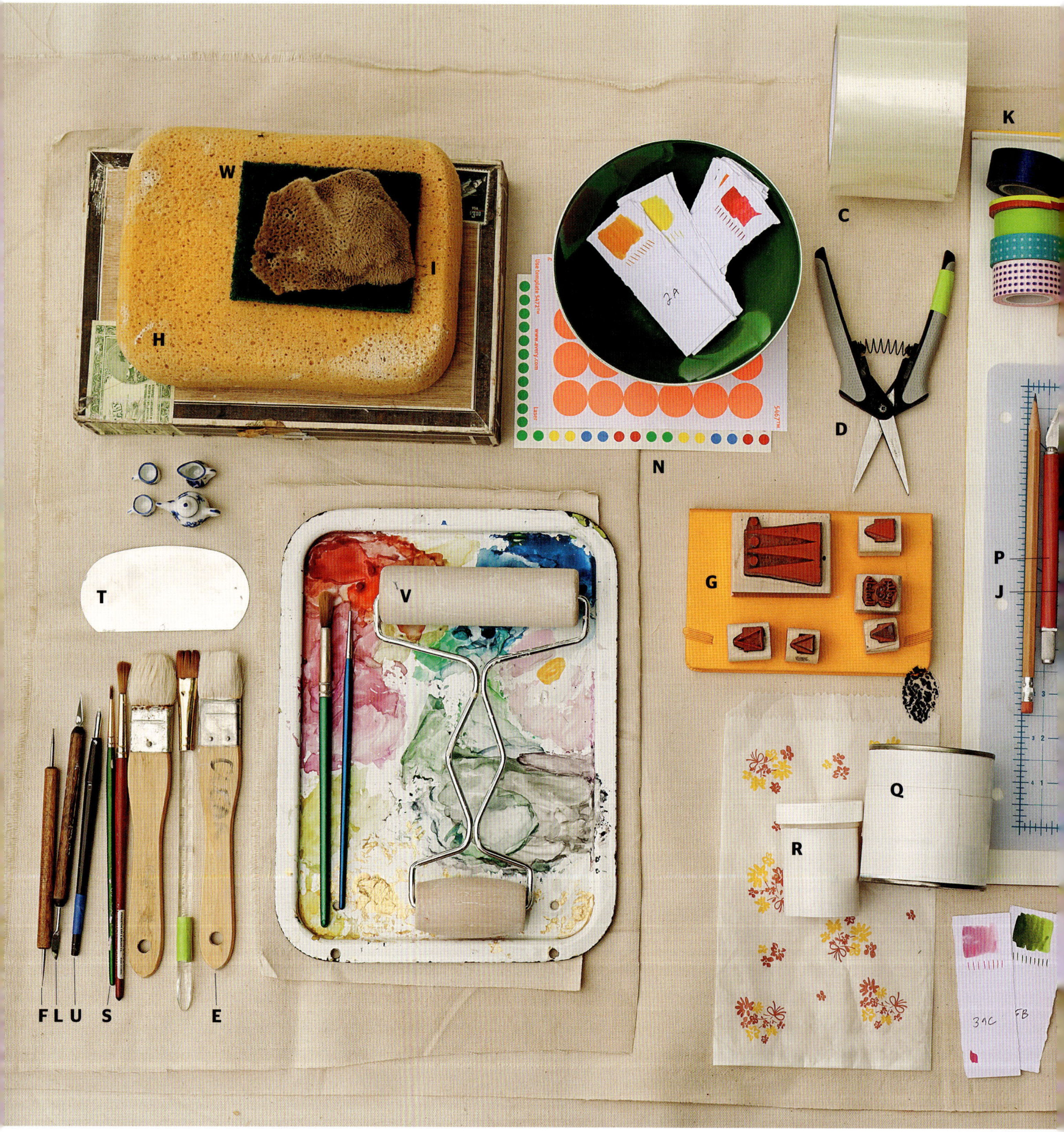
W
I
H
N
C
K
D
G
P
J
T
V
Q
R
F L U S
E

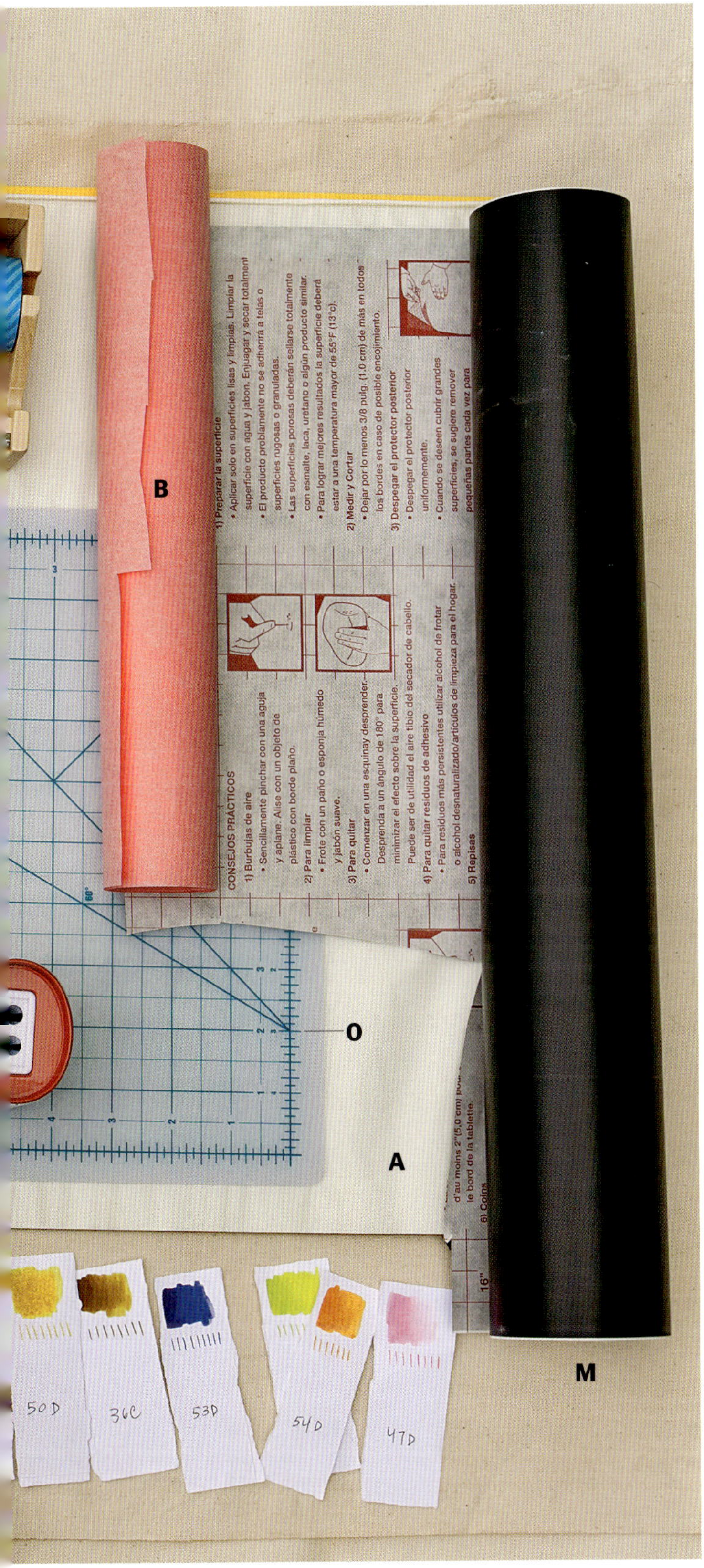

WERKZEUGE

Viele Werkzeuge kommen bei fast allen Projekten zum Einsatz. Für manche Projekte sind aber spezielle Werkzeuge notwendig.
Hier stelle ich die Werkzeuge vor, die ich für die später gezeigten Gestaltungstechniken bevorzuge. Sie haben sich für mich bewährt, und ich greife immer wieder zu ihnen. Jede Projektanleitung beginnt mit einer Liste der Werkzeuge, aber Sie sollten unbedingt auch mit Ihren eigenen experimentieren. Als ich beispielsweise die Mishima-Technik lernte, riet man mir, die Linien mit einem Cutter zu ritzen. Ich fand die Striche, die damit entstanden, aber zu eckig. Weich geschwungene Linien, wie sie mir vorschwebten, ließen sich mit dem Cutter nicht verwirklichen. Also probierte ich andere Werkzeuge aus und entschied mich letztlich für einen Federhalter mit Schreibfeder. Damit gelang die Liniensprache, die ich mir wünschte. Greifen Sie ruhig auch zu Werkzeugen, die nicht für die Tonbearbeitung gedacht sind. Vielleicht entdecken Sie gerade dabei Ihren Favoriten.

A Transparentpapier
B Transferpapier
C transparentes Paketklebeband
D Schere
E Hake-Pinsel, 2,5 cm
F Modelliergriffel mit Kugelspitze
G Gummistempel
H Synthetikschwämme
I Naturschwamm
J Unterglasurstift
K Washi Tape
L Modellierwerkzeug mit Speerspitze
M Klebefolie
N Klebepunkte
O Schneidematte
P Cutter
Q Schellack
R Reinigungsalkohol
S Aquarellpinsel in verschiedenen Stärken
T Metallschaber
U Federhalter und harte Schreibfeder
V Gummiwalze
W Küchen-Scheuerpad

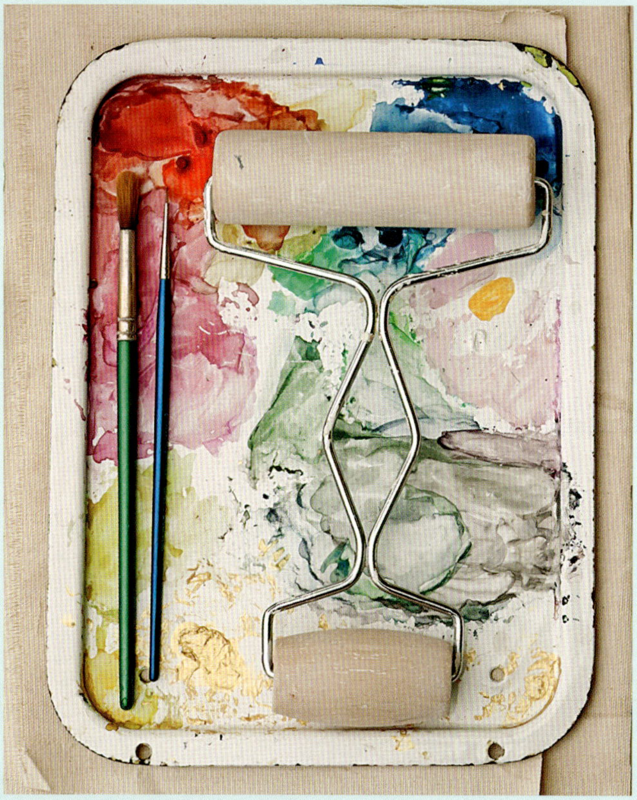

» Transparentpapier

Weil keramische Oberflächen und Motive unterschiedlich groß sein oder ungewöhnlich geformt sein können, ist es ratsam, Transparentpapier in einem großen Format anzuschaffen, z. B. A3.

» Transferpapier

Ich bevorzuge Saral Red, weil es wachsfrei ist, und weil sich die Striche auf Papier und geschrühtem Ton ausradieren lassen. Manche Arten von Graphit- oder Kohlepapier sind ebenfalls geeignet, einige enthalten jedoch Wachs. Fett und Wachs können auf geschrühter Keramik die Haftung von Glasur verhindern, und das ist unvorteilhaft. Probieren Sie verschiedene Papiere aus, aber achten Sie darauf, dass sie wachsfrei sind.

» Transparentes Paketklebeband

Zum Laminieren meiner Transfers auf Transparentpapier verwende ich preiswertes Paketklebeband in 7,5 cm Breite. Dickeres Klebeband eignet sich zum Verschicken von Kisten mit Keramikwaren, aber zum Laminieren ist es untauglich.

» Schere

Ich habe immer Scheren in mehreren Größen in der Werkstatt. Achten Sie auf Qualität und scharfe Klingen.

» Weiche Pinsel

In meiner Werkstatt liegen Dutzende Hake-Pinsel (2,5 cm breit), die nicht viel kosten. Sie brauchen einen trockenen, sauberen Pinsel zum Entfernen von Krümeln beim Schnitzen lederharter Tonoberflächen, und einen zweiten zum Auftragen von Unterglasur oder Schlicker. Einen dritten verwende ich ausschließlich für klare Glasur, um sie nicht zu verunreinigen.

» Ritzwerkzeug mit Kugelspitze

Ich bevorzuge den Stylus T-3 von Amaco zum Vorzeichnen von Motiven auf lederhartem oder geschrühtem Ton. Er erzeigt eine klare, saubere Linie.

» Gummistempel

Am besten schaffen Sie sich viele verschiedene Stempel für Ihre Keramikprojekte an. Sie können für mehrere Projekte in diesem Buch verwendet werden und sind manchmal auch gute Ideengeber. Halten Sie in Bastelgeschäften nach Stempeln die Augen offen. Mit Buchstaben und Zahlen lassen sich witzige Dekorationen gestalten.

» Synthetikschwamm

Solche Schwämme gibt es preiswert in der Autoabteilung jedes Baumarkts. Eigentlich sind sie zum Autowaschen gedacht, aber sie machen sich auch in der Keramikwerkstatt nützlich, z. B. zum Zuschneiden von Stempeln oder um Glasur vom Boden eines Gefäßes zu wischen.

» Naturschwamm

Für dieses Naturprodukt kenne ich keinen adäquaten Ersatz. Naturschwämme eignen sich für verschiedene Techniken. Je weicher, desto besser, denn harte Schwämme können unansehnliche Spuren hinterlassen. Die Mishima-Technik gelingt nur mit einem großen, weichen Naturschwamm perfekt.

» Unterglasurstift

Unterglasurstifte von Amaco sind in meiner Werkstatt ständig im Einsatz. Sie sind in vielen Farben erhältlich.

Wenn Sie die Ausgaben anfangs im Rahmen halten wollen, kaufen Sie einen Stift in Schwarz, weil er am vielseitigsten ist.

» Washi Tape

Washi Tape ist der bunte Bruder des Malerkrepps. Ich verwende es gern zum Abkleben von Streifen, weil es dünn ist und sich rückstandslos wieder entfernen lässt. Praktisch ist es auch zum Befestigen von Transparentpapier auf Bildvorlagen, weil es die Bildvorlage nicht beschädigt. Außerdem benutze ich das vielseitige Klebeband, um meine Transfermotive auf Saral-Transferpapier auf der Oberfläche geschrühter Tonobjekte zu befestigen.

» Ritzwerkzeug mit Speerspitze

Großartig zum Ritzen von Mustern in Keramikoberflächen. Ich verwende es auch zum Entfernen von Aufklebern auf geschrühten Tonoberflächen bei Projekten in Abdecktechnik.

» Klebefolie

Ich bevorzuge schwarze Klebefolie, weil sie einen guten Kontrast bildet und dadurch die Arbeit erleichtert. Ich habe eine große Rolle günstig im Internet gekauft. Aus Klebefolie kann man auch gut Schablonen und Aufkleber zuschneiden.

» Klebepunkte

Kreisrunde Aufkleber bekommt man in vielen Größen im Fachhandel für Bürobedarf. Sie eignen sich gut für Tupfenmuster.

» Schneidematte

Zum Ausschneiden kleiner Formen genügt eine Schneidematte im Format A4. Es lohnt sich, so eine Matte anzuschaffen, um die Arbeitsflächen in der Werkstatt zu schonen.

» Cutter mit austauschbaren Klingen

Ein guter Cutter mit einem stiftförmigen Griff gehört in jede Werkstatt. Ich verwende ihn zum Zuschneiden von Schablonen und selbst gestalteten Aufklebern aus Klebefolie. Sogar zum Schneiden von Washi Tape ist er praktisch.

» Schellack

Hervorragend für Abdecktechniken. Ein kleines Gebinde genügt, weil er sehr sparsam in der Anwendung ist. Schellack auf Wasserbasis sollten Sie jedoch vermeiden.

» Reinigungsalkohol

Zum Reinigen von Pinseln, di für Schellack verwendet wurden. Die Pinsel sofort nach der Arbeit auswaschen, weil Schellack schnell trocknet

» Aquarell-Rundpinsel in verschiedenen Stärken

Bei Pinseln kommen persönliche Vorlieben zum Tragen. Ich verwende Aquarellpinsel gern, um weich konturierte Motive auf Keramik zu malen. Die Pinsel sind recht teuer und nutzen sich durch das Malen auf rauen Tonoberflächen schnell ab, aber ihre Strichqualität ist unübertroffen. Probieren Sie verschiedene Pinsel aus, um Ihren Favoriten herauszufinden. Ich arbeite gern mit Rundpinseln in Stärke 0 und manchmal sogar noch dünneren.

» Metallschaber

Dieses praktische Werkzeug hat viele Einsatzgebiete. Ich verwende meinen meistens, um Glasur abzuschaben.

» Federhalter und harte Schreibfeder

Ich bevorzuge eine Feder vom Typ Speedball Hunt 107 (für Cartoonzeichner) mit passendem Federhalter. Es ist die härteste Feder, die ich kenne. Die meisten Federn sind weicher und spreizen sich beim Zeichnen auf lederhartem Ton, sodass statt einer einfachen eine doppelte Linie entsteht.

» Gummiwalze

Mit meiner Gummiwalze mit abgerundeten Kanten lassen sich Texturen sehr gut in die Tonoberfläche eindrücken. Alternativ können Sie auch einen Lacrosse- oder Squash-Ball über die Oberfläche rollen.

» Küchen-Scheuerschwamm

Mit einem harten Scheuerschwamm bereinige ich die Konturen von gestempelten oder Sgraffito-Motiven auf knochentrockenem Ton vor dem Schrühbrand. Beim Schleifen von Ton sollten Sie immer eine Staubschutzmaske tragen!

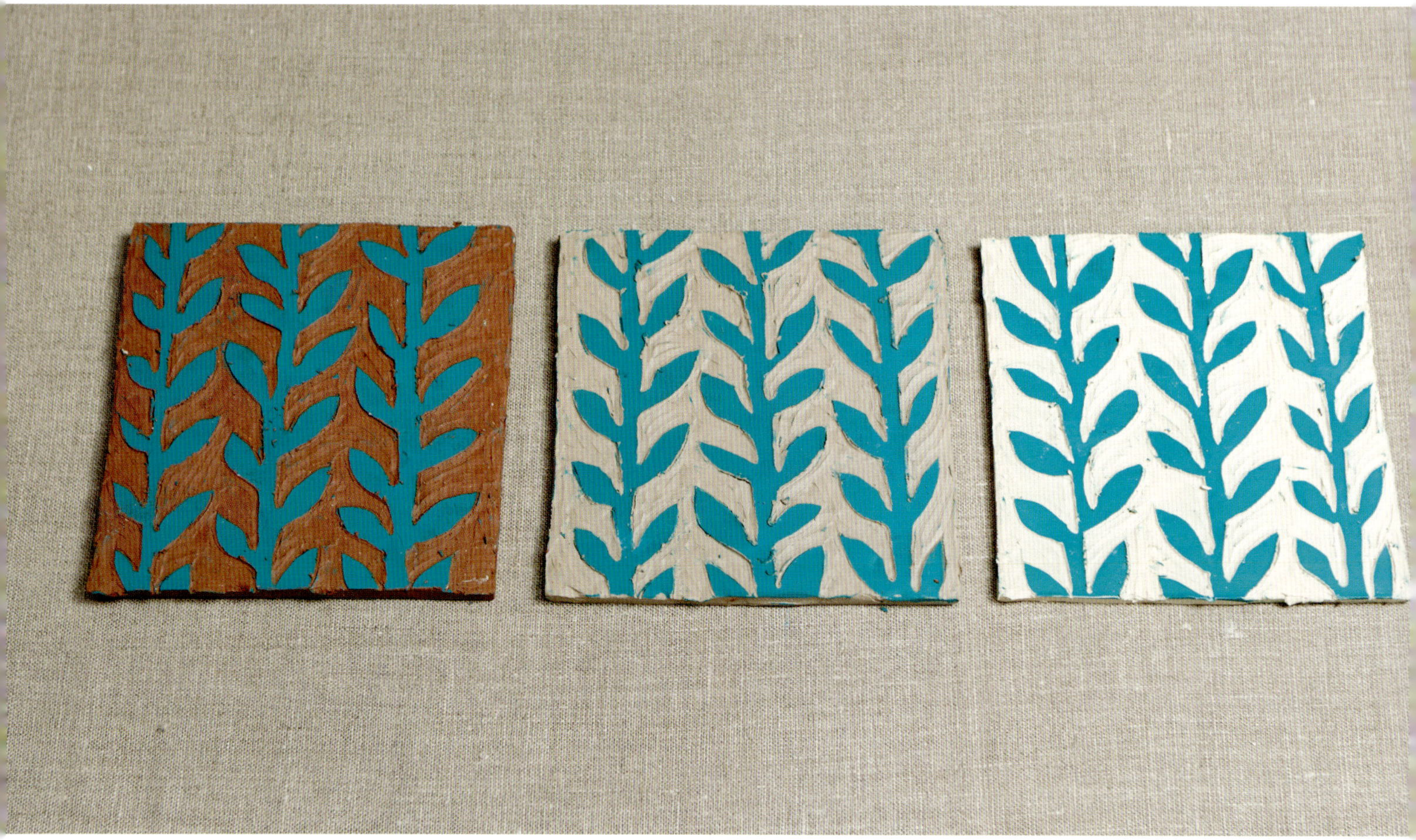

WELCHER TON?

Der Fachhandel bietet eine Vielzahl von Tonqualitäten für Keramikarbeiten an. Die meisten Techniken in diesem Buch lassen sich auf jeder Tonart umsetzen, ich empfehle aber, sich für eine von drei Grundarten zu entscheiden. Ich habe für die Projekte einen Porzellanton verwendet, den ich in der Werkstatt auf Vorrat hatte. Ich arbeite gern mit Porzellanton, weil er Eigenschaften hat, die das Verzieren der Oberflächen leicht machen. Er ist nahezu weiß, sodass Farben nicht verfremdet werden und gezeichnete Linien einen klaren Kontrast bilden. Für mein Empfinden hat Porzellanton ähnliche Eigenschaften wie weißes Zeichenpapier. Sie sollten aber zum Ausprobieren der Techniken in diesem Buch einen Ton verwenden, mit dem Sie bereits vertraut sind, weil Sie seine Eigenschaften kennen und wahrscheinlich auch über die passenden Glasuren für ihn verfügen.

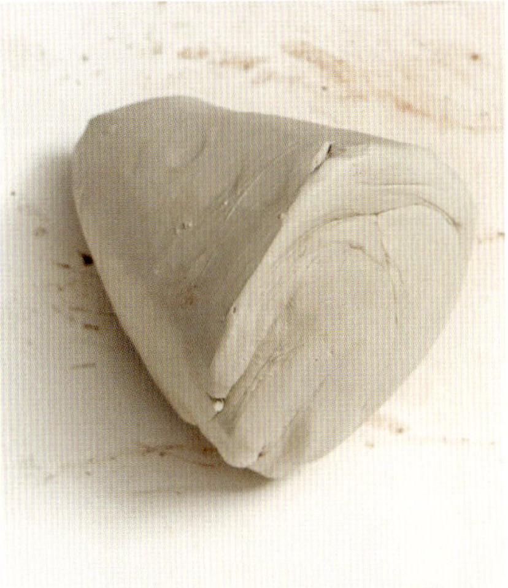

» Porzellan

Porzellanton eignet sich hervorragend für die Oberflächengestaltung. Er ist nahezu weiß, sodass Linien und klar zum Ausdruck kommen und Farben sich ausgezeichnet abheben. Weil er keine Schamotte enthält, fühlt er sich bei der Verarbeitung weich und glatt an, und beim Abwischen mit einem Schwamm kommen keine groben Partikel an die Oberfläche. Ebenso entstehen beim Abschaben oder Abdrehen keine unansehnlichen Linien. Porzellanton lässt sich vor dem Schrühbrand mit einem Schwamm oder einer Sprühflasche gut wieder befeuchten. Es ist mir schon gelungen, Gefäße aus Porzellan in einer luftdicht schließenden »Feuchtbox« monatelang in lederhartem Zustand zu erhalten. Allerdings ist die Arbeit mit Porzellan für Einsteiger nicht ganz einfach. Wegen der feinen Partikel neigt er beim Aufbauen wie beim Drehen leicht zum Reißen oder Zusammenfallen. Versuchen Sie es trotzdem, und lassen Sie sich nicht entmutigen. Es lohnt sich, etwas Zeit zum Üben zu investieren, weil seine Vorteile in Bezug auf die Oberflächengestaltung seine Nachteile weitaus überwiegen. Porzellanton ist für mittlere und hohe Brenntemperaturen erhältlich.

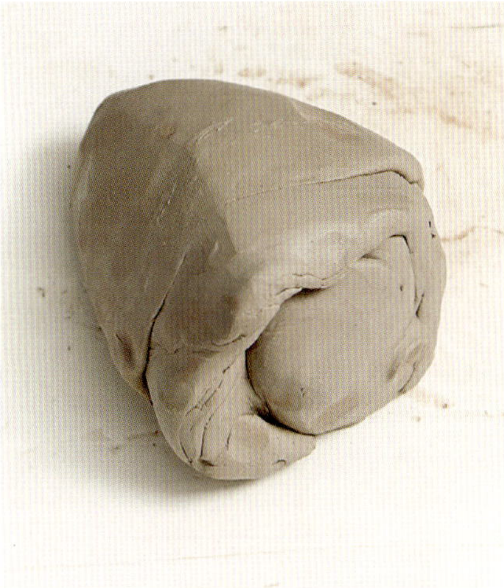

» Steinzeug

Dieser Ton eignet sich gut für Gefäße und Skulpturen. Er wird normalerweise bei hoher Temperatur gebrannt und enthält einen Anteil von Schamotte. Seine Färbung wird durch Unreinheiten im Ton beeinflusst. Sie reicht von sehr dunkel bis rohweiß und beeinflusst die Wirkung von farbigen Dekoren. Steinzeug eignet sich für viele Techniken in diesem Buch, jedoch weniger für Verfahren, bei denen mit einem Schwamm gearbeitet wird (beispielsweise Mishima, Seite 57) und Schellack-Abdeckung, Seite 103), denn dabei würde die Oberfläche durch freigelegte Schamottepartikel recht rau. Steinzeugton zum Drehen enthält wenig oder keine Schamotte.

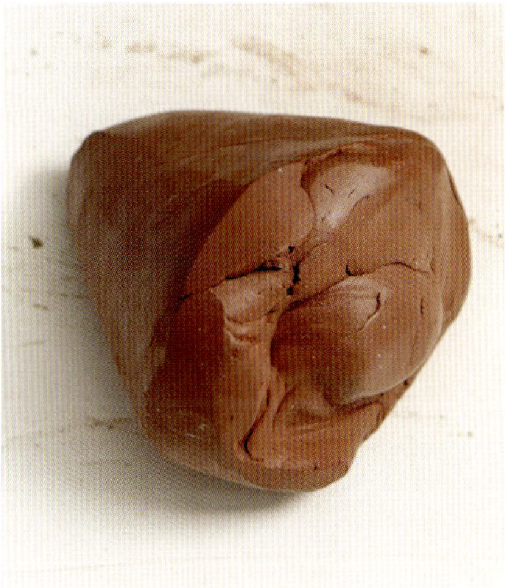

» Steingut

Steingut, auch bekannt als Irdengut oder Irdenware, enthält relativ viel Eisen und andere Verunreinigungen. Dieser Ton härtet bei niedrigeren Temperaturen als Steinzeug und Porzellan. Er ist meist rot bis weißlich gefärbt und mit oder ohne Schamotte erhältlich. Für die Techniken in diesem Buch eignen sich unschamottierte Qualitäten am besten. Weil Steingutton meist rot, weiß oder hell ist, bilden Engoben und Unterglasuren einen schönen Kontrast. Generell kommen Farben in der Keramik am besten heraus, wenn sie bei niedriger Temperatur gebrannt werden, darum lässt die Arbeit mit Steingut oft eine größere Farbpalette und eine kräftigere Farbwirkung zu.

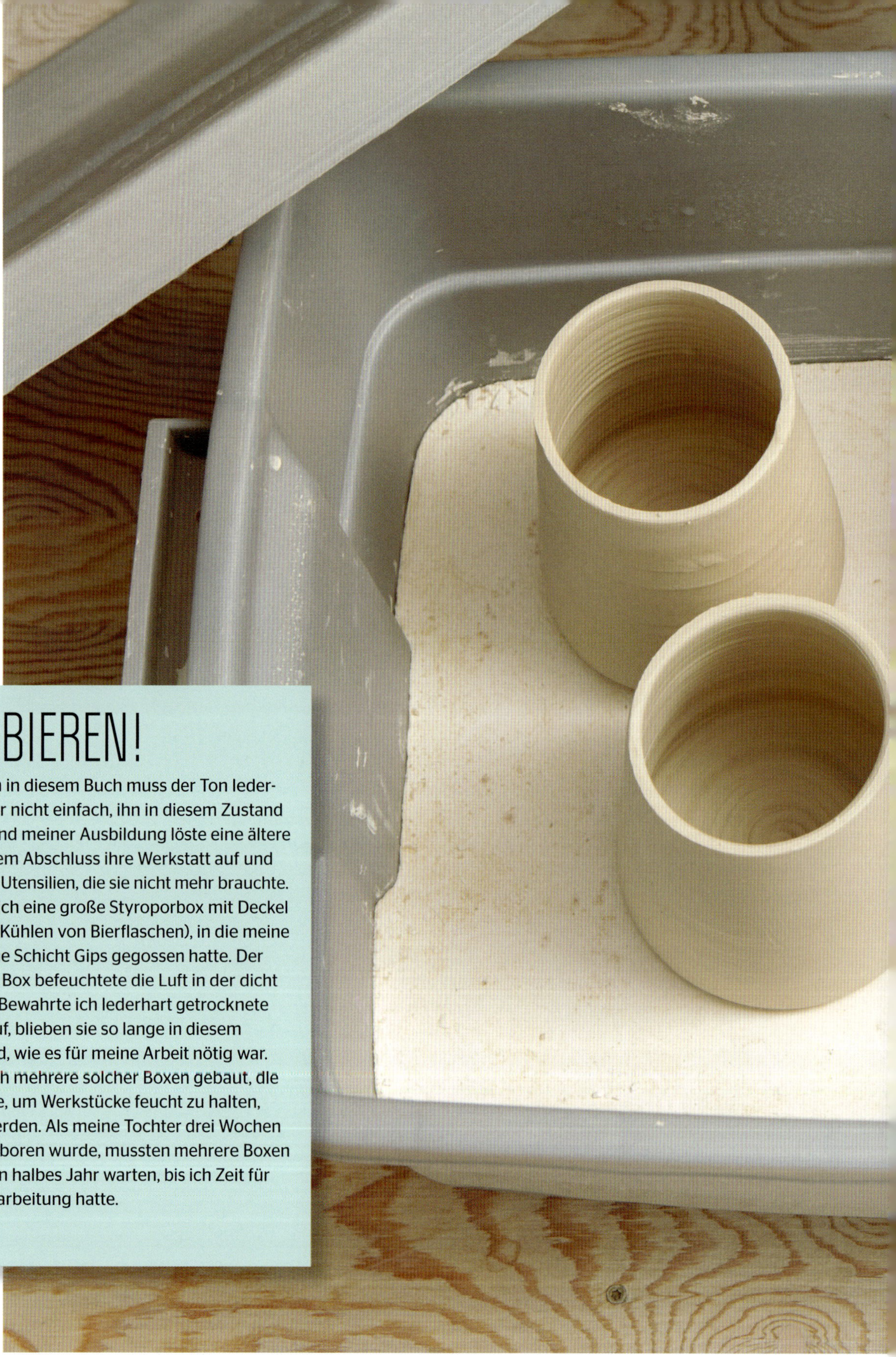

AUSPROBIEREN!

Für viele Techniken in diesem Buch muss der Ton lederhart sein. Es ist aber nicht einfach, ihn in diesem Zustand zu erhalten. Während meiner Ausbildung löste eine ältere Studentin nach ihrem Abschluss ihre Werkstatt auf und verschenkte einige Utensilien, die sie nicht mehr brauchte. Damals ergatterte ich eine große Styroporbox mit Deckel (ursprünglich zum Kühlen von Bierflaschen), in die meine Studienkollegin eine Schicht Gips gegossen hatte. Der feuchte Gips in der Box befeuchtete die Luft in der dicht schließenden Box. Bewahrte ich lederhart getrocknete Tongefäße darin auf, blieben sie so lange in diesem Trocknungszustand, wie es für meine Arbeit nötig war. Inzwischen habe ich mehrere solcher Boxen gebaut, die ich ständig benutze, um Werkstücke feucht zu halten, bis sie dekoriert werden. Als meine Tochter drei Wochen vor dem Termin geboren wurde, mussten mehrere Boxen mit Gefäßen fast ein halbes Jahr warten, bis ich Zeit für die Oberflächenbearbeitung hatte.

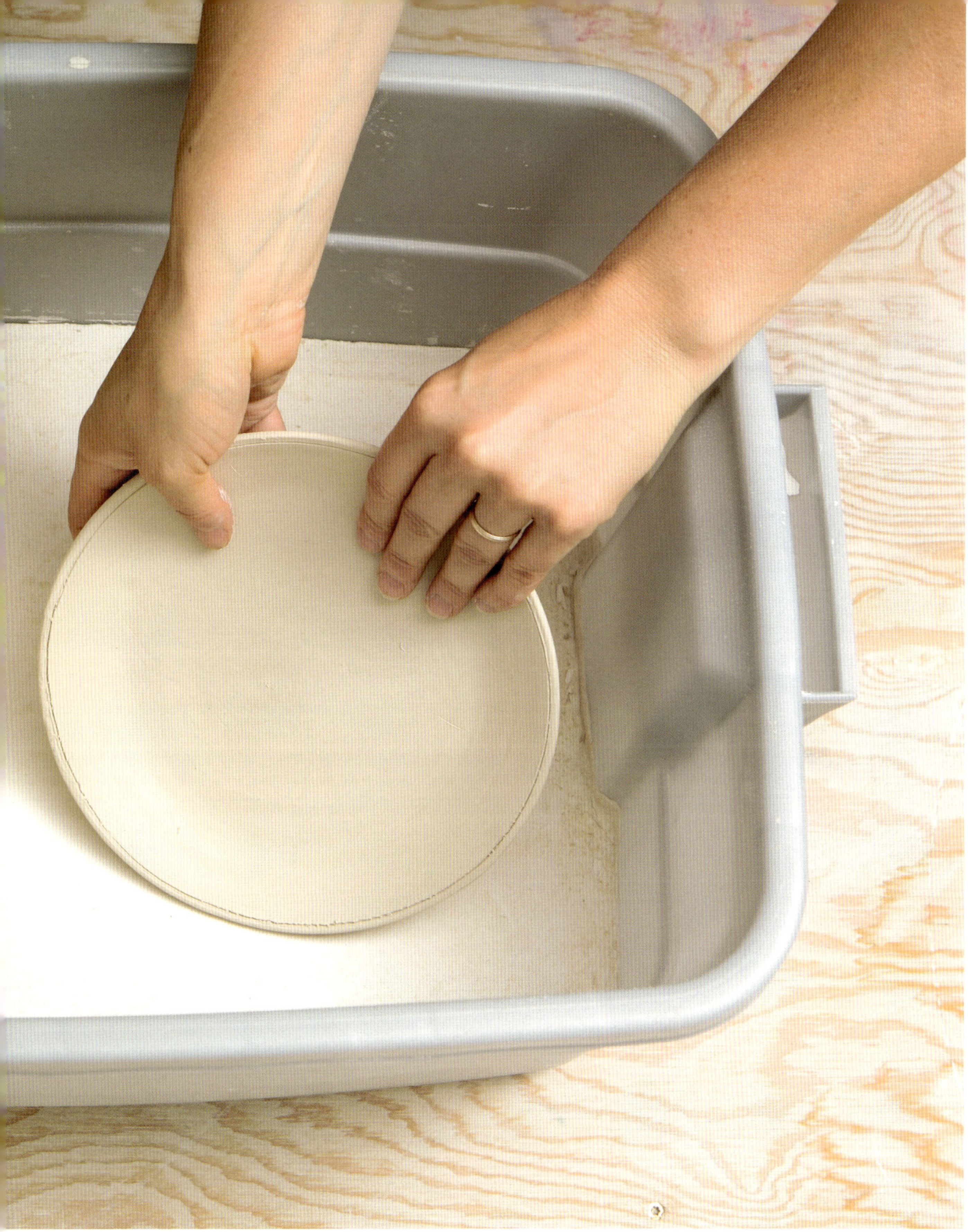

EINE FEUCHTBOX SELBST BAUEN

Sie brauchen

- Wasser
- Messbecher
- Eimer zum Anrühren des Gipses
- Digital-Küchenwaage
- Töpfergips
- Schaufel
- Große Styropor- oder Kunststoffbox mit fest schließendem Deckel (am besten mit Klammern)

1. Zuerst die Gipsmenge berechnen, die benötigt wird, um den Boden der Box zu bedecken. Ist der Boden rechteckig, multiplizieren Sie Länge und Breite miteinander. Die Gipsschicht auf dem Boden sollte etwa 2,5–5 cm dick sein.

Für eine 2,5 cm dicke Schicht in einer Box, die 30,5 cm lang und 25,5 cm breit ist, sieht die Rechnung so aus:

30,5 x 25,5 x 2,5 cm = 1944 cm3.

Sie brauchen also 1944 cm3 Gips für die 2,5 cm dicke Schicht auf dem Boden der Box.

Diese Menge teilen Sie nun durch 80, um zu berechnen, wie viel Wasser zum Anrühren gebraucht wird.

1944 cm3 / 80 = 24 cm3

Sie benötigen also 24 cm3 Wasser.

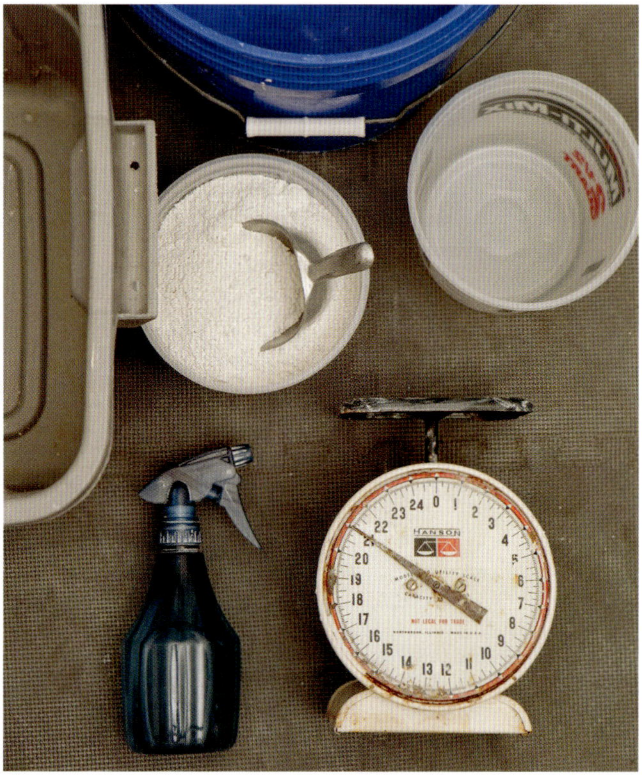

Um das Gewicht des Gipses zu berechnen, multiplizieren Sie die Flüssigkeitsmenge mit 3.

24 cm3 x 3 = 2 kg

Sie müssen 2 kg Töpfergips abwiegen.

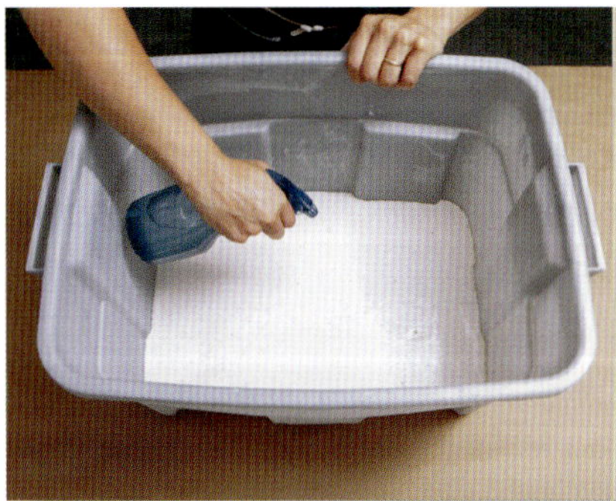

TIPP

Wenn der Gips in der Box trocken wird, sprühen Sie ihn mit etwas Wasser ein. Es verdunstet, kann nicht aus der Box entweichen, und verhindert so die Austrocknung der Tonobjekte. Der Gips darf aber nicht zu nass sein, sonst nimmt der Ton zu viel Feuchtigkeit auf und kann reißen oder zusammenfallen. Der Gips soll sich feucht anfühlen, aber nicht nass aussehen.

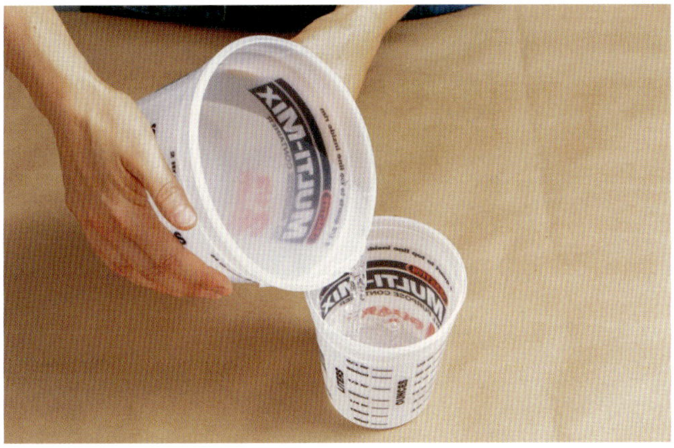

2. Zuerst geben Sie die errechnete Menge Wasser in einen Eimer. Das Wasser sollte zimmerwarm sein (ca. 21 °C).

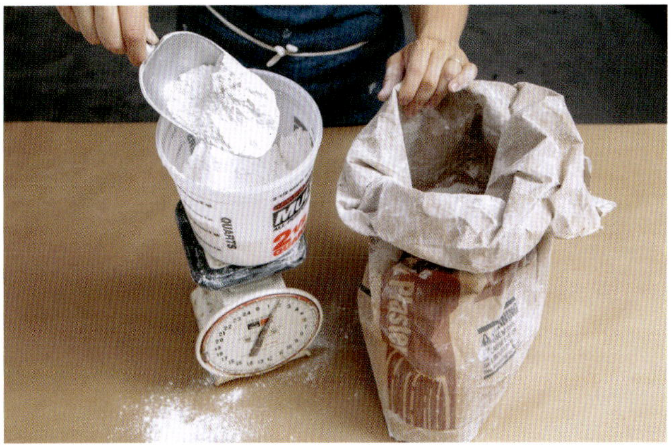

3. Die ermittelte Menge Gips abwiegen.

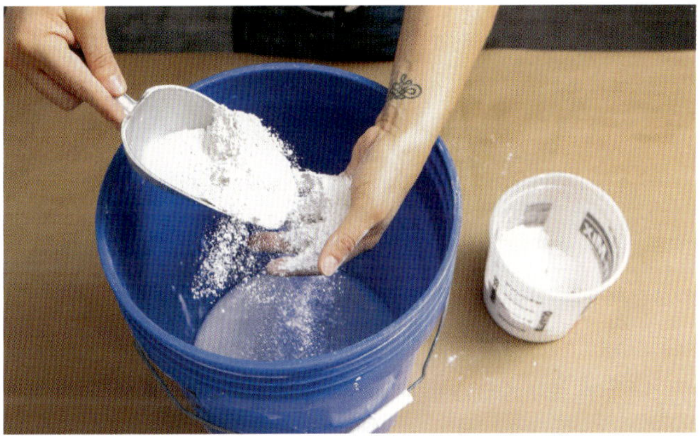

4. Den Gips langsam in den Eimer mit dem Wasser rieseln lassen.

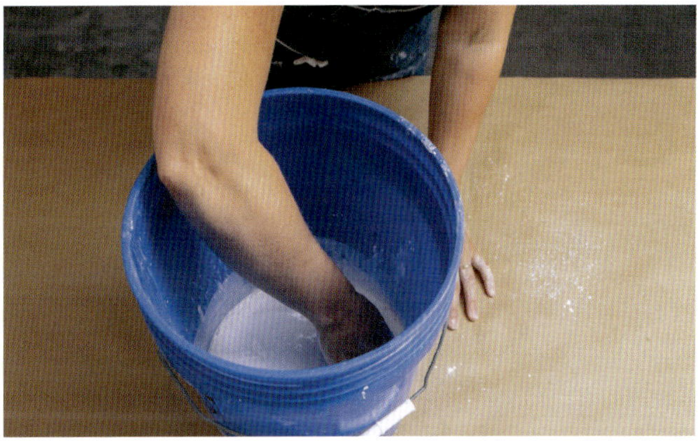

5. Wasser und Gips mit der Hand sorgfältig vermengen. Dabei sollten möglichst wenige Luftblasen in die Gipsmasse gelangen. Den Eimer mehrmals kräftig auf die Arbeitsplatte aufsetzen, damit Luftblasen entweichen.

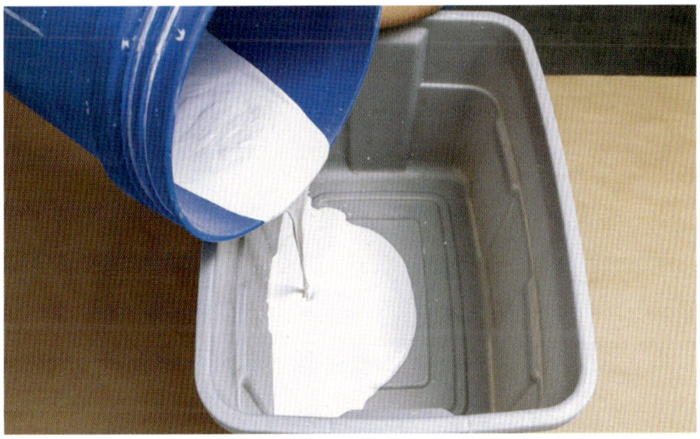

6. Wenn der angerührte Gips abzubinden beginnt und eine Konsistenz wie Joghurt hat, gießen Sie ihn auf den Boden der Box.

7. Nach etwa 15 Minuten ist der Abbindeprozess so weit fortgeschritten, dass der Gips fest ist. Er fühlt sich noch feucht an, aber das ist gut so. Jetzt ist die »Feuchtbox« fertig. Wenn die Mischung nach 15–30 Minuten noch nicht fest ist, war der Gips möglicherweise zu alt. Schaben Sie ihn aus der Box heraus, und versuchen Sie es mit frisch gekauftem Töpfergips noch einmal.

SCHLICKER, UNTERGLASUR UND GLASUR

Es gibt viele Möglichkeiten, um Keramik mit Farben zu verzieren.
Für die Projekte in diesem Buch benötigen Sie Schlicker, Unterglasurfarben und Glasuren. Neue Produkte sollten Sie immer ausprobieren, bevor Sie sie für wichtige Werkstücke verwenden. Beschränken Sie sich auf eine oder zwei Farben, damit Sie die Arbeitsweise lernen können, ohne viel Zeit oder Geld zu investieren.

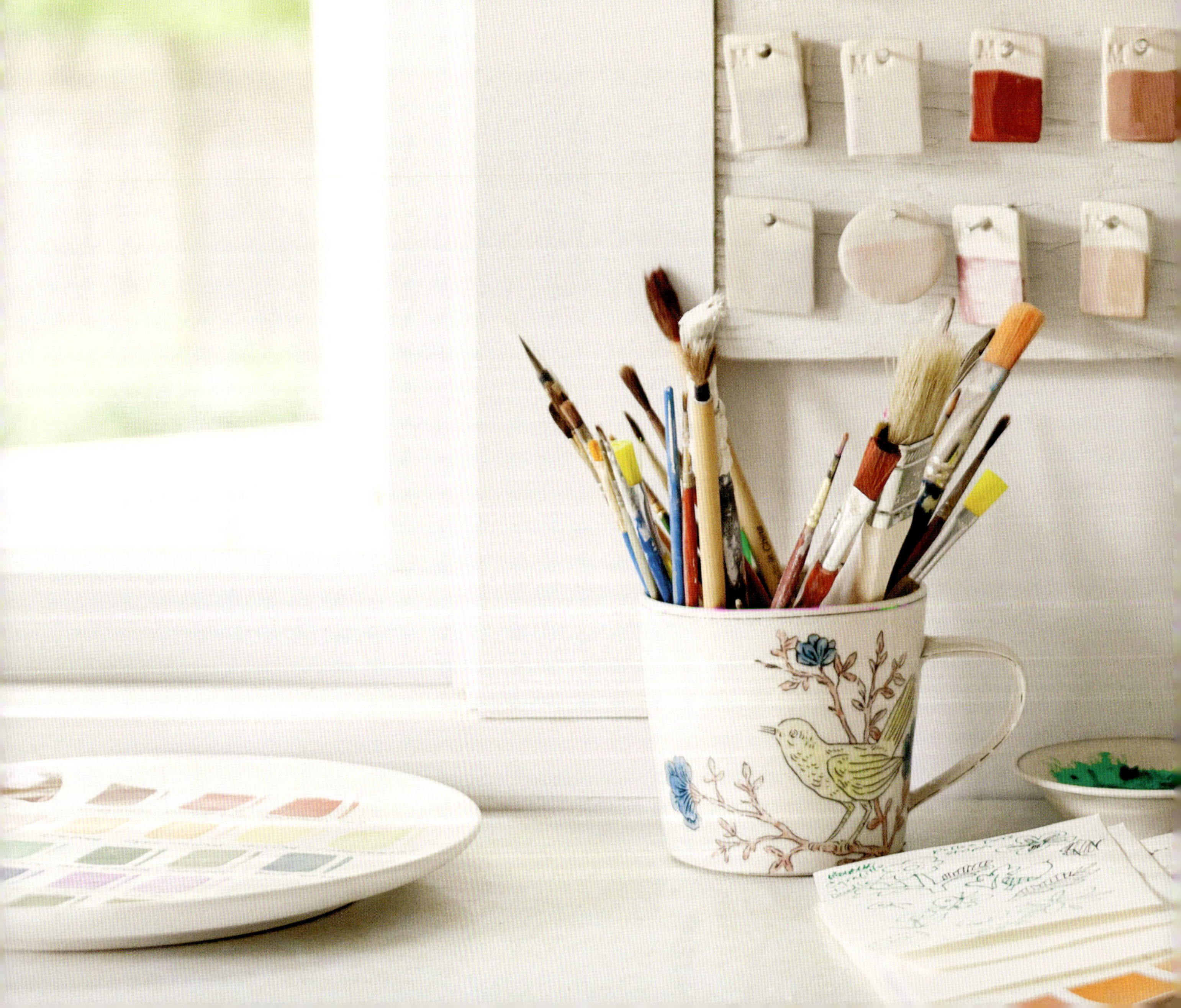

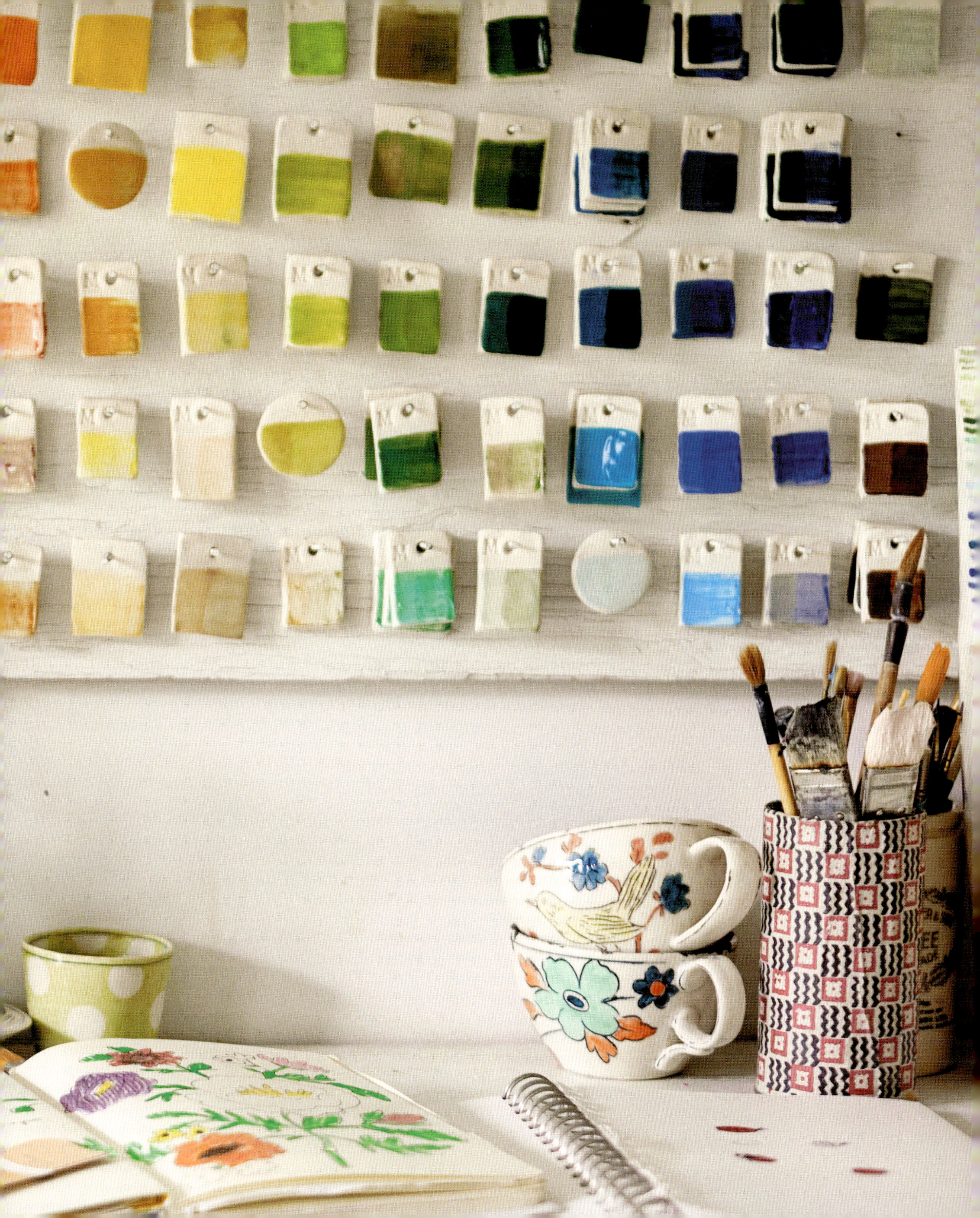

» Schlicker

Schlicker ist flüssiger Ton, der vor dem Brand auf die meist lederhart getrocknete Oberfläche aufgetragen wird. Er kann mit Keramikfarben oder Oxiden eingefärbt werden. Am besten probieren Sie zuerst aus, ob sich Ihr Schlicker mit dem Ton verträgt, den Sie bevorzugt verarbeiten. Steinzeug und Steingut lassen sich mit weiß gefärbtem Schlicker gut »grundieren«, sodass anschließend aufgetragene Farben mehr Leuchtkraft bekommen. Schlicker muss immer vor dem Schrühbrand aufgetragen werden. Weil er hauptsächlich aus Ton besteht, schmilzt und verläuft er im Brand nicht. Das hat den Vorteil, dass die Ergebnisse berechenbar sind: Dekore, die mit Schlicker gestaltet werden, sehen nach dem Brand ebenso aus wie vorher. Im Anhang dieses Buchs finden Sie ein Rezept für einen Schlicker, der sich für verschiedene Tone (von niedriger bis hoher Brenntemperatur) eignet.

» Unterglasur

Unterglasurfarben sind Fertigprodukte, die vor oder nach dem Schrühbrand auf die Tonoberfläche aufgetragen werden können. Sie enthalten kalzinierte Stoffe, die bereits gebrannt wurden. Dabei hat eine Schwindung stattgefunden und sie reißen nicht, wenn sie auf gebranntem Ton verarbeitet werden. Wie Schlicker ist auch Unterglasurfarbe ein relativ statisches Medium, das im Brand nicht nennenswert verläuft.

Manche kommerziellen Unterglasuren eignen sich für hohe Brenntemperaturen (bis Kegel 05). Brennt man sie bei mittlerer Temperatur, verwandeln sie sich quasi in

AUSPROBIEREN!

Eingetönte Transparentglasuren können interessant aussehen und Schlicker- oder Unterglasur-Dekorationen aufwerten. Bedenken Sie aber, dass die Farbe der Glasur auch die Farbe der darunter liegenden Dekoration beeinflusst. Es empfiehlt sich, solche Kombinationen zuerst auf Probestücken zu brennen, bevor sie auf wichtigen Objekten angewandt werden.
Keramikfarben reagieren beim Mischen anders als Farben für die Malerei. Wenn Sie Rot und Weiß mischen, kommt nicht unbedingt Rosa heraus!
Beim Dekorieren mit Glasuren kommt es zu unberechenbaren (aber spannenden) Ergebnissen, weil sie verlaufen und miteinander verschmelzen. Im Anhang dieses Buchs habe ich einige kommerzielle Glasuren für mittlere Brenntemperaturen zusammengefasst, und im Rezeptteil finden Sie die prozentualen Anteile der Farbstoffe, die ich zum Einfärben meiner klaren Glasur verwende.

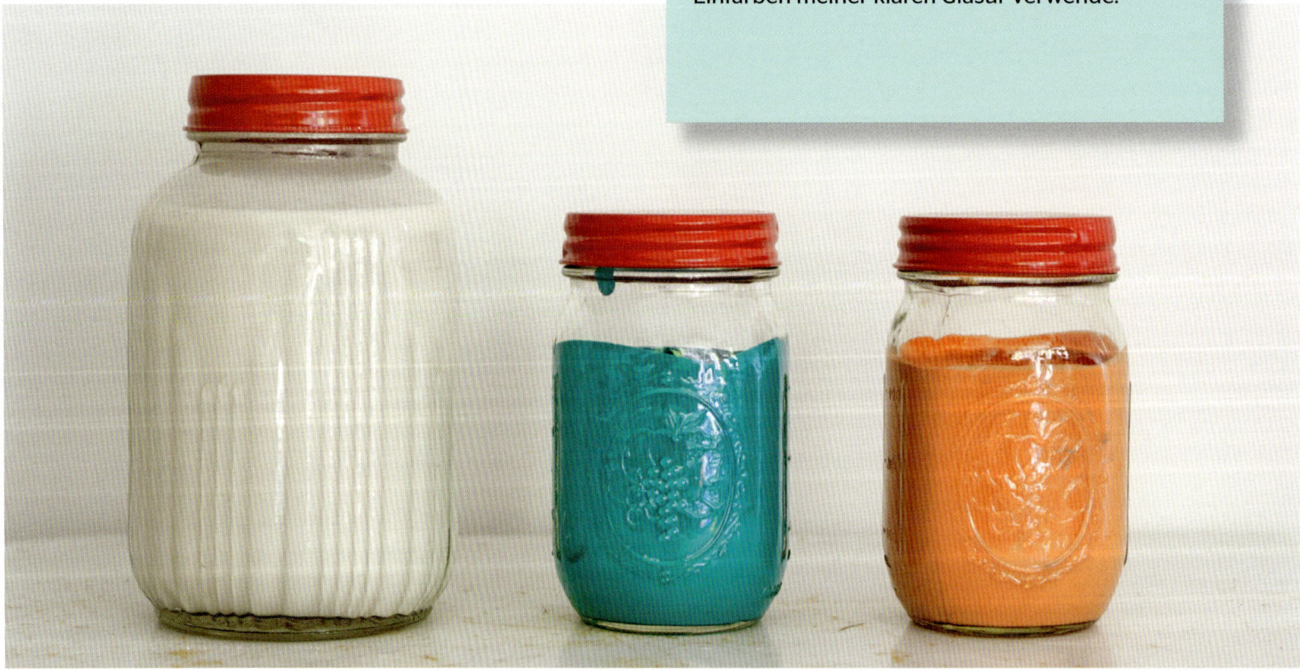

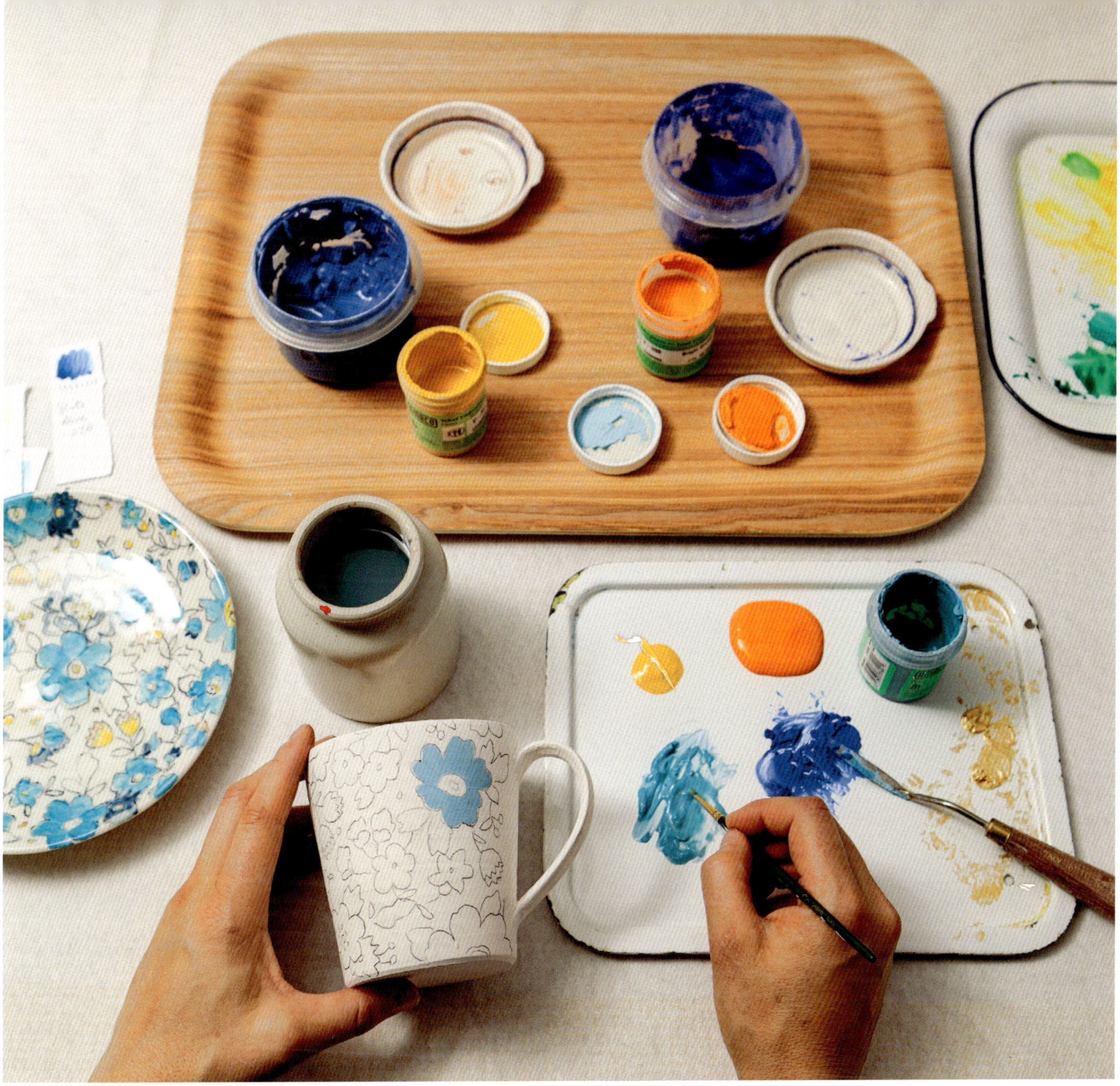

eine Mattglasur. Dabei können manche Farben etwas stärker verlaufen. Aus diesem Grund kann ich Unterglasuren für die Böden meiner Arbeiten verwenden, denn sie kleben beim Brand nicht am Ofenbord fest. Sie schmelzen gerade in dem Maß, dass sie permanent am Gefäßboden haften, aber nicht am Ofenbord.
Gerade weil sie so vielseitig sind, werden Unterglasuren für fast alle Projekte in diesem Buch verwendet.

» Glasur

Die Glasur ist ein Produkt, das im Brand einen glasartigen Überzug auf dem Ton bildet. Sie versiegelt die Oberfläche, macht sie wasserdicht und lebensmitteltauglich, kann aber auch für Farbgebung und Dekoration verwendet werden. Aus Gründen der Effizienz verwende ich in meiner Werkstatt nur eine klare Glasur und erledige die Farbgestaltung vorher mit Schlicker oder Unterglasur. Für fast alle Projekte in diesem Buch habe ich eine klare Glasur zum Tauchen (nicht zum Aufpinseln) verwendet, die auf den Ton abgestimmt ist und im Oxidationsbrand gebrannt wird. Probieren Sie jede Glasur an Testscherben, um sicher zu sein, dass sie sich mit Ihrem bevorzugten Ton verträgt. Im Anhang dieses Buchs finden Sie ein Rezept für eine klare Glasur und einige Vorschläge, wie Sie diese einfärben können, sodass farbig-transparente Glasuren entstehen.

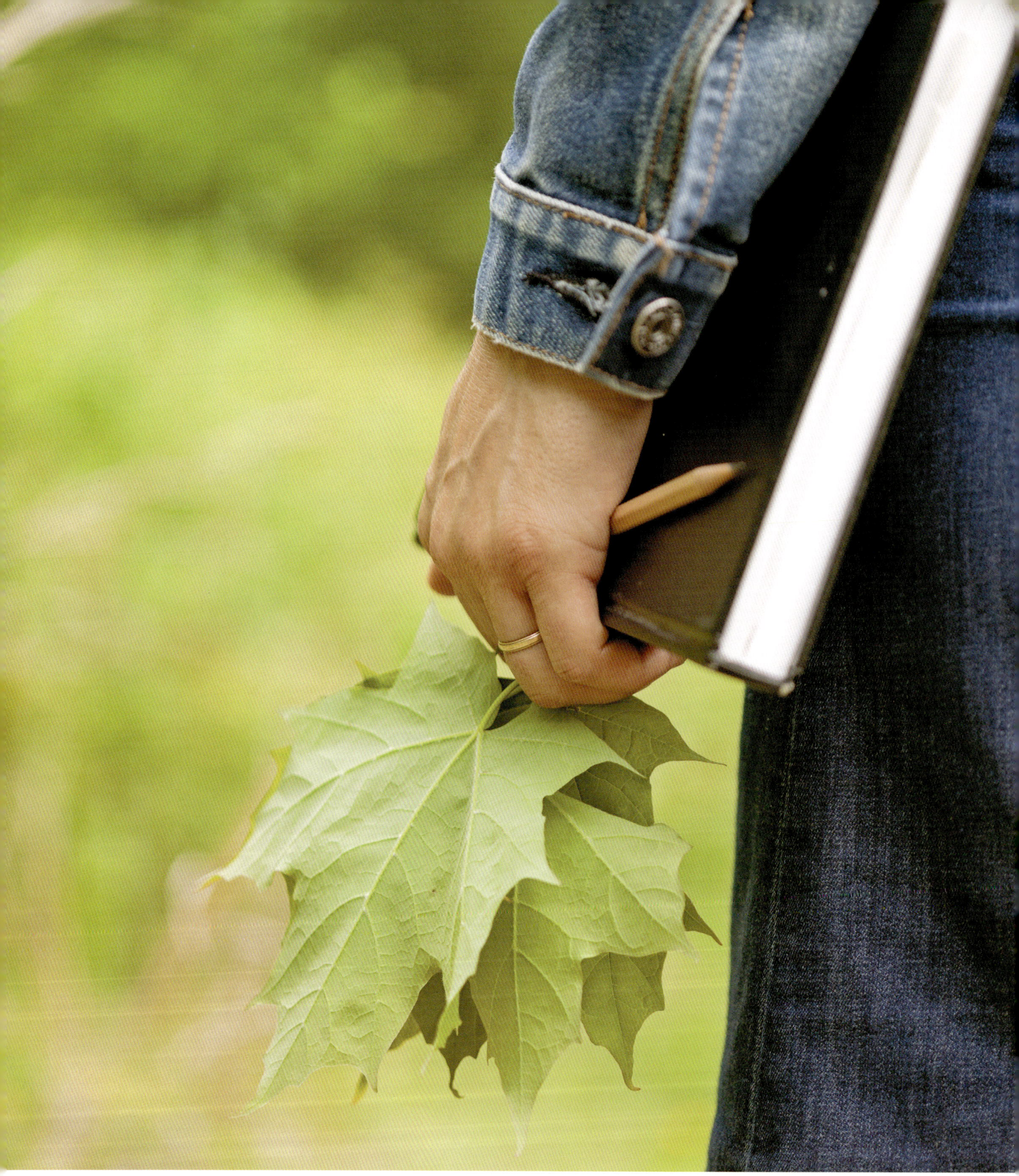

2

IDEEN-SUCHE

Jeder kreative Prozess beginnt mit einer zündenden Idee, aber Ideen fallen nicht vom Himmel. Oft muss man sie suchen, und das ist gar nicht so einfach. In diesem Kapitel gebe ich Tipps, wie Sie dabei vorgehen können. Viele meiner Arbeiten spielen auf die Vergangenheit an, und oft geben mir Bilder den Anstoß für bestimmte Formen oder Motive. Wenn ich Inspirationen brauche, nutze ich Museumsarchive, Bibliotheken, Bücher und natürlich das Internet. Für jedes Projekt lege ich einen Ordner oder ein Inspiration Board mit Bildern an. Daran orientiere ich mich beim Entwerfen und Skizzieren.

Meine Arbeitsweise variiert. Manchmal finde ich ein Muster, das mir eine Form diktiert. In meiner Werkstatt stehen aber auch viele gebrannte Gefäße, die noch nicht verziert und glasiert sind, sondern auf die richtige Idee warten. Ich habe mich und meine Gewohnheiten genau beobachtet und so gelernt, den Moment, in dem eine Idee Boden gewinnt, zu erkennen. Eine wichtige Hilfe ist ein Skizzenbuch als ständiger Begleiter, um jederzeit Ideen festhalten zu können, bevor ich sie wieder vergesse.

Meine Kreativität wird oft vom Wünschen angetrieben. Manchmal möchte ich ein bestimmtes historisches Muster oder Objekt besitzen, ein andermal möchte ich lernen, wie etwas hergestellt wurde. Als Künstler sind wir imstande, Dinge selbst zu machen, die wir uns wünschen. Das ist sehr motivierend. Darum möchte ich Sie anregen, die Techniken der Oberflächengestaltung zuerst mithilfe der Vorlagen zu üben. So gewinnen Sie Sicherheit, und das Risiko von Misserfolgen ist gering. Anschließend sollten Sie unbedingt experimentieren, um Ihre eigenen künstlerischen Ideen und Interessen auszuloten und zu entwickeln. Dieses Kapitel wird Ihnen dabei helfen.

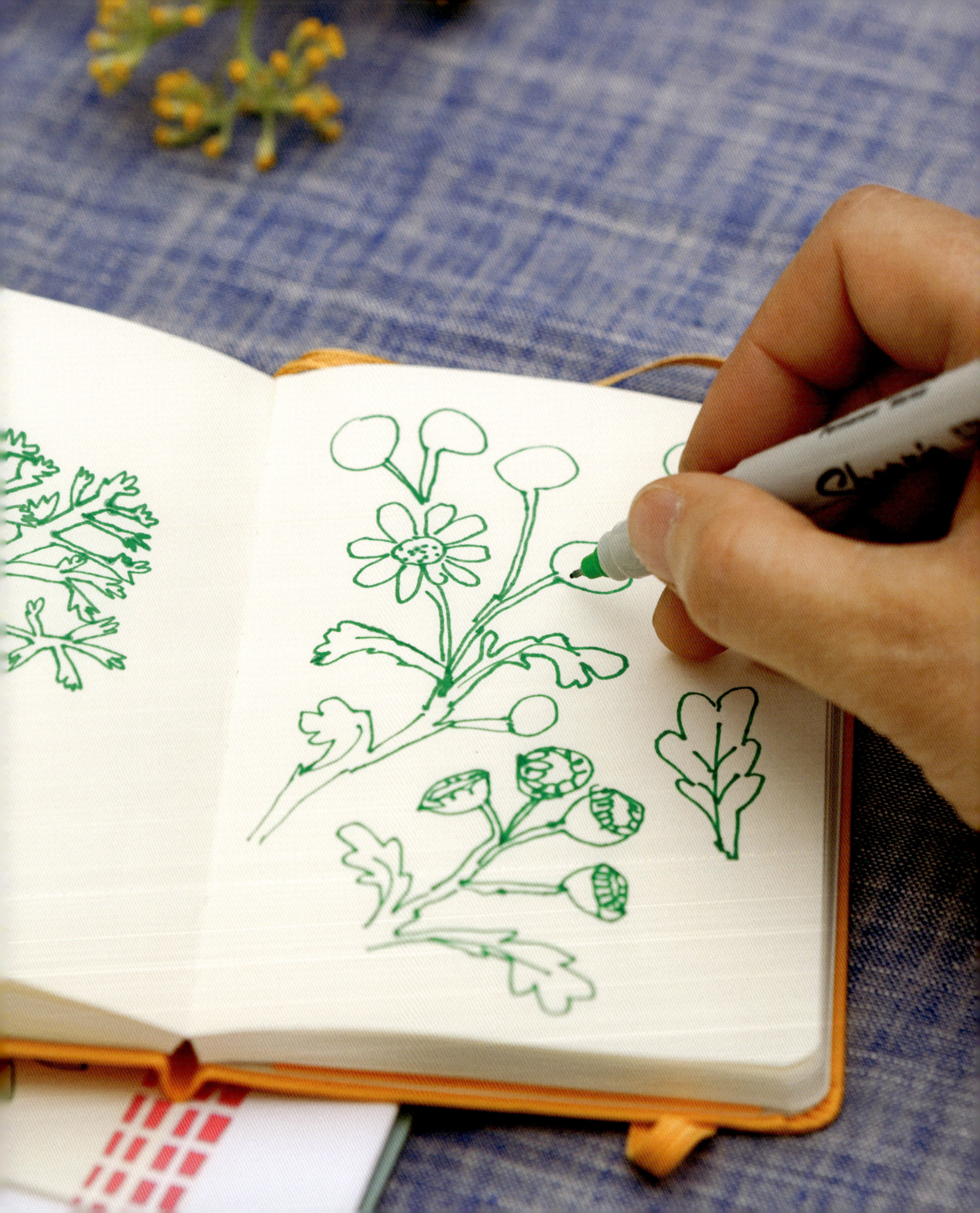

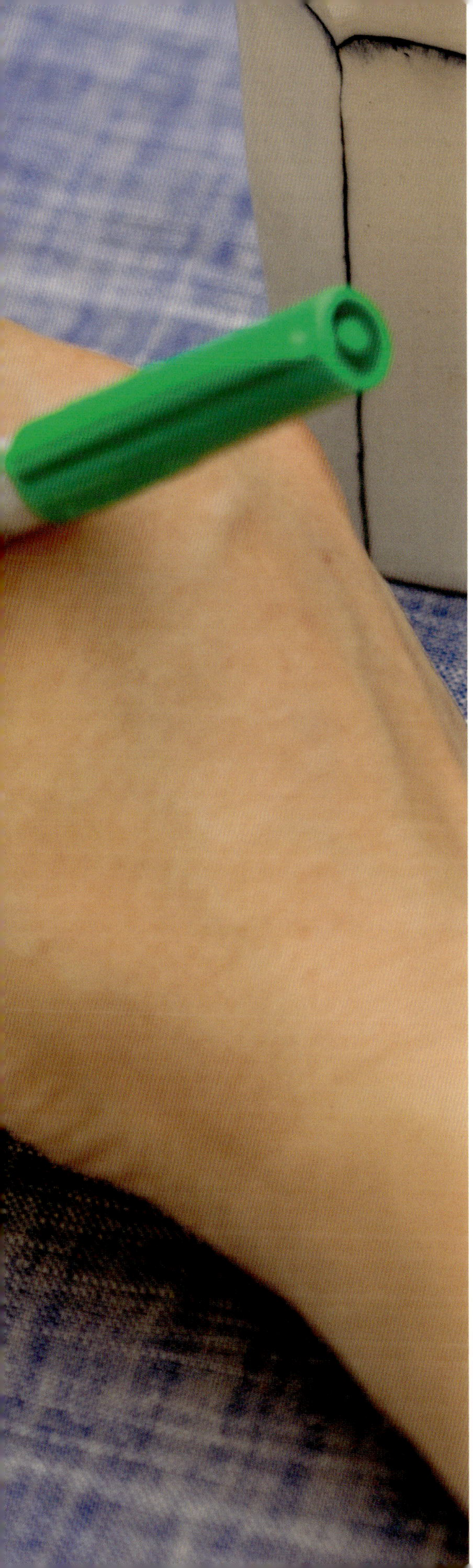

SKIZZENBUCH

Inspirationen und Ideen sind flüchtig. Ich habe beobachtet, dass mir oft in der Dämmerphase vor dem Einschlafen gute Gestaltungsideen kommen. Darum bewahre ich am Bett ein Skizzenbuch auf, in dem ich sie festhalten kann – denn am nächsten Morgen hätte ich sie wieder vergessen. Es hat lange gedauert, bis ich erkannt habe, wie produktiv mein kreativer Geist in diesen Momenten vor dem Einschlafen ist. Achten Sie einmal darauf, zu welchen Zeiten Sie sich in Gedanken über Ihre Arbeit verlieren. Wenn Sie dann ein Skizzenbuch parat haben, werden Sie Ihre kreativen Momente lernen, bewusster wahrzunehmen.

Ein Skizzenbuch kann ganz unterschiedlich aussehen. Es kann ein simpler, kleiner Spiralblock sein, auf dem man flink Listen und Ideen notiert. In einem größeren Skizzenbuch kann man Ideen weiter ausfeilen und Zeichnungen anfertigen. Manche Künstler kleben auch inspirierende Bilder ins Skizzenbuch. Wählen Sie eine Arbeitsweise, die Ihnen liegt, denn es geht ja darum, Ihre persönlichen Ideen so festzuhalten, dass Sie sie später umsetzen können.

Hier sehen Sie einige Bilder aus meinen Skizzenbüchern. Manche Zeichnungen sind genauer ausgearbeitet, andere sind ganz grob und dienen nur als Gedächtnisstütze für spätere Arbeiten. Ich verwende Skizzenbücher zu verschiedenen Zwecken, aber prinzipiell ist ein Skizzenbuch mit einem Tagebuch vergleichbar: Es ist nicht für fremde Augen bestimmt. Daraus ergibt sich die Freiheit, dass Sie alles festhalten können, das Sie anspricht. Bewahren Sie alte Skizzenbücher unbedingt auf. Wenn ich in alten Skizzenbüchern blättere, finde ich manchmal Ideen, die mir neue Anstöße geben. Man kann nie wissen, wofür alte Zeichnungen einmal nützlich sind!

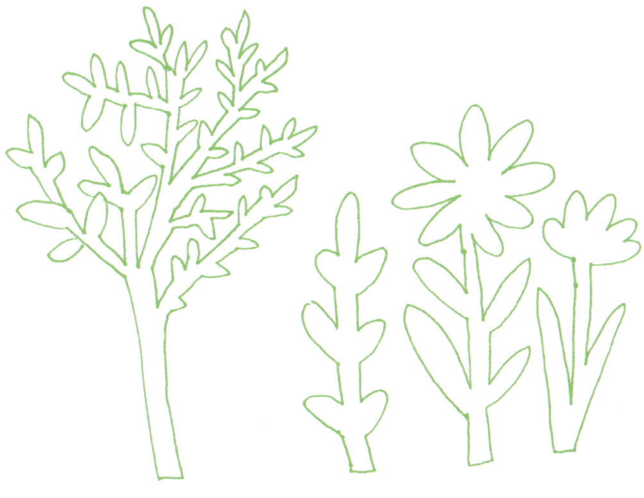

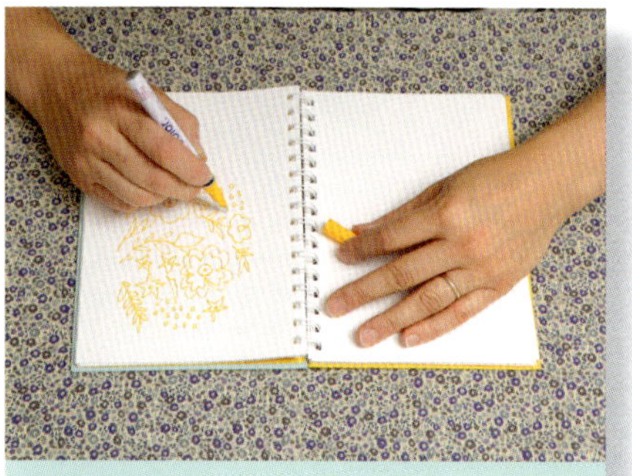

AUS- PROBIEREN!

Sogar das Skizzieren braucht etwas Übung. Beginnen Sie mit Schnörkeln als Aufwärmübung. Manchmal ergeben sich schon daraus Ideen für interessante Muster. Solche Übungen lockern die Hand und fördern die zeichnerische Geschicklichkeit. Entspannen Sie sich, lassen Sie die Gedanken treiben, und lassen Sie die Hand einfach laufen. Halten Sie freie Assoziationen nicht mit Worten, sondern mit Bildern fest. Wenn Sie eine bestimmte Idee weiterentwickeln wollen, können Sie auch Begriffe notieren, die mir ihr zusammenhängen. Schneiden Sie jedes Wort einzeln aus, und legen Sie alle Zettel in eine Schüssel. Ziehen Sie ein Wort und skizzieren Sie, was Ihnen dazu einfällt – und zwar so lange, bis Ihnen nichts mehr dazu einfällt. Dann ziehen Sie ein anderes Wort. Dies ist eine großartige Methode, um die Facetten einer Idee systematisch auszuloten. Schriftsteller nutzen sie oft, aber sie eignet sich auch für Keramikkünstler. Einige Anregungen zum Ausprobieren finden Sie auf Seite 149.

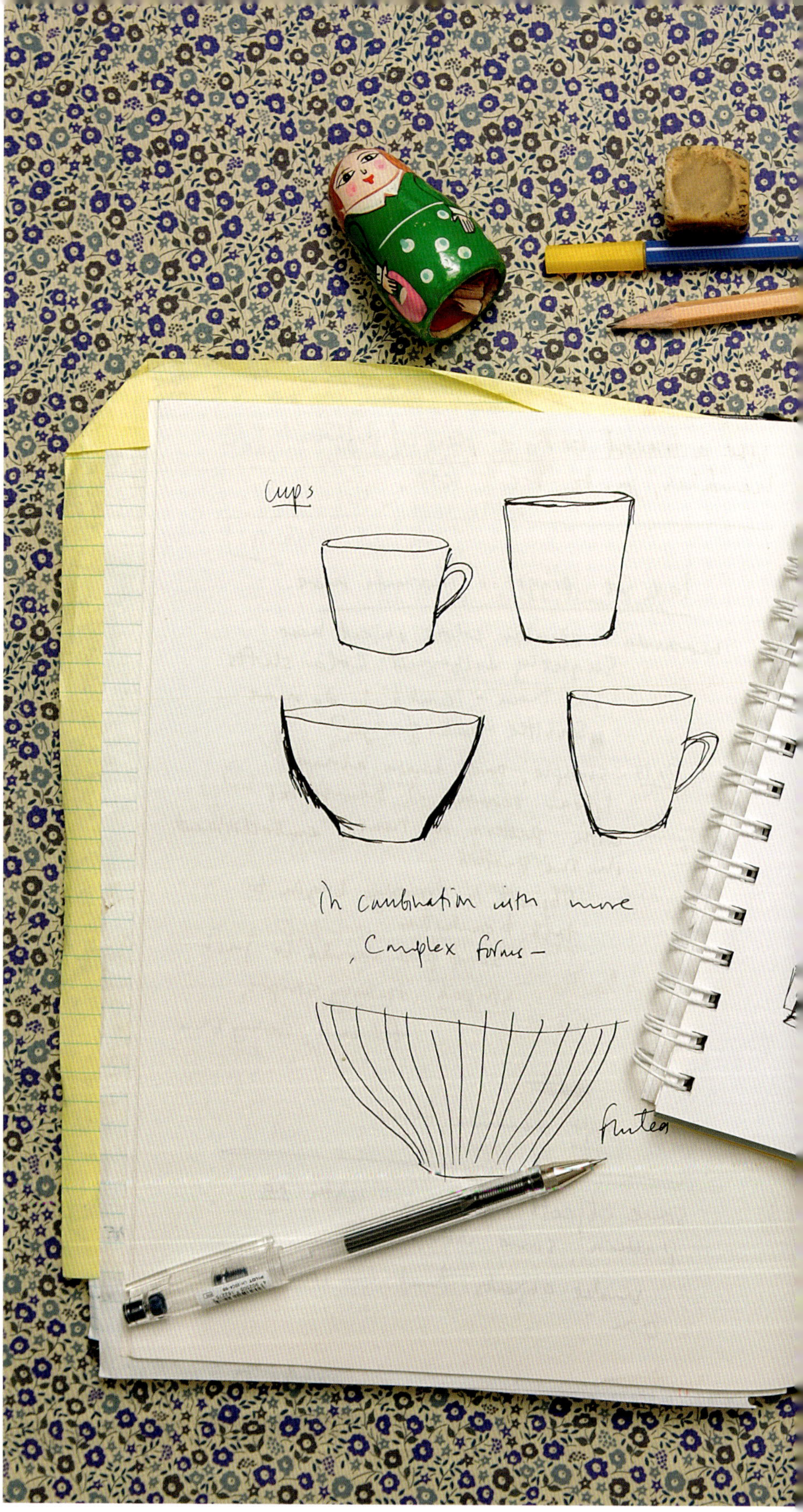

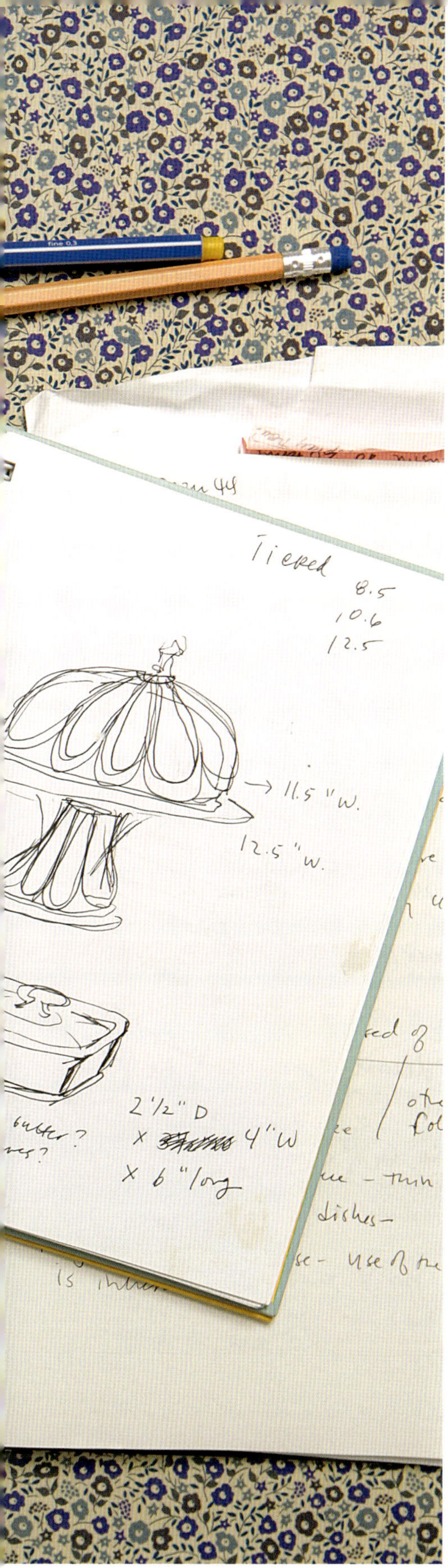

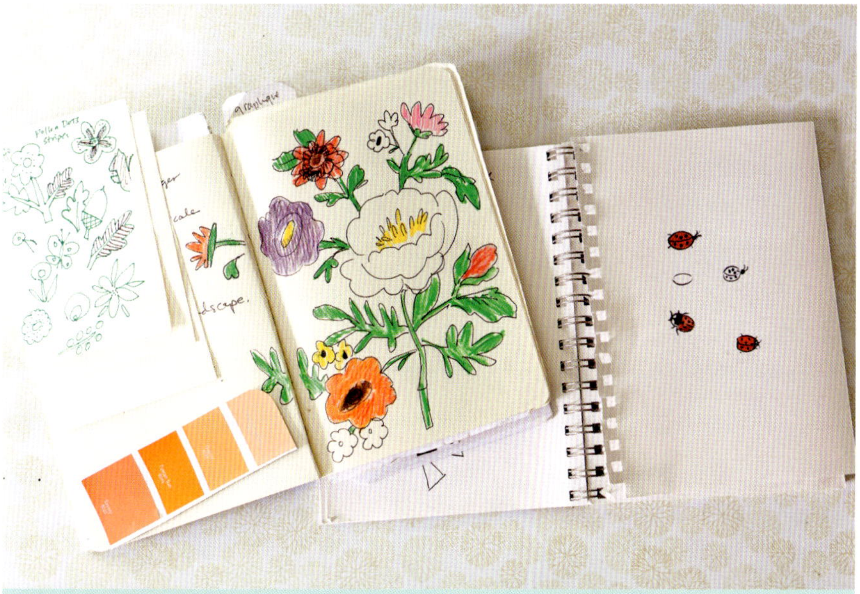

AUSPROBIEREN!

Schneiden Sie aus alten Büchern oder Zeitschriften Bilder aus, die Sie ansprechen. Vielleicht gefällt Ihnen eine Farbkombination, vielleicht finden Sie eine Form interessant. Möglicherweise entdecken Sie ein historisches Muster oder ein grafisches Motiv, das Sie gern auf einer keramischen Oberfläche ausprobieren möchten. Kleben Sie solche Ausschnitte in Ihr Skizzenbuch, um sie später als Vorlagen für genauere Skizzen verwenden zu können. Schreiben Sie Notizen direkt auf die Bilder, oder kritzeln Sie Ideen für Variationen darauf. Gerade Zeitschriften sind ein tolles Recherchematerial, weil sie stets die aktuellen Trends zeigen. Ich versuche beispielsweise, in meiner Arbeit angesagte Modefarben aufzugreifen.

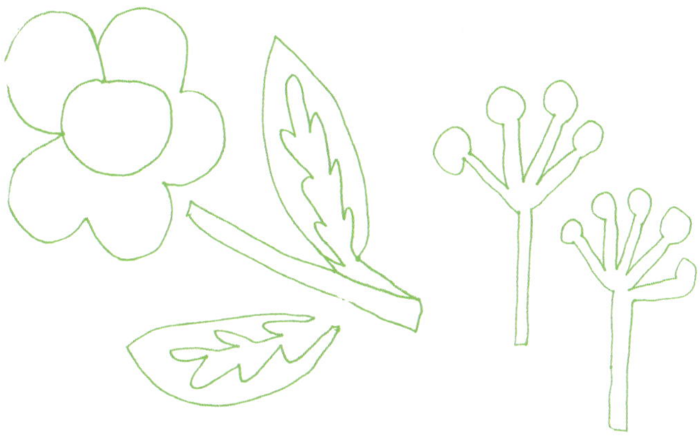

BLICK ÜBER DIE SCHULTER

Rae Dunn

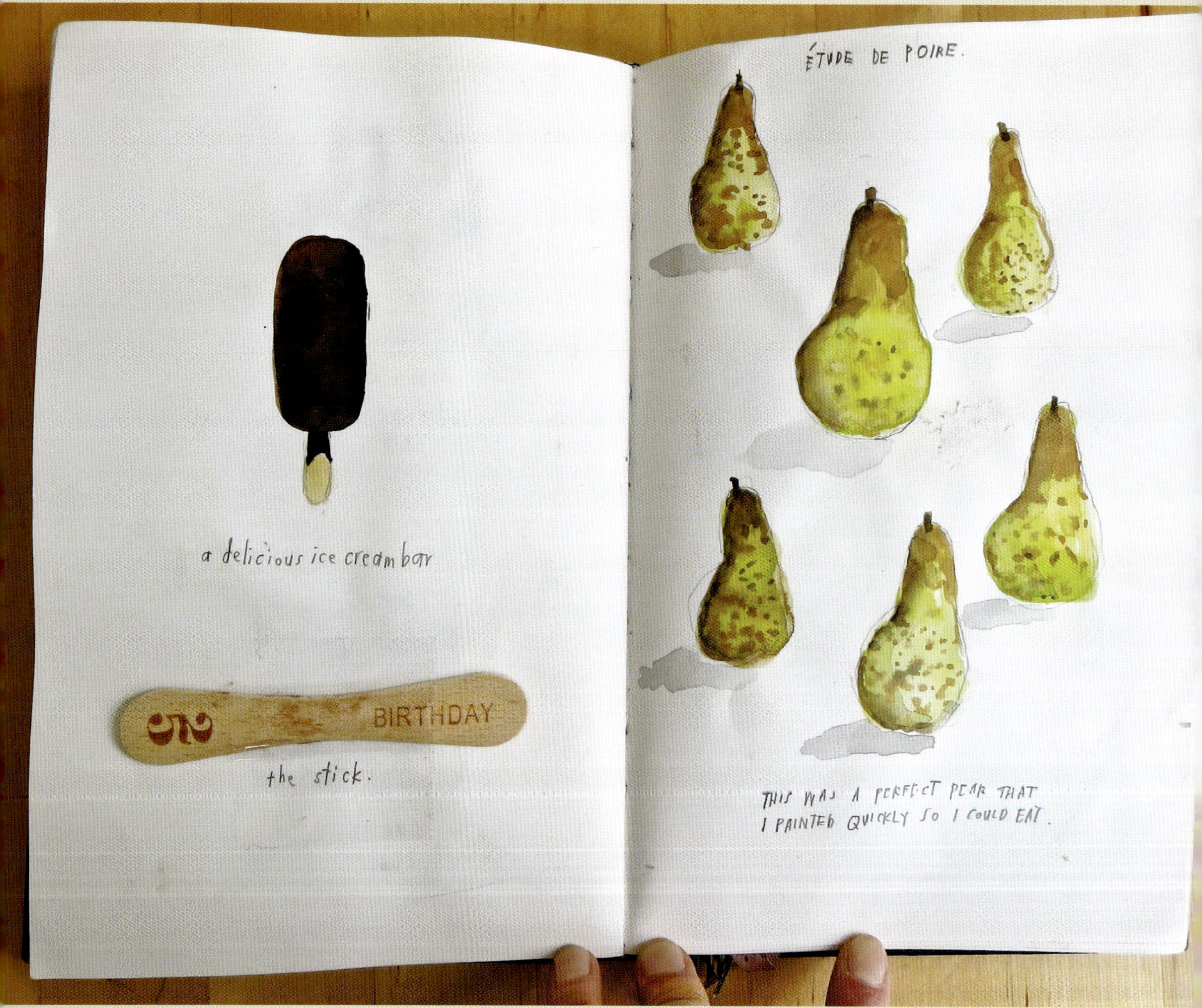

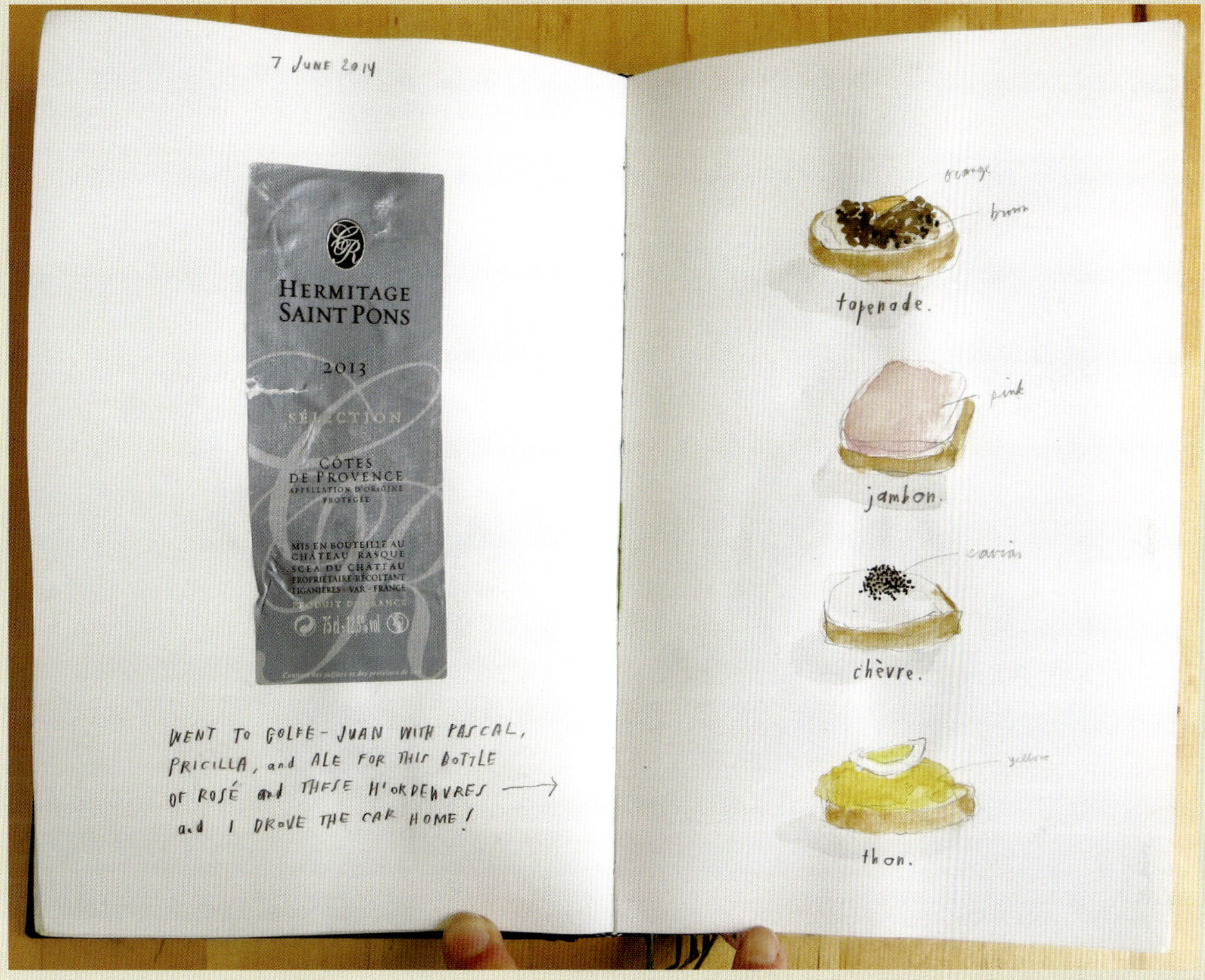

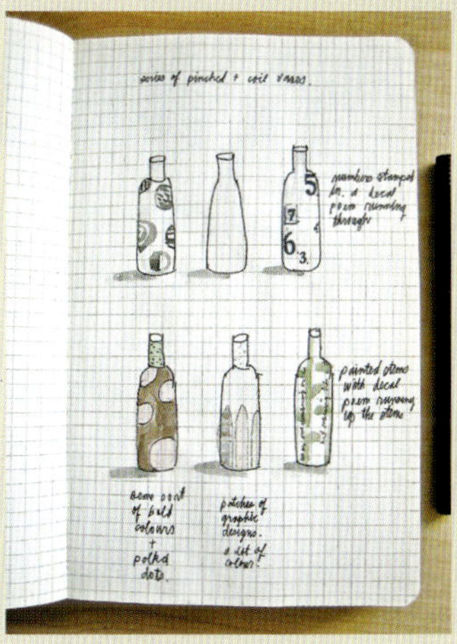

Die Keramikerin und Designerin Rae Dunn hat eine Schwäche für die Kombination von Text und Bild. Als Bloggerin hat sie sich eine große Fangemeinde erobert. Jede Woche veröffentlicht sie eine Seite aus ihren Skizzenbüchern. Rae malt und zeichnet alles Mögliche, das sie sieht, wenn sie im Alltag unterwegs ist. So baut sie einen Fundus an Ideen auf, aus dem sie bei der Gestaltung von Keramikoberflächen schöpft. Diese Seiten aus ihren -Skizzenbüchern zeigen nur eine von vielen Möglichkeiten, wie man Inspirationen festhalten kann. Mehr über Raes Keramik finden Sie auf Seite 74.

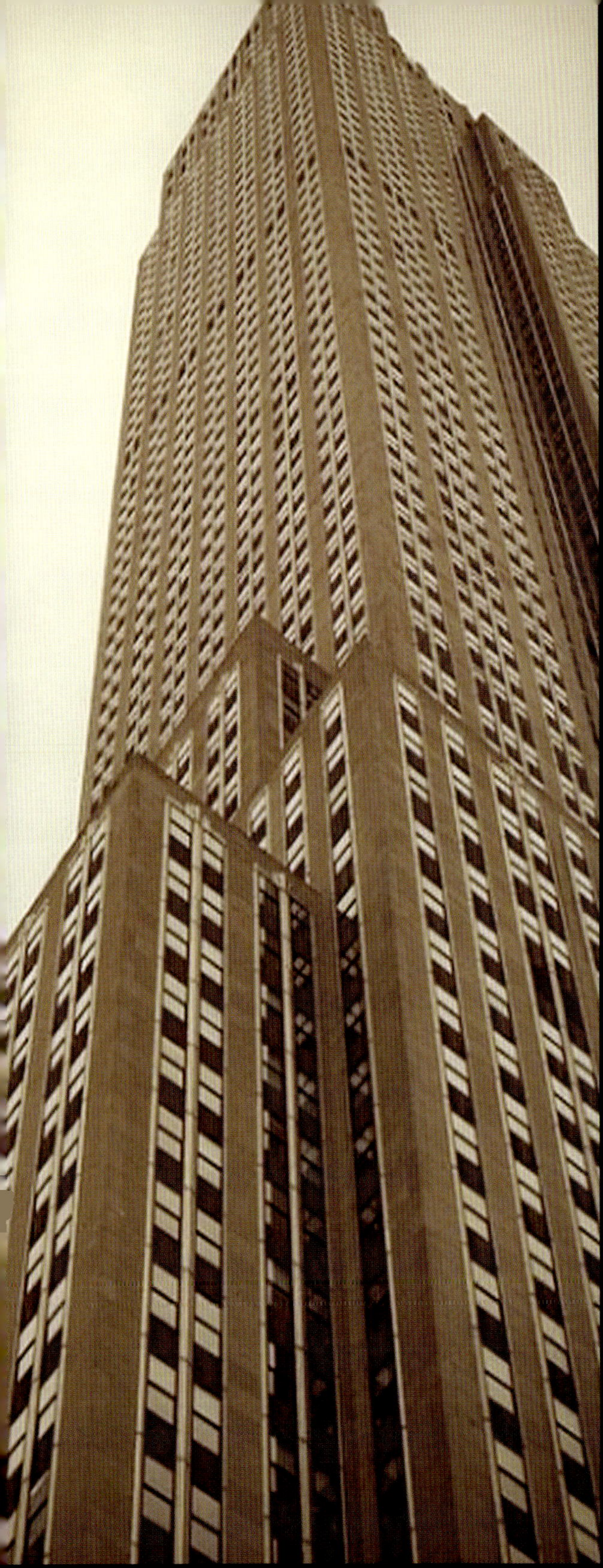

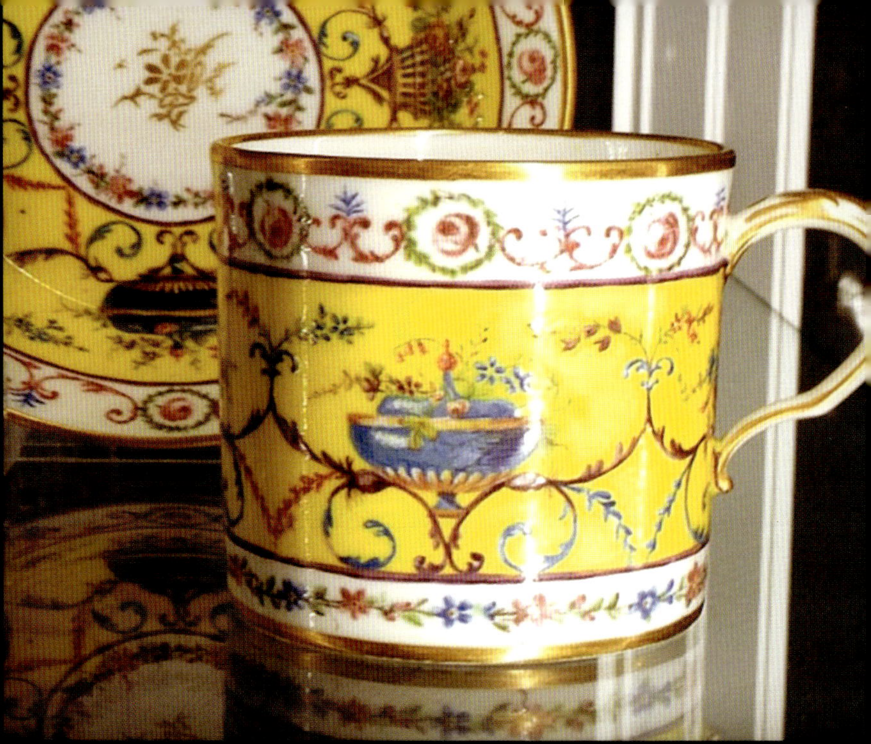

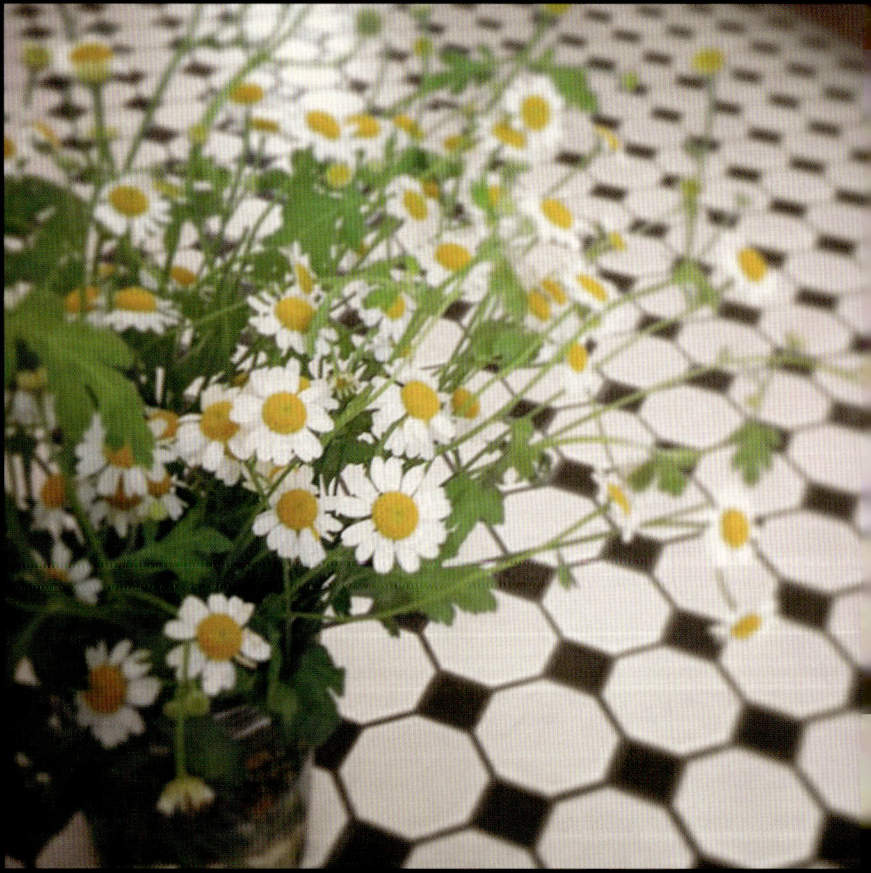

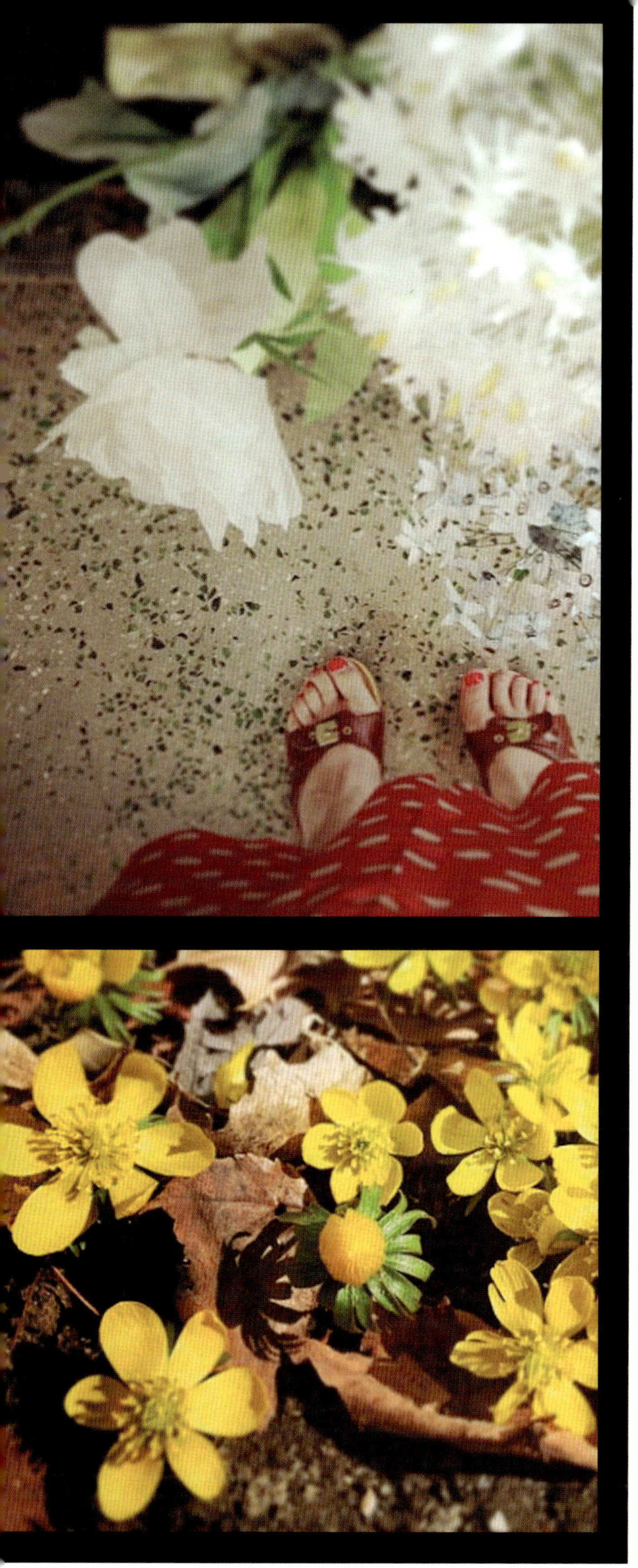

Montage der Instagram-Bilder der Autorin

INSPIRATION IST ÜBERALL

Wer auf der Suche nach Ideen ist, baucht oft nur seine Alltagswelt etwas genauer zu betrachten. Die eigene Wohnung kann inspirieren, Familienmitglieder und Haustiere können als Musen dienen. Die Muster von Vorhängen oder Bettwäsche können für neue Designs ebenso Pate stehen wie die Designs von Tapeten oder altem Geschirr. Ich gehe auch im Kleiderschrank auf Ideensuche. Inspirationen verstecken sich an den seltsamsten Orten: unter den Schuhsohlen, auf der Autofußmatte oder in der Verpackung eines Einkaufs vom Markt. Halten Sie die Augen und den Geist offen. Man kann nie wissen, wo man über eine neue Textur, eine tolle Farbkombination oder ein praktisches Werkzeug stolpert.

Die meisten Menschen haben heute ein Smartphone bei sich, mit dem man jederzeit Motive fotografieren oder mit Apps auf andere Weise im Bild festhalten kann. Unternehmen Sie einmal einen Spaziergang durch Ihr Viertel oder durch die Natur, und sammeln Sie bewusst Inspirationen. Heben Sie Zweige, Blätter und Wildblumen auf, um sie zu Hause zu zeichnen oder in Tonoberflächen einzudrücken. Fotografieren Sie die Farben der Natur oder der Gebäude, und halten Sie auch die Formen der Architektur bewusst fest.

Nehmen Sie immer Ihr Skizzenbuch mit auf solche Entdeckungstouren, um zusätzlich zu Fotos Skizzen zu Papier zu bringen. Das Skizzieren kostet etwas Übung, aber Skizzen drücken die eigene Wahrnehmung oft besser aus als Fotos. Ich klebe beispielsweise oft Blätter in mein Skizzenbuch oder presse kleine Blüten zwischen seinen Seiten. Selbst Bonbonpapierchen und kleine Stücke von Geschenkpapier oder Band klebe ich ein, wenn mir die Farben oder Muster gefallen.

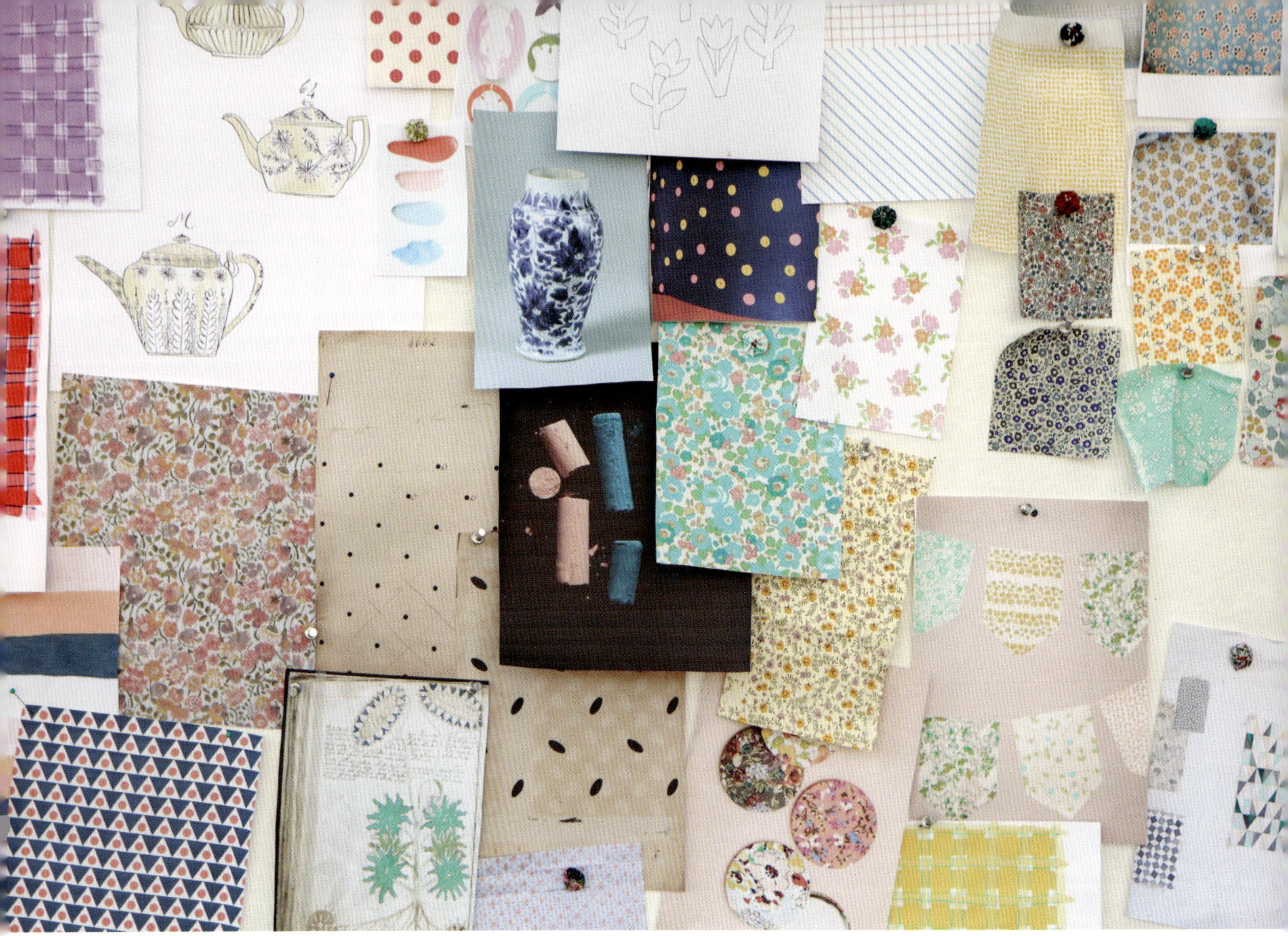

INSPIRATION BOARDS

Es macht Spaß, visuelle Informationen für ein größeres Projekt an einer großen Pinnwand zusammenzustellen. Ich nutze solche »Inspiration Boards« gern, wenn ich eine Kollektion entwickle, deren einzelne Elemente zwar eigenständig wirken, aber auch miteinander in Beziehung stehen sollen. Fertig ist so eine Ideensammlung nie. Ich füge immer wieder Bilder hinzu, die gut passen, und nehme andere ab, die mir weniger gut gefallen – so lange, bis ich genügend Material für meine Kollektion zusammengetragen habe. Dabei achte ich auf Formen ebenso wie auf Farbkombinationen und Variationen eines Themas. Beim Zusammenstellen der Bilder für ein Inspiration Board bleibt meist eine Menge Material übrig, die ich als Grundlage für ein anderes Projekt verwenden kann.

Hängen Sie an Ihr Inspiration Board Seiten aus Ihrem Skizzenbuch, Zeitschriftenbilder, eigene Fotos und Fundstücke aller Art. Zum Befestigen eignen sich buntes Washi Tape oder bunte Pinnwandnadeln – die ihrerseits ein Teil des Gesamt-Arrangements werden können. Nehmen Sie Farbkarten aus dem Baumarkt mit, um neue Kombinationen auszuprobieren. Hängen Sie ruhig auch Zitate oder Redensarten auf, die zur Stimmung des Projekts passen. Spielen Sie! Vertrauen Sie auf Ihr Bauchgefühl und Ihren Geschmack: Sie werden erkennen, welche Elemente am Inspiration Board zusammenpassen und welche besser abgenommen werden sollten. Und wenn Sie wirklich einmal unsicher sind, bitten Sie eine Freundin mit einem sicheren Auge, einen Blick darauf zu werfen.

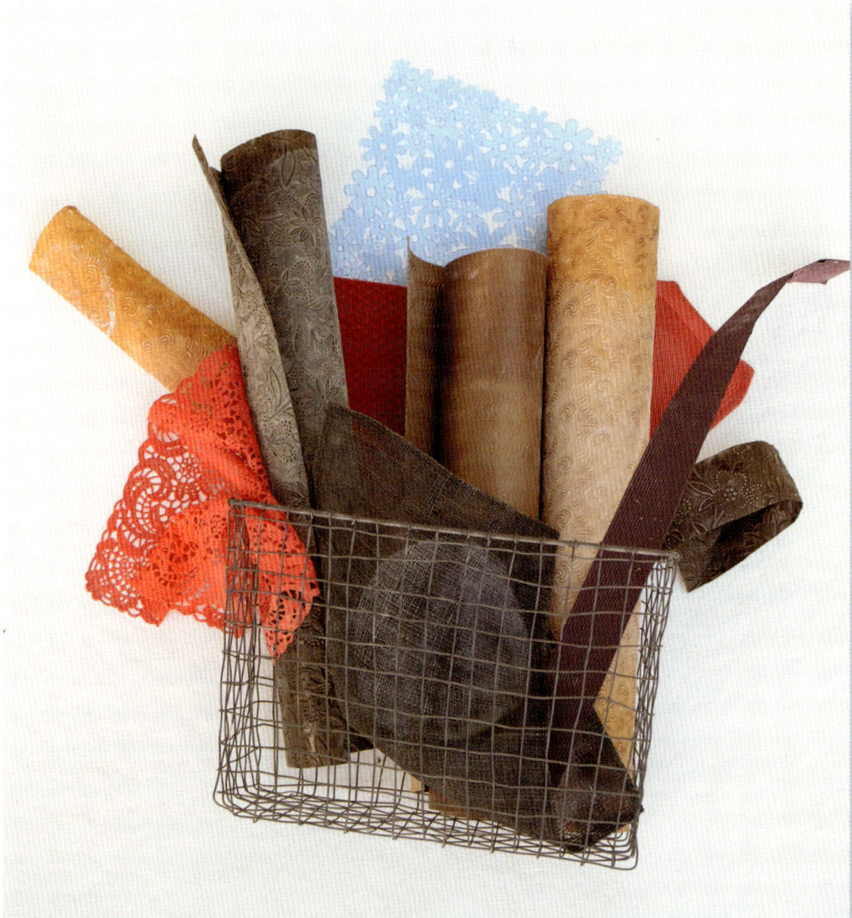

AUSPROBIEREN!

Pinterest ist eine Internetplattform, auf der Sie Inspiration Boards anlegen können. Wenn ich Bilder für eine neue Kollektion zusammentrage, wird mein Desktop schnell recht voll und unübersichtlich.

Mit Pinterest ist es möglich, alle im Internet zusammengetragenen Inspirationen an einem Platz aufzubewahren und nach Kategorien – zum Beispiel in Projektordnern – zu sortieren. Manche meiner Boards sind öffentlich und eher allgemein, andere teile ich nicht, sondern nutze sie nur allein, um Ideen auszufeilen. Besonders gut gefällt mir, dass man auf Pinterest die ursprüngliche Quelle eines Bilds leicht finden kann. Es ist auch nicht schwierig, einen Account anzulegen. Gehen Sie einfach auf www.pinterest.com, und pinnen Sie los.

AUS-PROBIEREN!

Stellen Sie bewusst eine Sammlung von ausdrucksvollen Texturen zusammen. Achten Sie auf Flohmärkten auf alte Spitzendecken, Häkel- und Stickarbeiten oder Reste von Spitzen. Auch die Oberflächen von alten Körben, Stoffen, Strukturtapeten oder Tischsets können sehr reizvoll aussehen.
Studieren Sie beim Spazierengehen die Texturen der Natur: alte Baumrinde, ein kühler Stein, Blumen, ein Ast. Schauen Sie sich in der Stadt nach Dingen um, die andere achtlos weggeworfen haben. Mit der Zeit entsteht so ein Fundus von Texturen, auf den Sie bei der Oberflächengestaltung von Keramik zurückgreifen können.

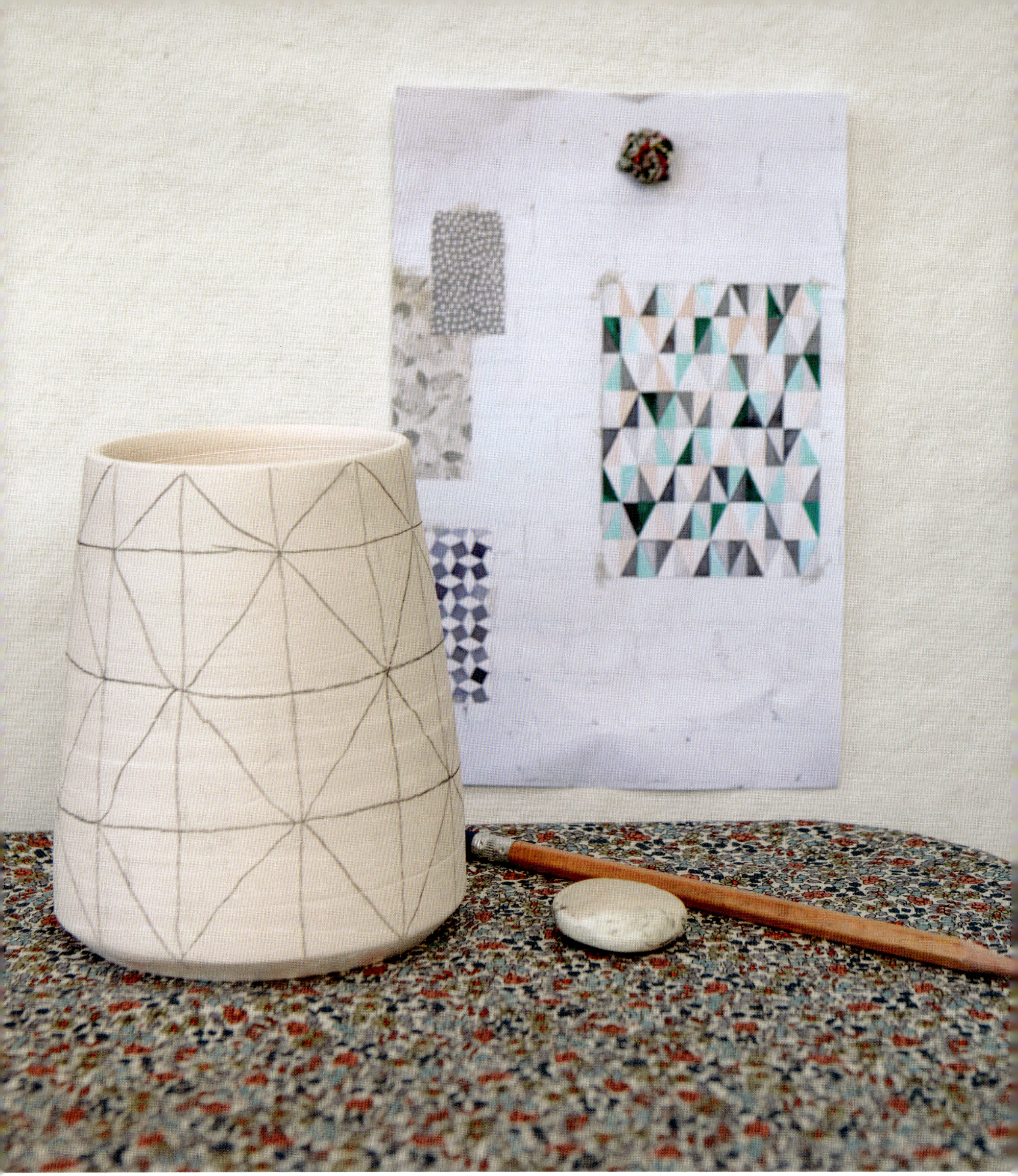

3

KOMPOSITION & FORM

Eine der größten Herausforderungen für Keramiker besteht darin, Form und Oberflächengestaltung in Einklang zu bringen. Die Wahl einer stimmigen Oberflächengestaltung erfordert Übung.
Wer aber etwas Grundwissen über die Beziehungen von Form und Komposition und über die Vorgehensweise beim Dekorieren keramischer Oberflächen besitzt, hat schon ein gutes Rüstzeug. Fast immer empfiehlt es sich, neben der Form auch die Funktion eines Objekts in die Überlegungen hinsichtlich der Oberflächengestaltung einzubeziehen. Auf den folgenden Seiten erfahren Sie, wie Sie einfache Muster und individuelle Farbpaletten selbst entwickeln können.

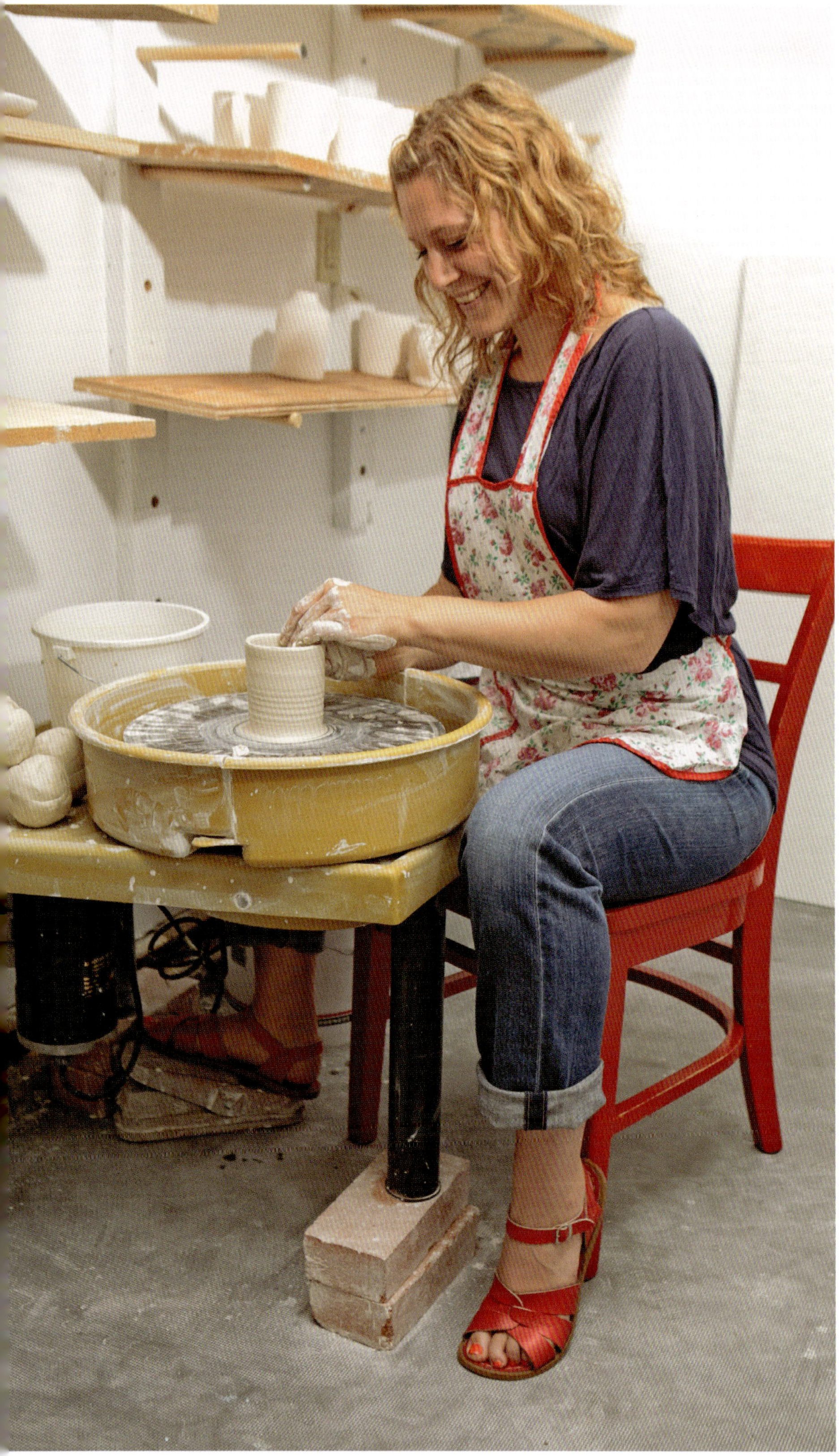

SINNVOLLE FORMGEBUNG

Wenn Sie komplexe Oberflächendekorationen gestalten wollen, sollten Sie möglichst schlichte Formen wählen. Ich setze stark gemusterte Oberflächen stets auf einfachen Formen ein, damit das Hauptaugenmerk auf die Oberflächengestaltung fällt.

Stellen Sie sich die Form als Rahmen für Ihr Dekor vor. Bei Fliesen, Platten und flachen Tellern ist das einfach, weil es zweidimensionale Objekte hat. Der Rand bildet den Rahmen, man kann die Fläche bemalen wie eine Leinwand, und das fertige Werk kann sogar an die Wand gehängt werden.

Bei dreidimensionalen Formen ist es ratsam, sich bei der Oberflächengestaltung an den Veränderungen der Formebenen zu orientieren. Für komplexere Formen sind Blockstreifen oder einfache, plakative Muster oft die beste Wahl. Hier zahlt es sich aus, wenn man vorausplant und das Skizzenbuch zur Hand nimmt.

Zeichnen Sie den Umriss der Form auf, und experimentieren Sie mit farbigen Flächen, um ein Gefühl für stimmige Möglichkeiten zu entwickeln, bevor Sie sich Ihrem Tonobjekt zuwenden.

Wie so oft in der Keramik empfiehlt es sich, mehrere Exemplare eines Objekts herzustellen und verschiedene Muster auszuprobieren. Dies ist ein Schritt des Gestaltungsprozesses. Selbst wenn Sie Muster und Aufteilung festgelegt haben, kann die Farbgebund die Wirkung noch sehr verändern. Bereiten Sie darum ein paar mehr Formen vor, um mit verschiedenen Farbkombinationen zu experimentieren.

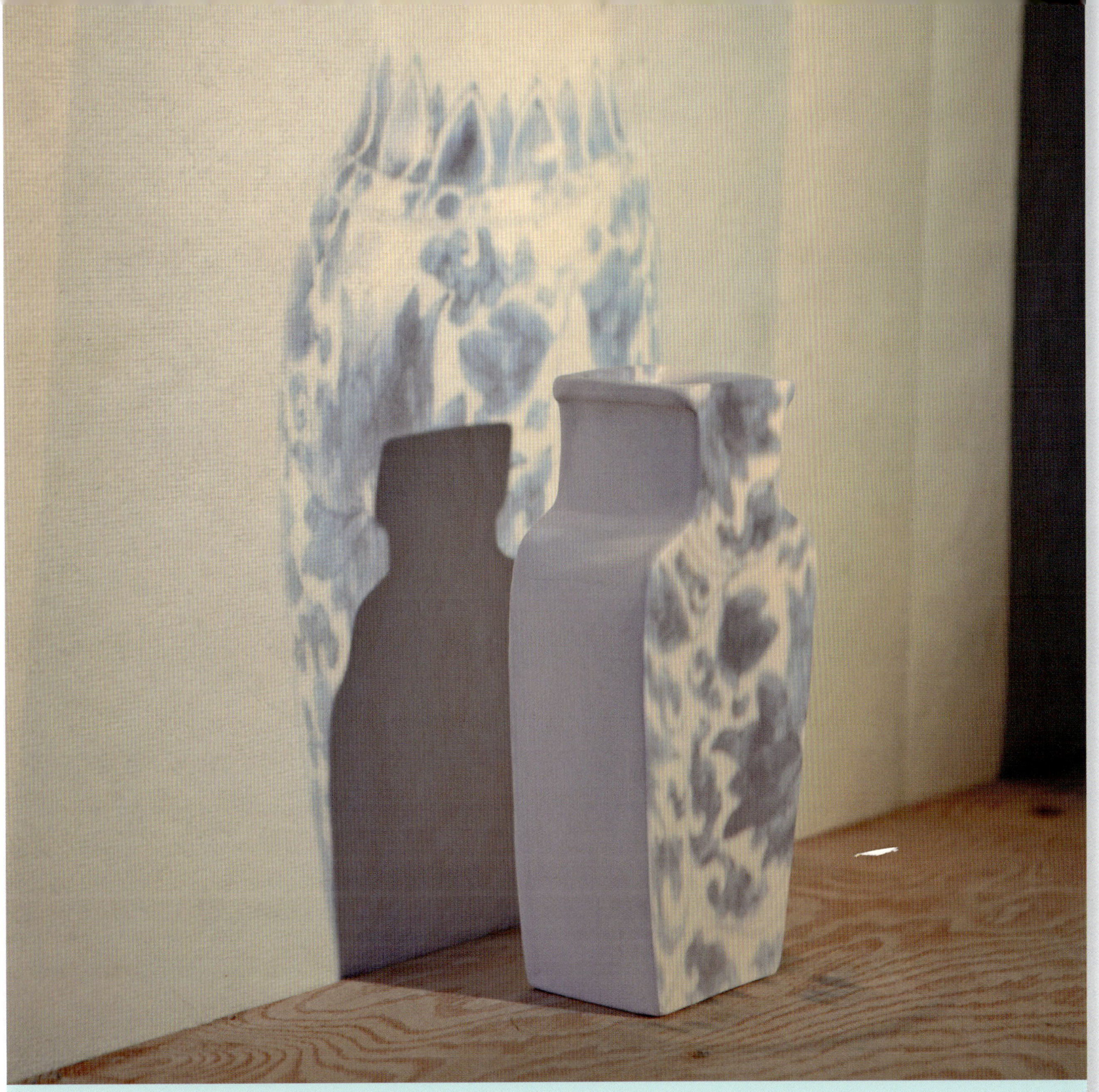

AUSPROBIEREN!

Im Zeitalter der modernen Technik stehen uns analoge und digitale Overhead-Projektoren, Drucker und Transferfolien zur Verfügung. Wer sie nicht selbst besitzt, kann sie mieten oder in einem gut ausgestatteten Copy- und Printshop gegen Gebühr nutzen. Es lohnt sich, damit zu experimentieren. Sie können beispielsweise Skizzen oder Ausdrucke vergrößern und direkt auf die Oberfläche eines Gefäßes projizieren. So lassen sich Maßstab und Dichte von Mustern oder Motiven, die Sie für ein Keramikobjekt in Erwägung ziehen, ausgesprochen gut beurteilen. Das Vorgehen kann außerdem Einfluss auf die Farbwahl haben und sogar bewirken, dass Sie über Veränderungen der Form nachdenken. Ich stelle mit dieser Technik oft Schablonen und Vorlagen her.

Wenn Ihnen Maßstab und Proportionen gefallen, zeichnen Sie das Muster auf ein Blatt Papier, das vor dem Projektor liegt. Diese Kopie kann später für den Bildtransfer verwendet werden. (Mehr über Transfers finden Sie auf Seite 53.)

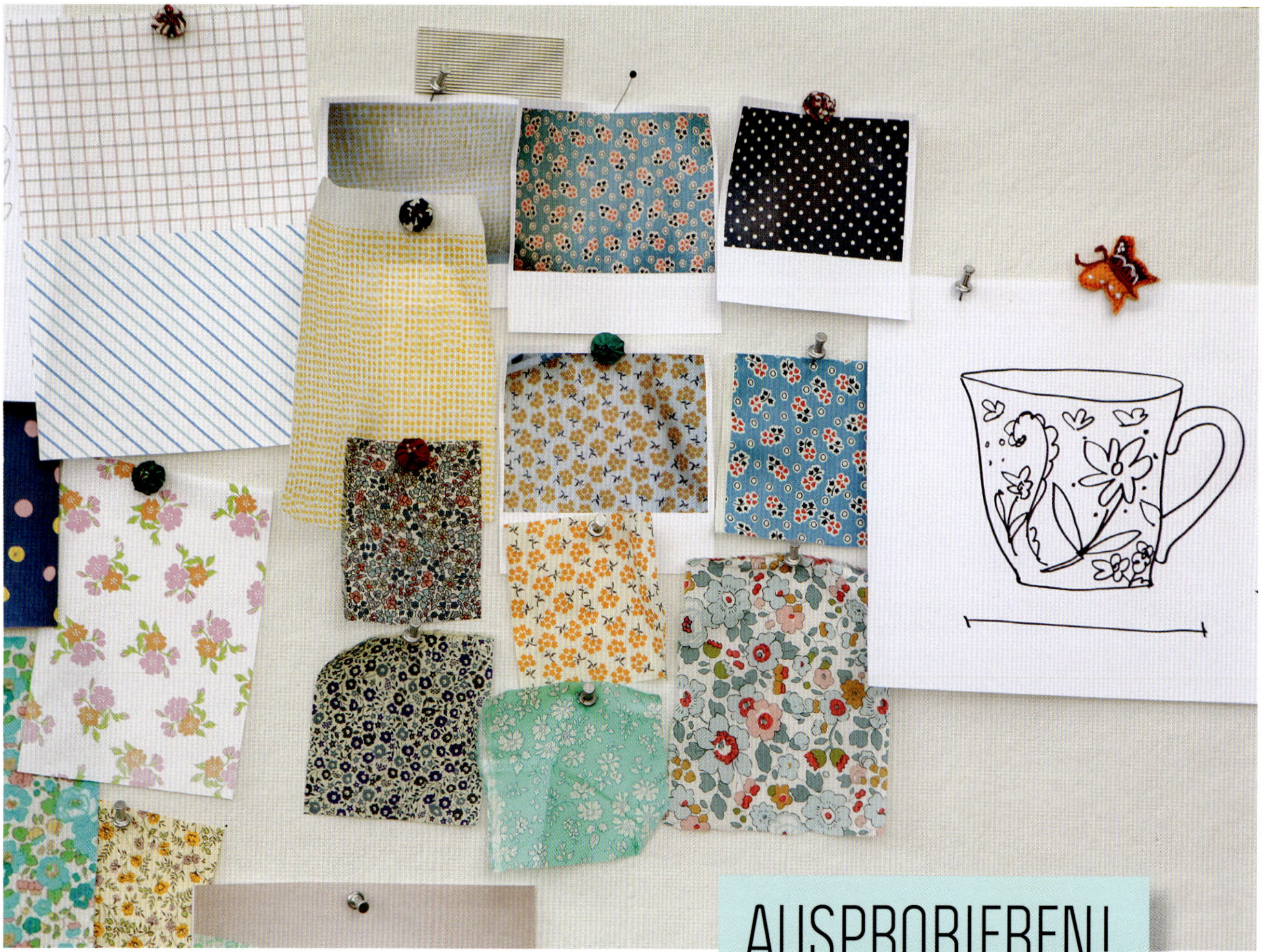

AUSPROBIEREN!

Fotografieren Sie eine Woche lang die Outfits, die Sie tragen. Probieren Sie diese Kombinationen auf Ihren Keramikarbeiten aus.
Greifen Sie alle Elemente der Kleidung auf: Farben und Muster, Ziersteppereien, Rüschen oder Abnäher. Bilder Ihrer Kleidung können sogar Anstöße für die Formgebung Ihrer Keramik geben. Stehen bei Ihrer Kleidung die Texturen im Vordergrund? Mögen Sie es wallend oder streng geschnitten? Tragen Sie gern bunte Farben oder Muster? All das lässt sich auch in der Keramik umsetzen.

Eine Form „bekleiden"

Es gibt eine relativ einfache Methode, die Oberfläche einer dreidimensionalen Form zu gestalten. Denken Sie darüber nach, wie Sie sich selbst ankleiden, und übertragen Sie diese Überlegungen auf die Form. Wir ziehen uns täglich an, darum wissen wir, wie man ein Outfit zusammenstellt. Wir wissen, welche Muster sich vertragen, welche Farben harmonieren und welche nicht gut zusammenpassen. Begriffe, die wir zum Beschreiben des menschlichen Körpers verwenden, können wir auch für Tonformen verwenden. Ein Gefäß kann beispielsweise einen Hals, eine Schulter, eine Taille und einen Fuß haben – und es kann ebenso wie ein Körper mit diesen Merkmalen „bekleidet" werden.

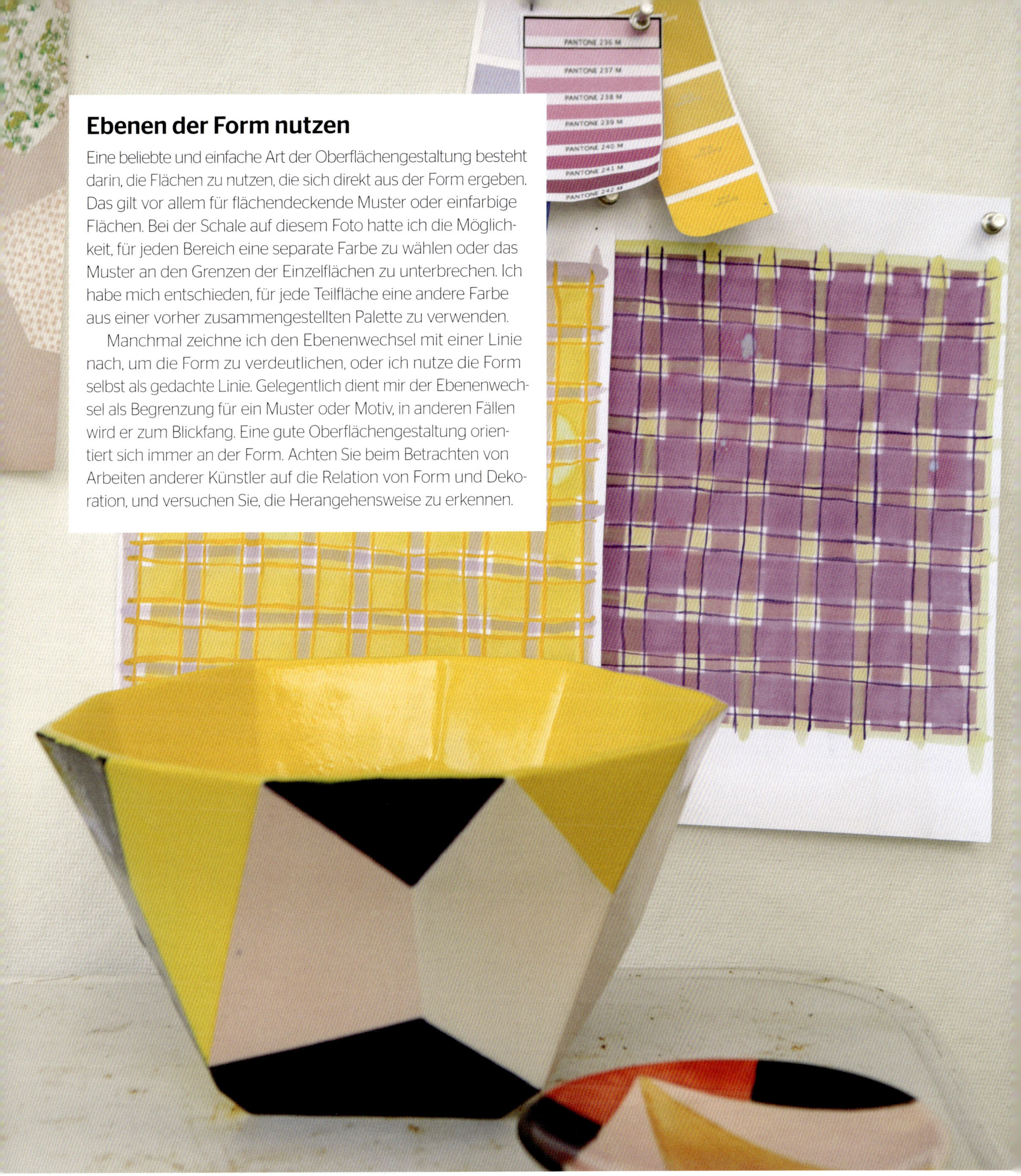

Ebenen der Form nutzen

Eine beliebte und einfache Art der Oberflächengestaltung besteht darin, die Flächen zu nutzen, die sich direkt aus der Form ergeben. Das gilt vor allem für flächendeckende Muster oder einfarbige Flächen. Bei der Schale auf diesem Foto hatte ich die Möglichkeit, für jeden Bereich eine separate Farbe zu wählen oder das Muster an den Grenzen der Einzelflächen zu unterbrechen. Ich habe mich entschieden, für jede Teilfläche eine andere Farbe aus einer vorher zusammengestellten Palette zu verwenden.

Manchmal zeichne ich den Ebenenwechsel mit einer Linie nach, um die Form zu verdeutlichen, oder ich nutze die Form selbst als gedachte Linie. Gelegentlich dient mir der Ebenenwechsel als Begrenzung für ein Muster oder Motiv, in anderen Fällen wird er zum Blickfang. Eine gute Oberflächengestaltung orientiert sich immer an der Form. Achten Sie beim Betrachten von Arbeiten anderer Künstler auf die Relation von Form und Dekoration, und versuchen Sie, die Herangehensweise zu erkennen.

Flächenmuster oder Motiv?

Zylindrische Formen wie Tassen oder Becher sind schwieriger zu dekorieren als zweidimensionale Teller, weil die Oberfläche weder Anfang noch Ende hat, und weil neben der Außenseite auch die Innenseite bedacht werden muss. Außerdem gibt es viele Möglichkeiten, die Oberfläche eines zylindrischen Objekts zu gliedern. Hier werden drei davon vorgestellt.

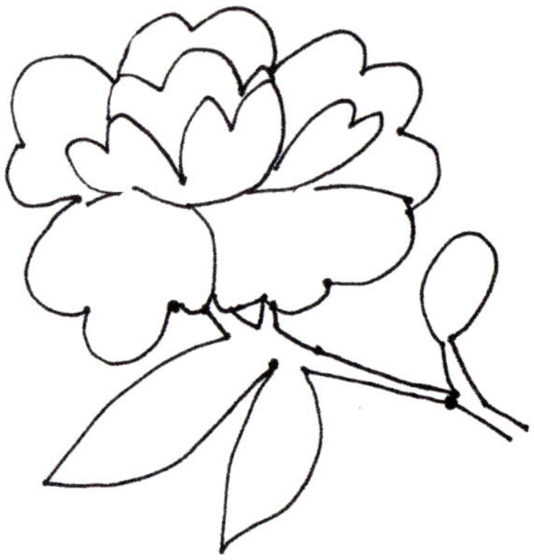

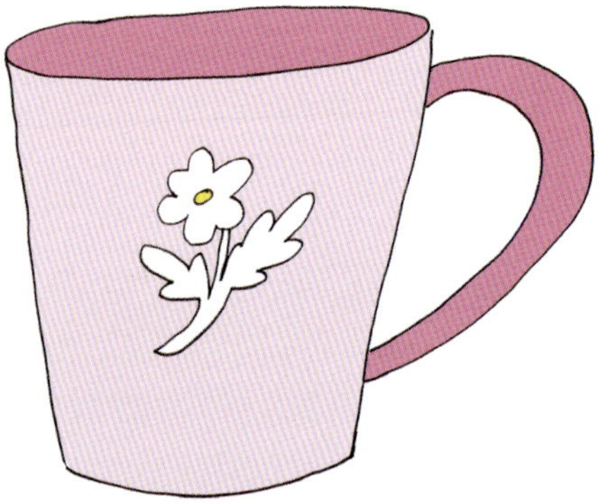

A. Motiv

Mit einem einzelnen Motiv schaffen Sie einen Blickfang, ohne die ganze Oberfläche zu verzieren. Denkbar ist auch, für beide Seiten verschiedene, aber aufeinander bezogene Motive zu wählen.

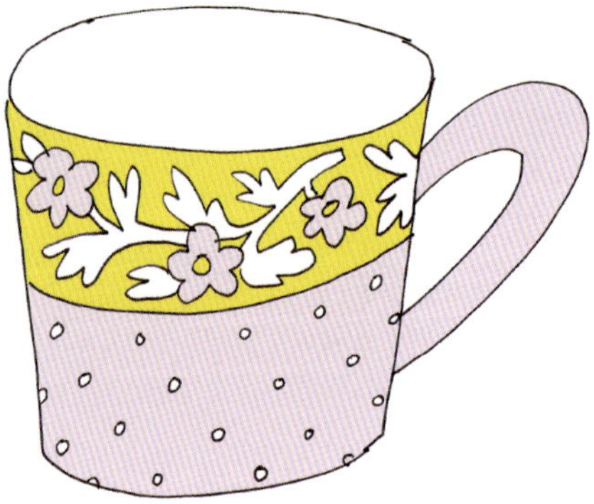

B. Bordüre

Wenn sich die Form dafür anbietet, verziere ich manchmal nur den oberen oder unteren Rand mit einem Motiv oder Muster. Die Arbeitsweise ist ähnlich wie bei Formen mit verschiedenen Ebenen. Wird ein gerades Objekt in dieser Weise unterteilt, entsteht allein durch den Wechsel von Muster oder Farben der Eindruck von Ebenen.

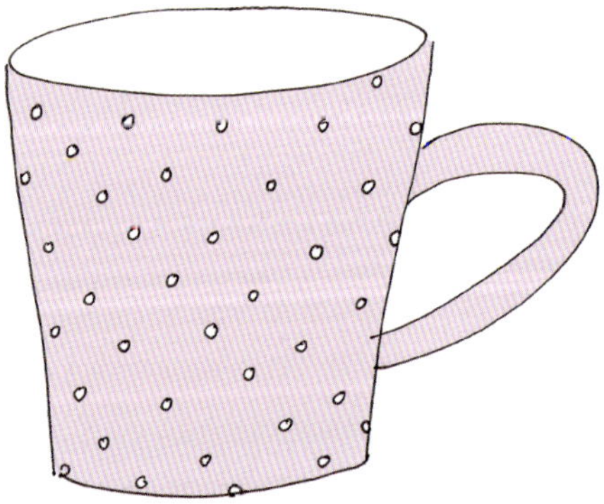

C. Flächenmuster

Ein Muster, das die gesamte Gefäßoberfläche bedeckt, kann reizvoll aussehen und den Benutzer anregen, es von allen Seiten zu betrachten. Wichtig ist aber, das Muster geschickt der Form anzupassen.

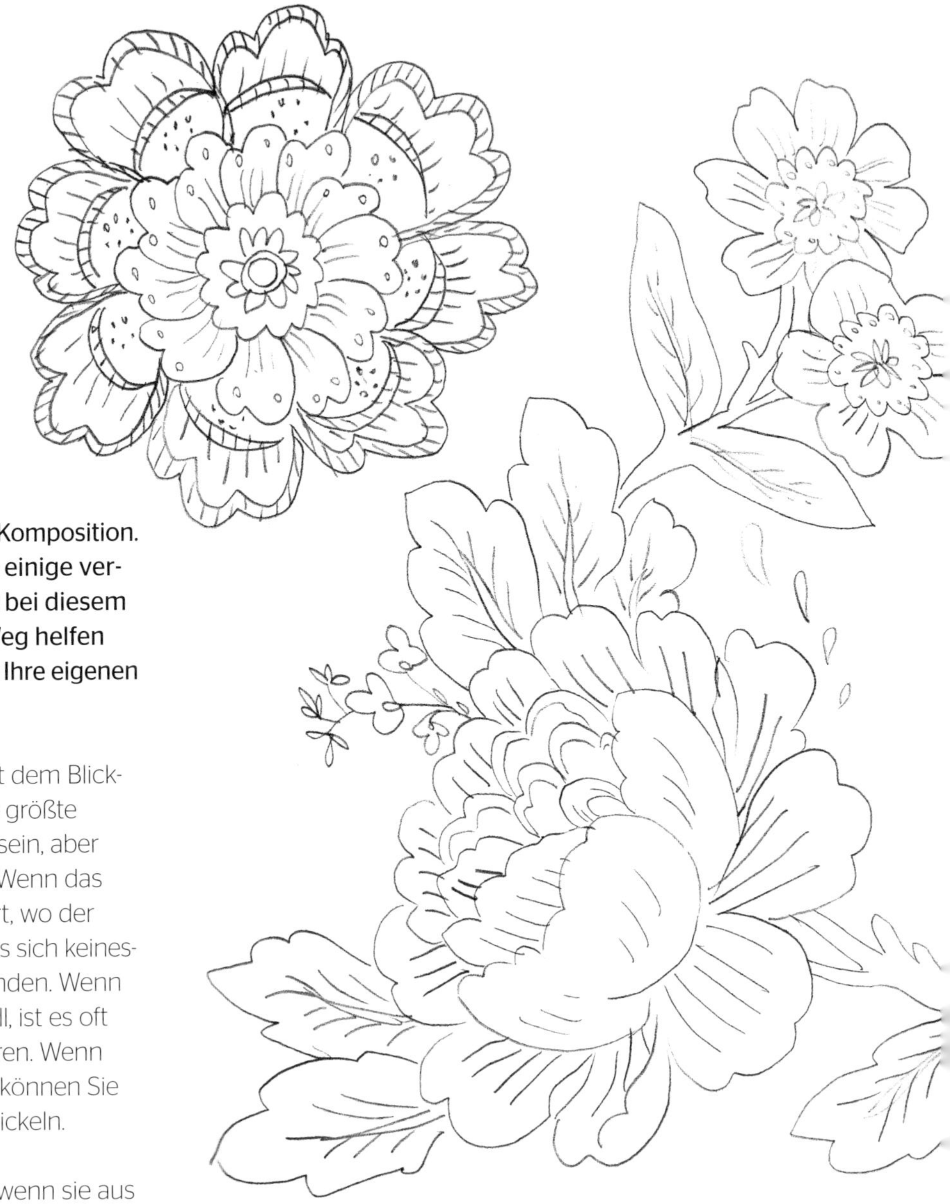

KOMPOSITION

Selbst Könner mühen sich manchmal mit der Komposition. Ein Patentrezept gibt es nicht, aber ich habe einige verlässliche Tipps zusammengestellt, die Ihnen bei diesem wichtigen Arbeitsschritt auf den richtigen Weg helfen können. Mit etwas Zeit und Übung werden Sie Ihre eigenen Strategien entwickeln.

1. Beginnen Sie die Oberflächengestaltung mit dem Blickfang des Musters oder Motivs. Das könnte die größte Blume in einem sich wiederholenden Muster sein, aber auch das größte Element eines Einzelmotivs. Wenn das Muster keinen Blickfang hat, beginnen Sie dort, wo der Blickfang der Form sein soll. Der Blickfang muss sich keineswegs immer in der Mitte des Werkstücks befinden. Wenn die Form nicht betont symmetrisch wirken soll, ist es oft sogar interessanter, ihn nicht mittig zu platzieren. Wenn der Blickfang erst einmal am richtigen Ort ist, können Sie von dort ausgehend das weitere Muster entwickeln.

2. Muster und Motive wirken ansprechender, wenn sie aus einer ungeraden Anzahl von Elementen bestehen, also eins, drei, fünf und so weiter. Teilen Sie die Form entsprechend auf, wenn Sie Abschnitte von Mustern oder Motiven gestalten. Dafür können Sie die Form ausmessen und die Abschnitte dünn mit Bleistift anzeichnen.

3. Muster wirken lebendiger und interessanter, wenn Sie die Größen der Einzelelemente und ihrer Abstände variieren. Außerdem können Sie eine Komposition mit unterschiedlichen Strichstärken oder -typen interessanter gestalten.

4. Möglich ist auch, den Blick mithilfe von Farbe durch die Komposition zu führen. Farbe kann den Blickfang hervorheben, wenn Sie ansonsten wenig Farbe verwenden oder Komplementärfarben kombinieren. Denken Sie daran, dass auch der Ton eine eigene Farbe mitbringt.

5. Ein Vorteil des Materials Ton ist, dass sich in seiner Oberfläche Texturen gestalten lassen. Sie können Texturen kompositorisch ebenso einsetzen wie Farben oder Linien, oder zum Betonen des Blickfangs nutzen.

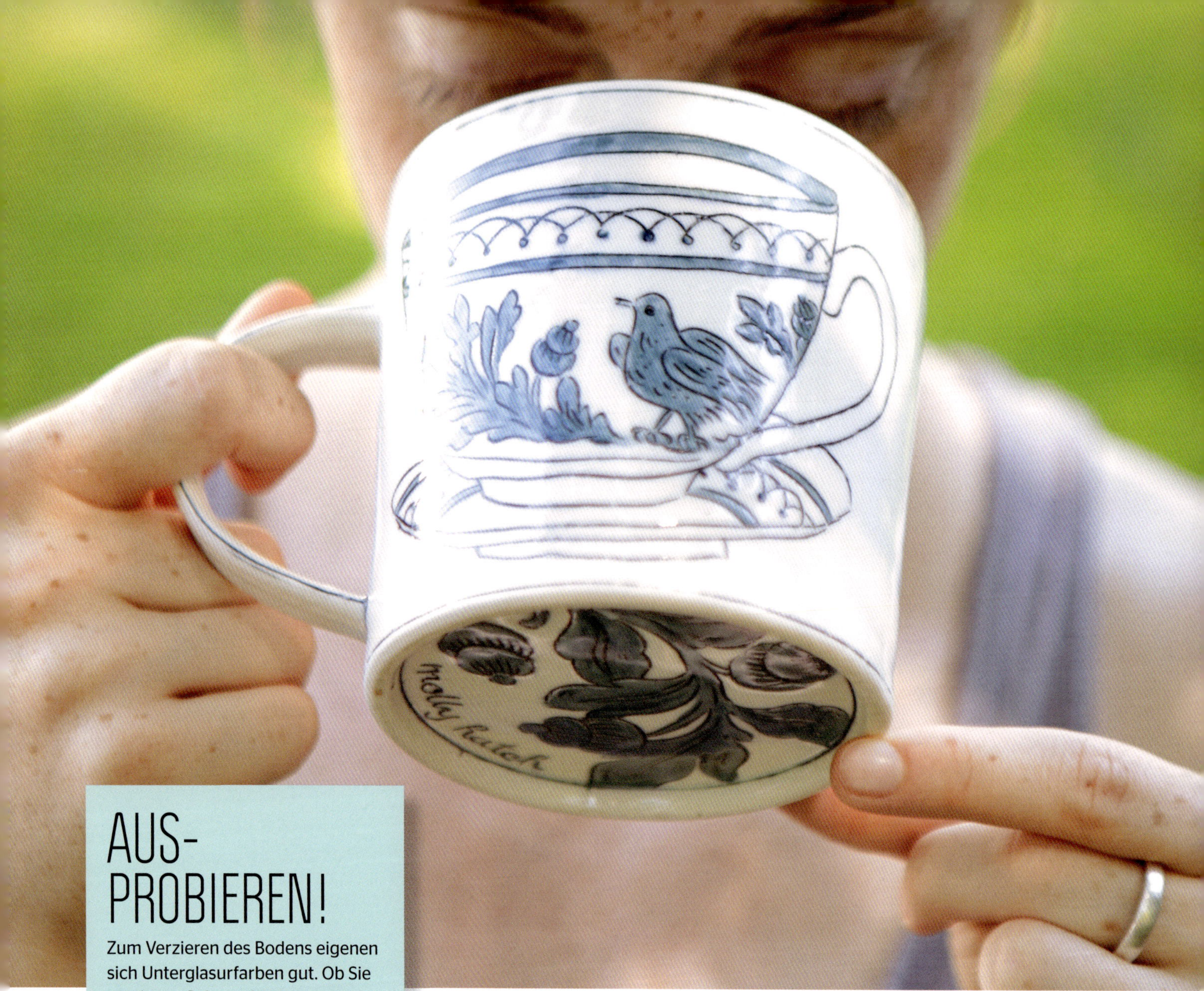

AUS-PROBIEREN!

Zum Verzieren des Bodens eigenen sich Unterglasurfarben gut. Ob Sie an einem Gebrauchsgegenstand oder einem Dekorationsobjekt arbeiten: Ein verzierter Boden ist ein schönes Detail.
Bei einer Tasse wird der Boden sichtbar, wenn man sie neigt, um den letzten Schluck zu trinken. Dann darf die gegenüber sitzende Person einen Blick auf das Dekor werfen. Bei Dekorationsstücken ist die Verzierung des Bodens ein Geheimnis, das vielleicht nur ein Sammler kennt. Unterglasurfarben haften am Ton, aber normalerweise nicht am Ofenbord. Probieren Sie es vorsichtshalber aus.

Innenseite und Boden

Dreidimensionale Gefäße haben eine Innenseite und einen Boden. Beide sollten Sie bei der Dekoration nicht außer Acht lassen. Gerade bei handgefertigten Objekten gibt es ja die Möglichkeit, Dekorationen auch an ungewöhnlichen Stellen anzubringen. Ein verzierter Boden kann bei Gebrauchsgefäßen toll aussehen, wenn sie kopfüber auf einem Regal stehen oder an Haken hängen. Für die Innenseite genügt oft eine farbige Glasur oder eine einfache Bordüre, damit ein Gefäß »fertig« aussieht.

Einen Musterrapport entwerfen

Es gibt zwar eine Menge Quellen für Muster, aber es macht viel Spaß, selbst ein Muster zu gestalten – vor allem, wenn Sie Ihre Keramik verkaufen möchten. Ich setze diese Methode oft ein, wenn ich Rapporte für Keramikoberflächen oder andere Produkte gestalte. Dabei entstehen oft auch neue Muster. Hier erkläre ich zwei Methoden, um Muster mit Rapport von Hand zu zeichnen.

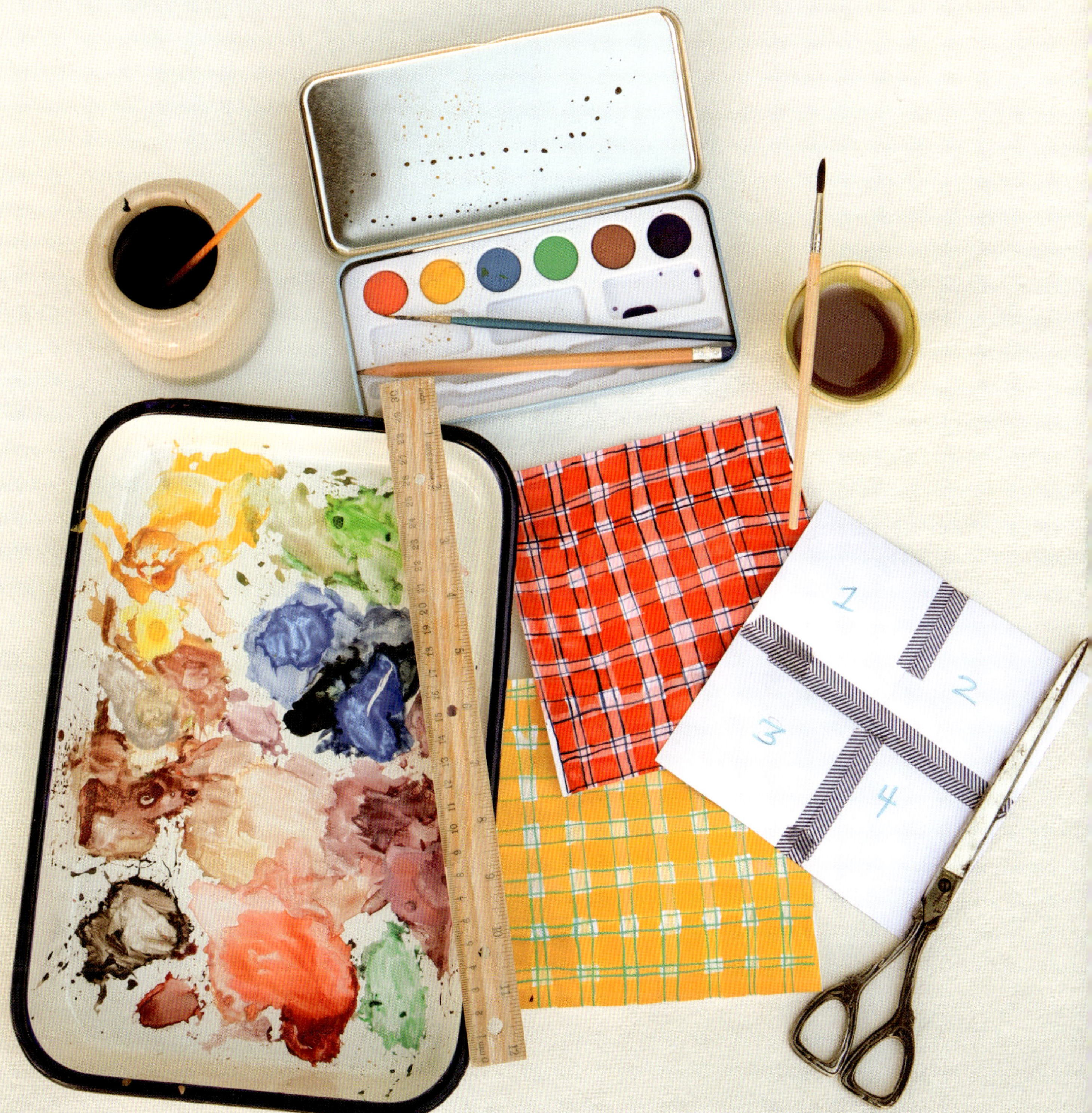

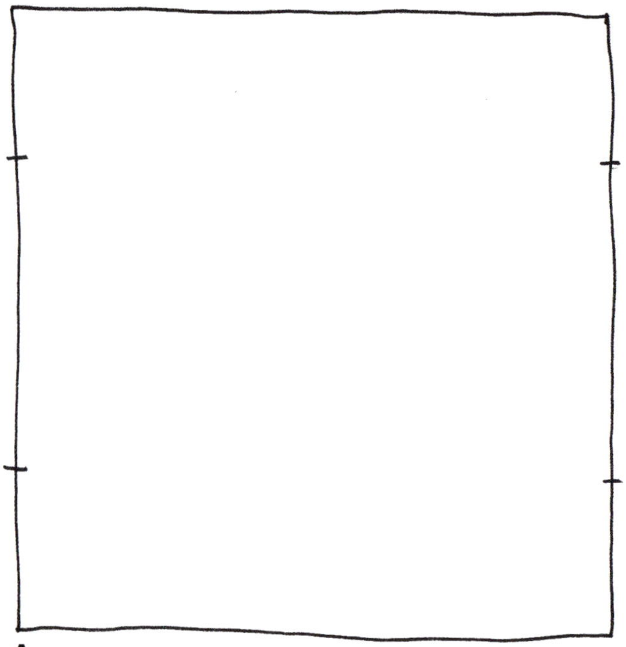

A

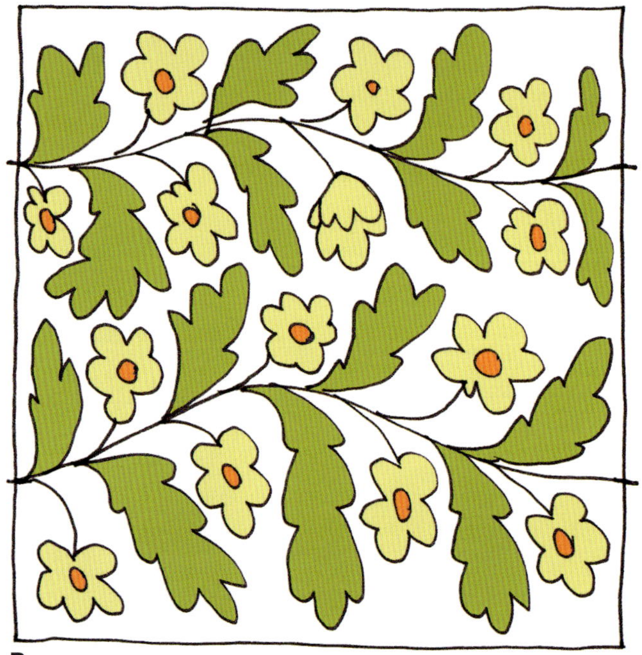

B

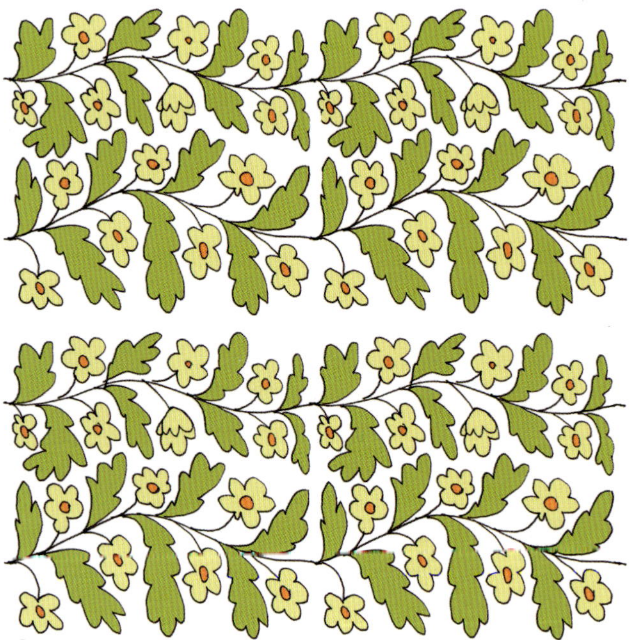

C

BLOCK-RAPPORT

1. An beiden Seiten eines Quadrats auf gleicher Höhe Markierungen anzeichnen (A).

2. In das Quadrat ein Muster zeichnen, das an den Markierungen beginnt und endet (B).

3. Nun können Sie mehrere Quadrate an den Markierungen zusammensetzen (C).

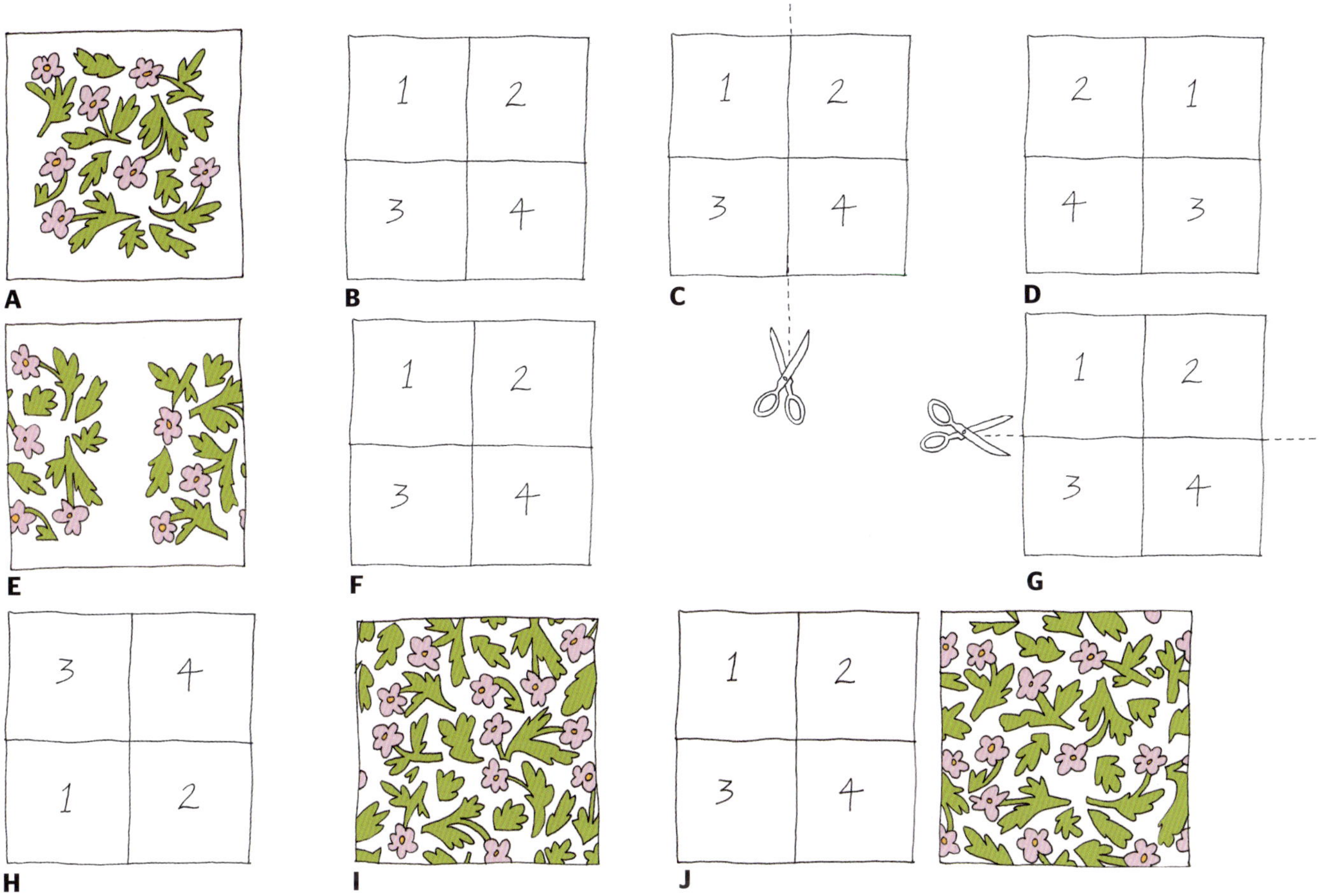

RAPPORT MIT PAPIERZUSCHNITTEN

1. Zeichnen Sie Ihr Muster in die Mitte eines Papierquadrats. Reichlich Abstand zu den Papierkanten halten (A).

2. Das Papier umdrehen und zwei Linien zeichnen, um die Fläche exakt zu vierteln. Die Viertel nummerieren wie auf der Abbildung (B).

3. Die Zeichnung senkrecht halbieren und so wieder zusammenkleben, dass die Ziffern in der gezeigten Anordnung erscheinen (C, D).

4. Wieder umdrehen, das gezeichnete Muster liegt oben. Den freien Bereich in der Mitte ausfüllen, aber Abstand zum oberen und unteren Rand halten (E).

5. Wieder zerschneiden und die Zeichnung in der ursprünglichen Reihenfolge zusammenkleben (F).

6. Das Papier waagerecht halbieren und so wieder zusammenkleben, dass die Ziffern in der gezeigten Anordnung erscheinen (G, H).

7. Umdrehen (Motivseite oben) und den freien Bereich mit dem Muster ausfüllen. Abstand zum rechten und linken Rand des Papiers halten (I).

8. Die Klebestreifen wieder durchschneiden und die Teile in der ursprünglichen Reihenfolge zusammenfügen. Sie bilden jetzt einen Rapport (J).

KOMPOSITION UND FARBE

Der richtige Einsatz von Farbe wertet jede Komposition und jedes Design auf. Gerade in der Entwurfsphase kann es hilfreich sein, wenn Sie Farbpaletten oder Kombinationen im Skizzenbuch festhalten. Sammeln Sie darin ruhig auch Bildbeispiele aus Zeitschriften, Farbkärtchen aus dem Baumarkt und anderes Material. Oder fotografieren Sie Farbkombinationen, die Ihnen positiv auffallen, um später auf sie zurückzugreifen.
Wenn ich auf der Suche nach interessanten Farbkombinationen bin, verwende ich oft den Ordner, den ich auf meiner Pinterest-Seite angelegt habe. Beim Surfen auf Pinterest entdecke ich immer wieder tolle Kombinationen, die ich »pinne«, um sie später vielleicht einmal zu verwenden. Es kommt selten vor, dass ich beim Entwerfen eines neuen Stücks schon klare Vorstellungen von der Farbgebung habe. Häufiger gehe ich auf die Suche nach einer passenden Farbkombination für das Muster oder die Textur, an der ich gerade arbeite. Natürlich gibt es Kombinationen, die ich besonders gern mag und immer wieder verwende, aber ich probiere auch neue Kombinationen aus, um auf der Höhe der Trends zu bleiben. Wenn mir eine gute Idee für die Farbgebung fehlt, ist mein Pinterest-Ordner eine großartige Hilfe.

AUSPROBIEREN!

Ein Farbkreis ist ein nützliches Hilfsmittel zum Entwickeln und Beurteilen neuer, vielleicht auch unkonventioneller Farbkombinationen. Sie können ihn leicht selbst zeichnen. Spielen Sie mit Farben und finden Sie heraus, was Sie anspricht. Mixen Sie nicht nur Farben, die Sie gern mögen, sondern probieren Sie auch neue, spannende Kombinationen aus.

Kolorieren Sie gezeichnete Formen im Skizzenbuch mit Farbstiften, um einen Eindruck davon zu bekommen, wie sich die Farbgebung auf die Form auswirkt. Sie können einen einfachen Farbkreis wie auf dieser Abbildung verwenden oder mit einer komplexeren Version arbeiten.

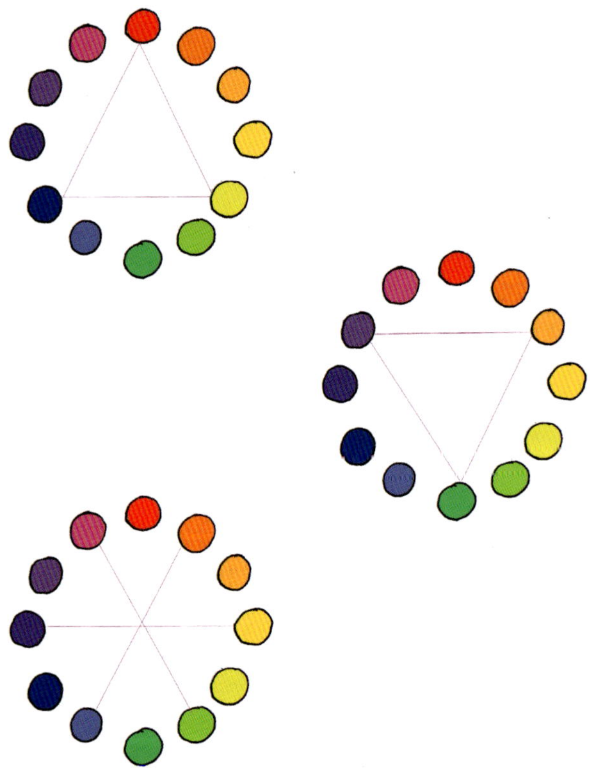

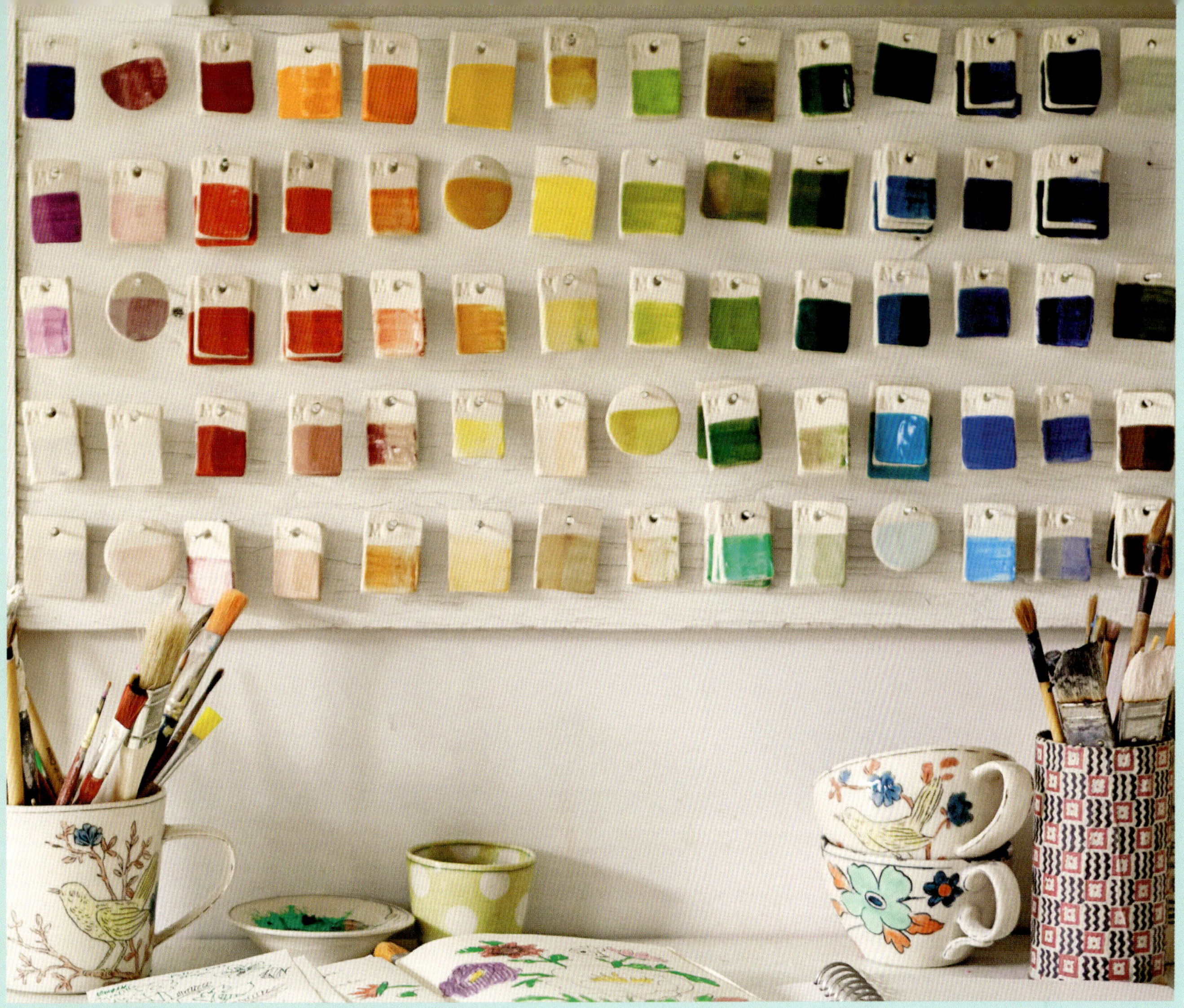

AUSPROBIEREN!

Brennen Sie Testplättchen mit allen Unterglasuren, Engoben und Glasuren, die Sie besitzen. So bekommen Sie eine Grundpalette Ihrer Farben. Sie könnten die Testplättchen auch zur Hälfte mit einer Schicht Unterglasur oder einem Schlicker bestreichen und auf die andere Hälfte mehrere Schichten auftragen, um Farbvariationen infolge der Schichtstärke zu beurteilen.

Heute stehen für die Keramik viele Farben zur Verfügung, grenzenlos ist die Auswahl jedoch nicht. Oft entdecke ich schöne Farbkombinationen, kann aber die passenden Keramikfarben nicht finden. Dann bleibt nur, sie selbst herzustellen. Die Testplättchen sind dabei hilfreich, weil sie einen guten Überblick über die verfügbaren Farben geben.

Für Smartphones gibt es eine großartige App mit dem Namen »My Pantone«. Ich benutze sie oft in Kombination mit der Kamera meines Smartphones. Mithilfe der App kann man einzelne Pantone-Farben sowie die Farbpalette eines Fotos bestimmen. Das ist praktisch, wenn ich ein Foto als Vorlage für die Farbgestaltung einer Keramikarbeit verwenden möchte. Ich wähle einfach das entsprechende Foto aus dem Kameraspeicher und bestimmte die Farben mithilfe der App.

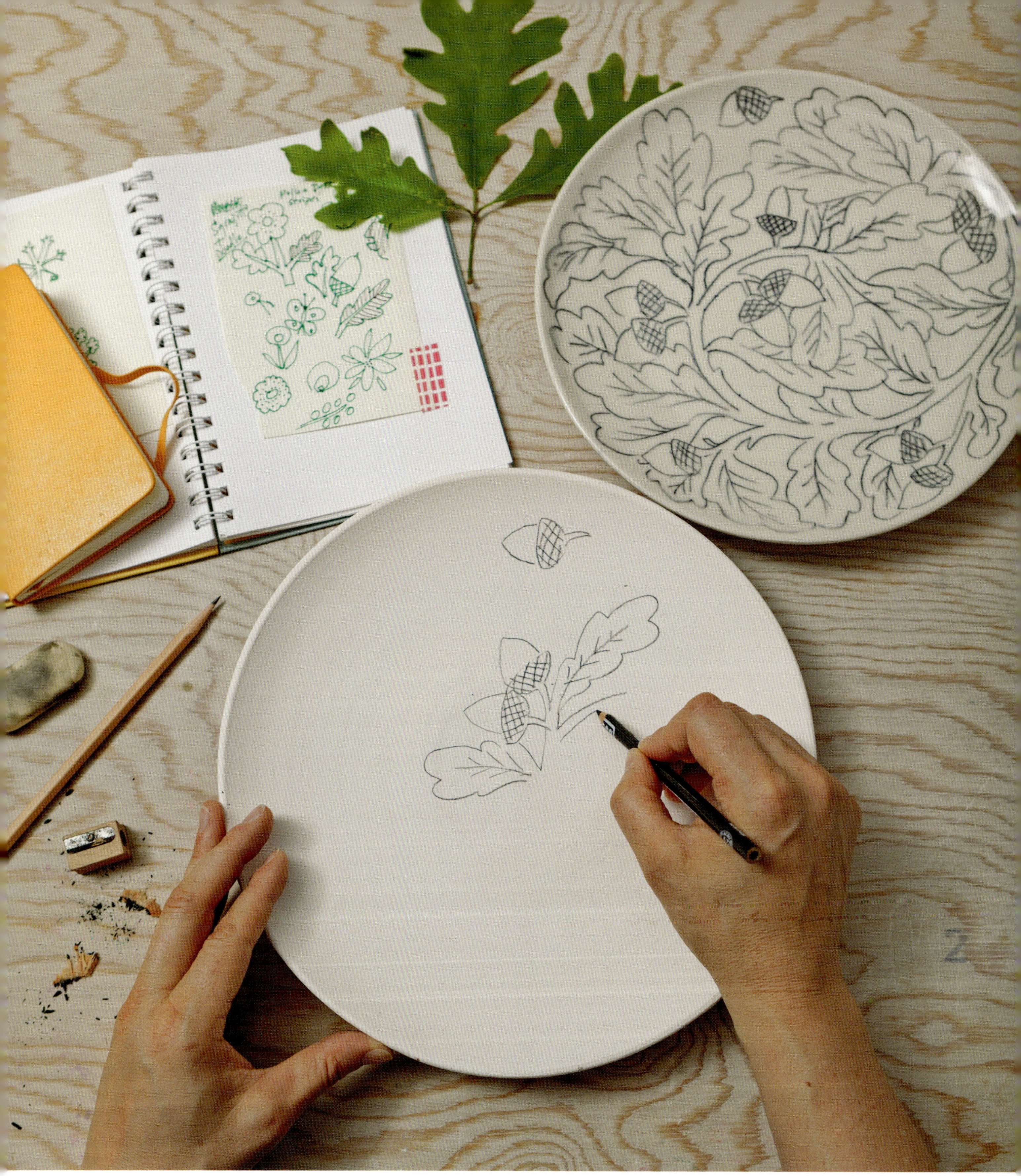

4

LINIEN

Lineare Dekore gefallen mir auf Keramikoberflächen am besten. Im folgenden Kapitel stelle ich verschiedene Techniken vor, um solche Muster zu gestalten. Viele Künstler bevorzugen das lineare Zeichnen. Vielleicht liegt es daran, dass diese Art der Strichführung dem Schreiben ähnelt und uns darum vertraut ist. Außerdem lassen sich lineare Verzierungen in Ton sehr gut umsetzen. Die Mishima-Technik beispielsweise wende ich für die meisten meiner Objekte aus Ton und anderen Werkstoffen an. Die gezeichneten Linien können nach dem Brand monochrom oder farbig sein und bilden eine Grundlage, auf der ich mit ausdrucksvolleren Unterglasuren oder Glasuren arbeiten kann.

Während des Studiums habe ich meine eigene Technik entwickelt, um Muster und Motive auf Keramikoberflächen vielfach zu duplizieren. Wie es geht, erfahren Sie in diesem Kapitel. Mit Transfer-Vorlagen ist es einfach, selbst detailreiche Muster auf ein Werkstück zu übertragen. Die Technik eignet sich für alle, die wenig Vertrauen in das eigene Zeichentalent haben und sich darum scheuen, aus freier Hand direkt auf dem Ton zu zeichnen. Sie können die Komposition zuerst in aller Ruhe auf dem Papier ausarbeiten und erst danach auf den Ton übertragen. Die Projekte in diesem Kapitel werden Ihnen helfen, mehr Sicherheit im Zeichnen auf keramischen Formen zu gewinnen.

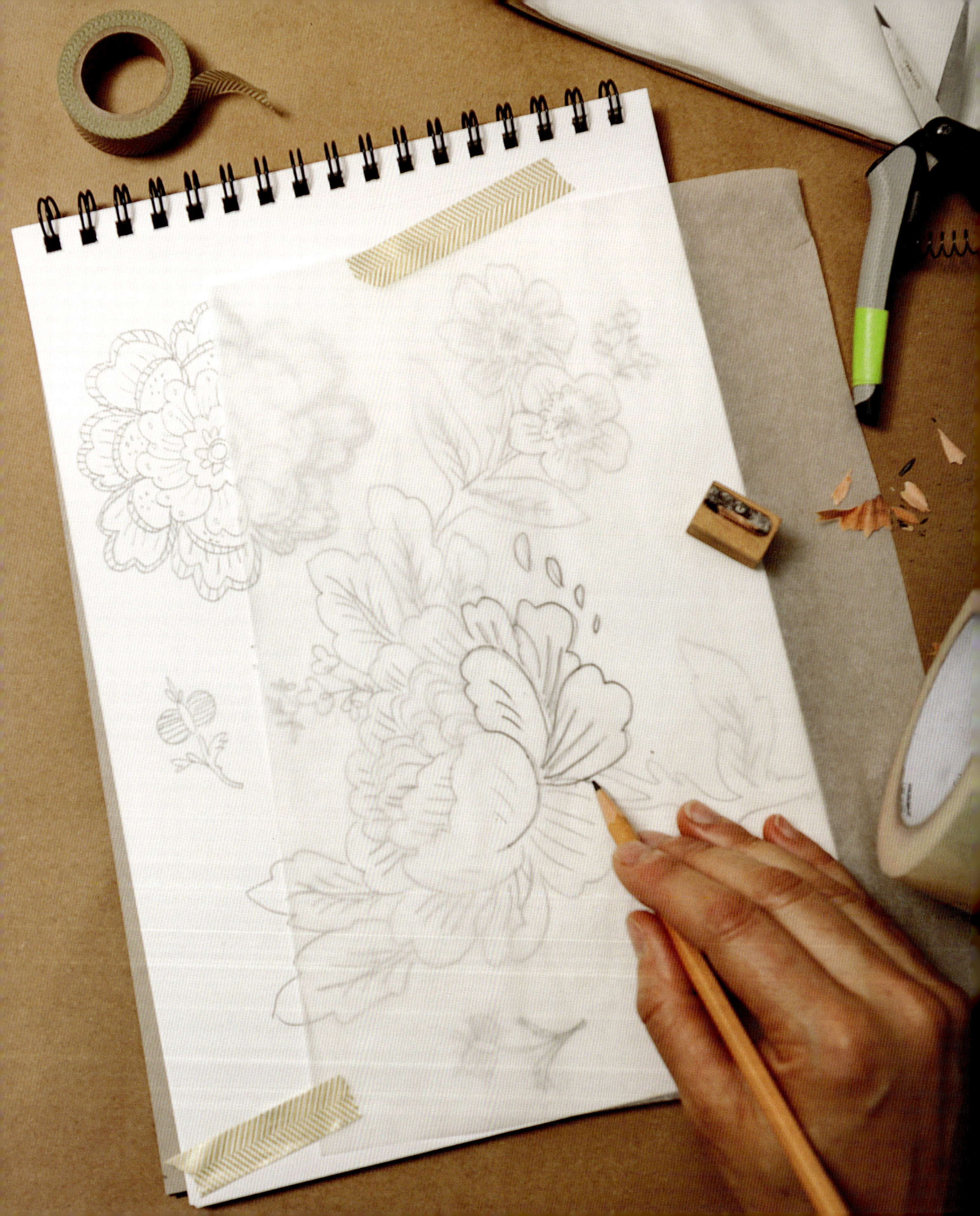

TRANSFER-VORLAGEN HERSTELLEN

Hier erfahren Sie Schritt für Schritt, wie Sie Vorlagen zum Übertragen von Motiven auf eine Tonoberfläche herstellen. Solche Transfers können Sie für verschiedene Projekte in Kapitel 4 und 5 gut gebrauchen. Ich habe das Verfahren während des Studiums entwickelt, als ich große und komplexe Muster und Motive auf meiner Keramikarbeiten gestalten wollte, aber unter Zeitdruck stand. Später habe ich die Methode auch für meine Gebrauchskeramik eingesetzt. Mit diesen Vorlagen lässt sich ein Design vielfach auf Tonoberflächen übertragen, was viel Zeit und Arbeit spart. Selbst komplexe, detailreiche Dekore können so relativ schnell gestaltet werden. Und wenn ein Kunde Ersatz für ein zerbrochenes Stück bestellt, kann ich mithilfe der Vorlage ein neues fertigen, das genau zu seinen noch vorhandenen passt. Die Vorlagen werden zwar durch häufigen Gebrauch strapaziert, aber wenn sie abgenutzt sind, kann man jederzeit leicht neue anfertigen.

Sie brauchen

- Originalvorlage (siehe Seite 143–149)
- Transparentpapier
- Dünner Stift
- Transparentes Paketklebeband (möglichst dünn)
- Schere

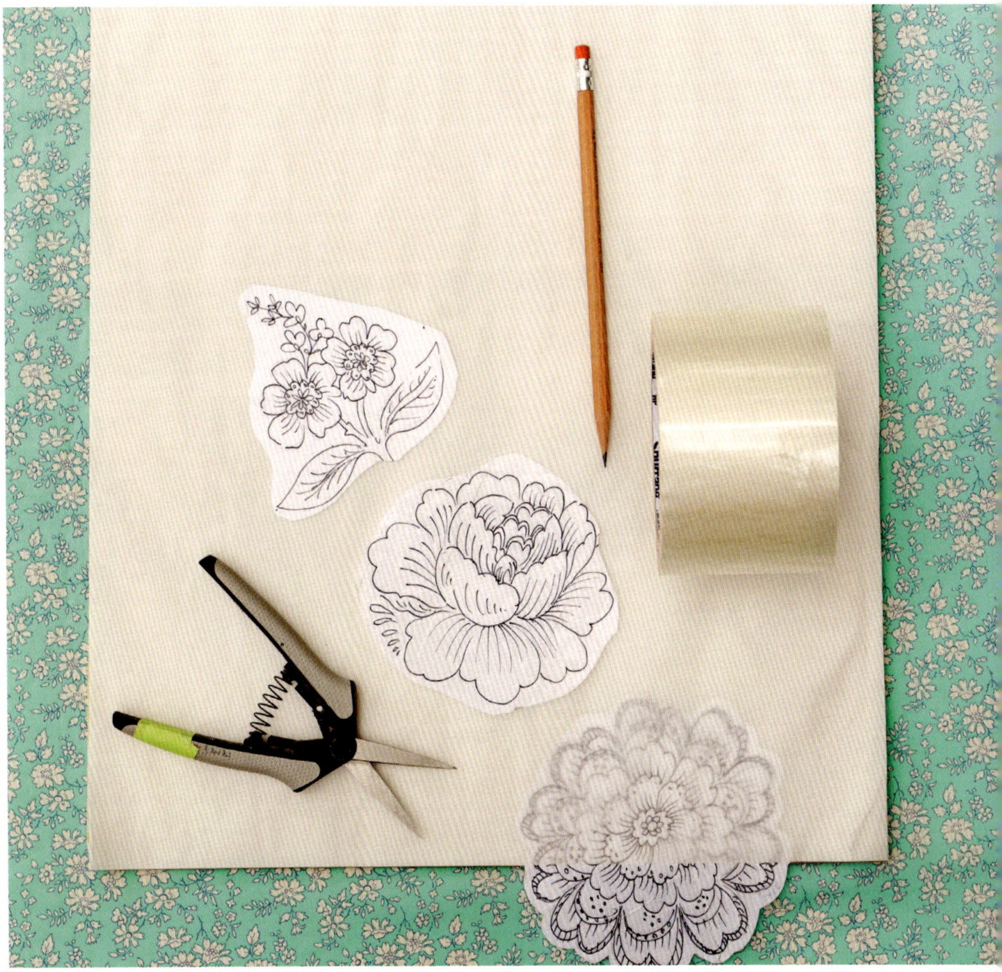

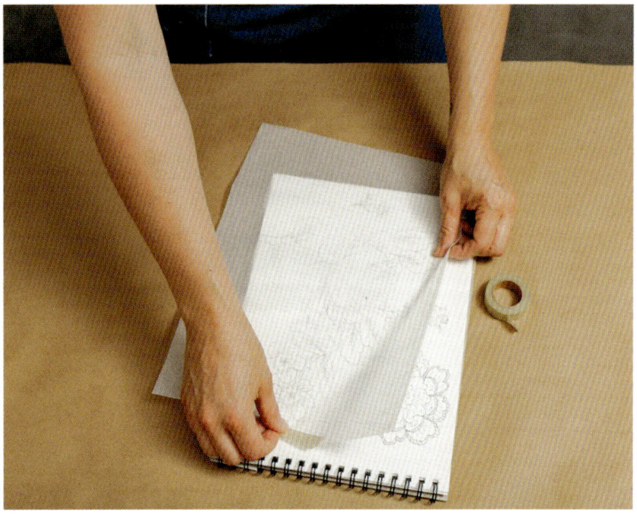

1. Zuerst eine Originalvorlage auswählen. Das kann eine Vorlage aus diesem Buch, ein Foto, ein Bild aus einer Zeitschrift oder eine eigene Zeichnung sein. Einen Bogen Transparentpapier darauflegen.

2. Die Umrisslinien des Motivs mit dem Stift von der Originalvorlage auf das Transparentpapier durchpausen. Diese Linien werden später, wenn die Transfer-Vorlage fertig ist, auf den Ton übertragen.

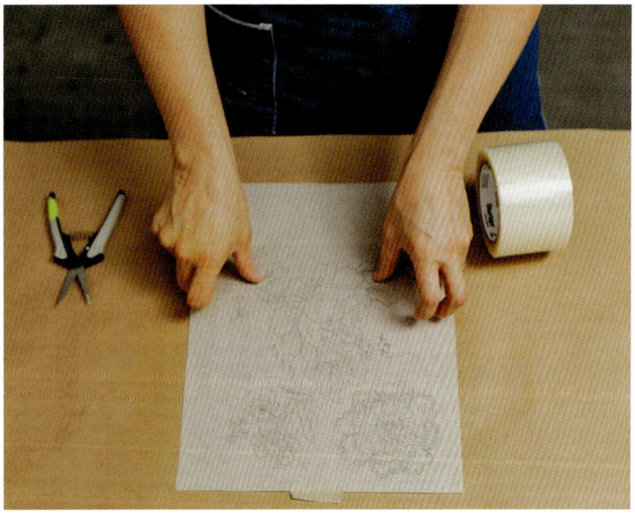

3. Das durchgepauste Motiv auf eine saubere, ebene Arbeitsfläche legen.

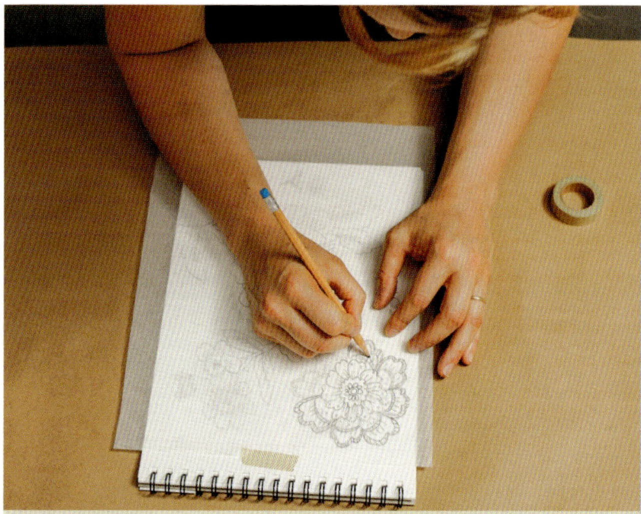

TIPP

Ich empfehle Transparentpapier, weil man die gezeichneten Linien auf seinen beiden Seiten sehen kann. Das ist praktisch, wenn ein Motiv spiegelverkehrt auf die Rückseite eines Gefäßes gezeichnet werden soll.

PANNENHILFE

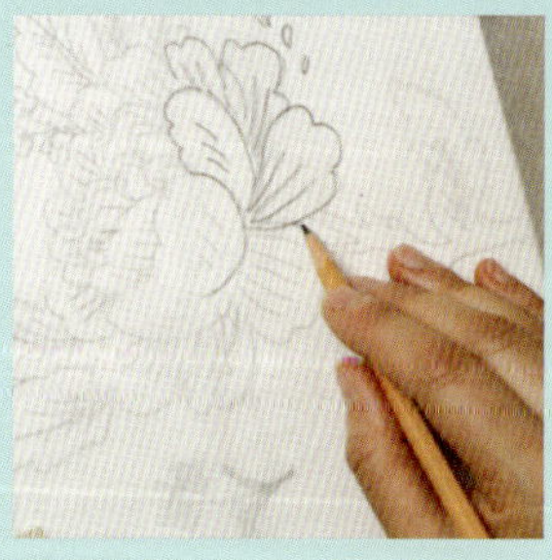

Beim Bekleben des Papiers können sich Fältchen im Paketklebeband bilden. Sie zeichnen sich eventuell im Ton ab. Wenn das Klebeband sehr faltig ist, pausen Sie das Motiv lieber noch einmal durch und starten einen neuen Versuch.

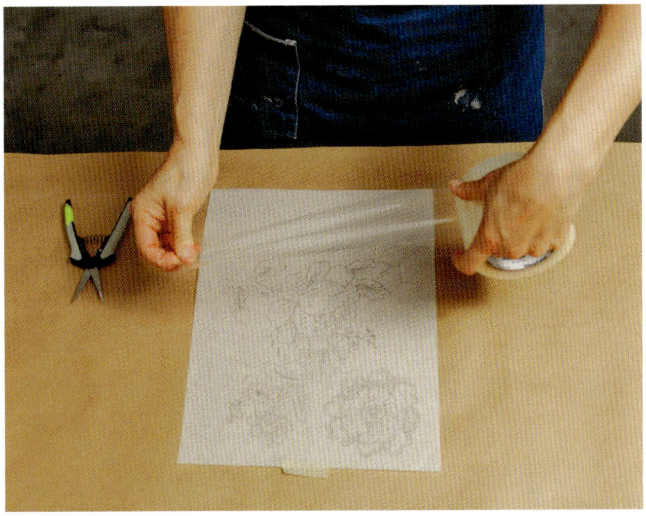

4. Die Vorderseite des Transparentpapiers dicht an dicht mit Streifen des Paketklebebands bekleben. Das Papier umdrehen und seine Rückseite ebenso bekleben.

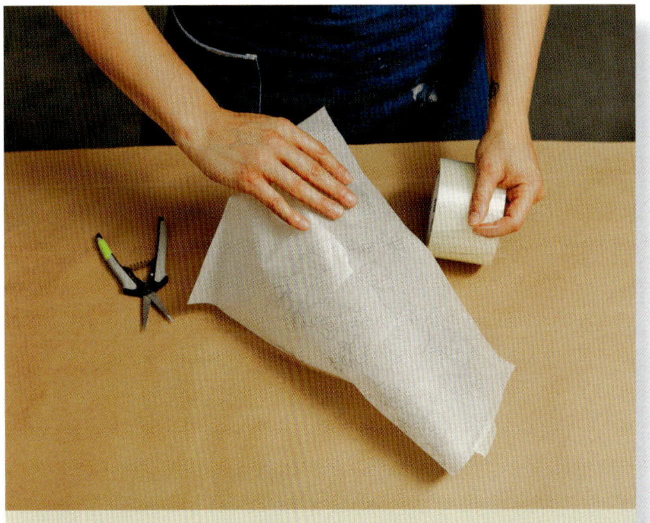

TIPP

Preiswertes, dünnes Paketklebeband schützt Ihre Vorlagen und kostet nicht viel. Es darf nicht zu dick sein, sonst lässt sich die Vorlage schlecht auf eine dreidimensionale Form auflegen, und es ist mühsam, die Linien durchzudrücken.

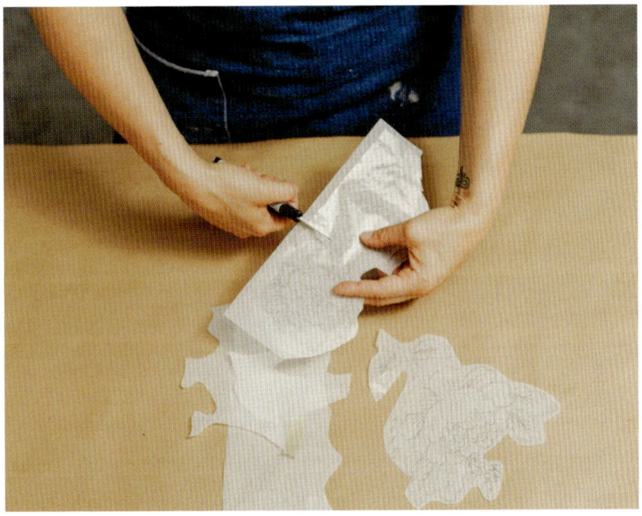

5. Das beidseitig laminierte Motiv mit einer Schere ausschneiden, dabei ringsherum einen Rand von 6 mm Breite stehen lassen. Dieser Rand ist wichtig. Wenn Sie das Motiv auf seiner äußeren Konturlinie ausschneiden, können Sie diese nicht auf den Ton übertragen. Mit der fertigen Transfer-Vorlage können Sie nun mehrere Tongefäße verzieren

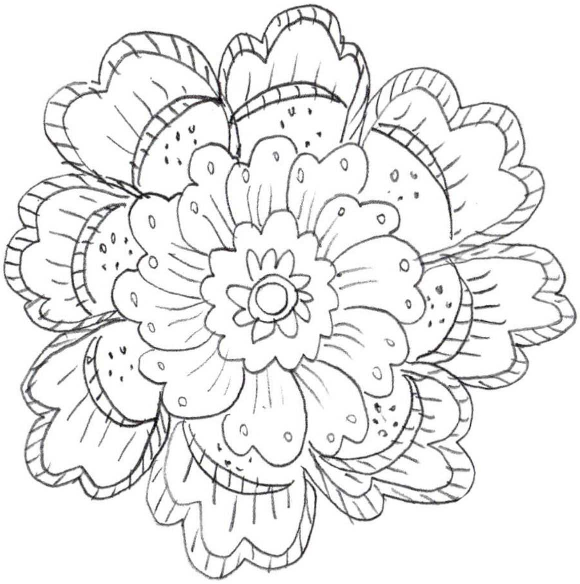

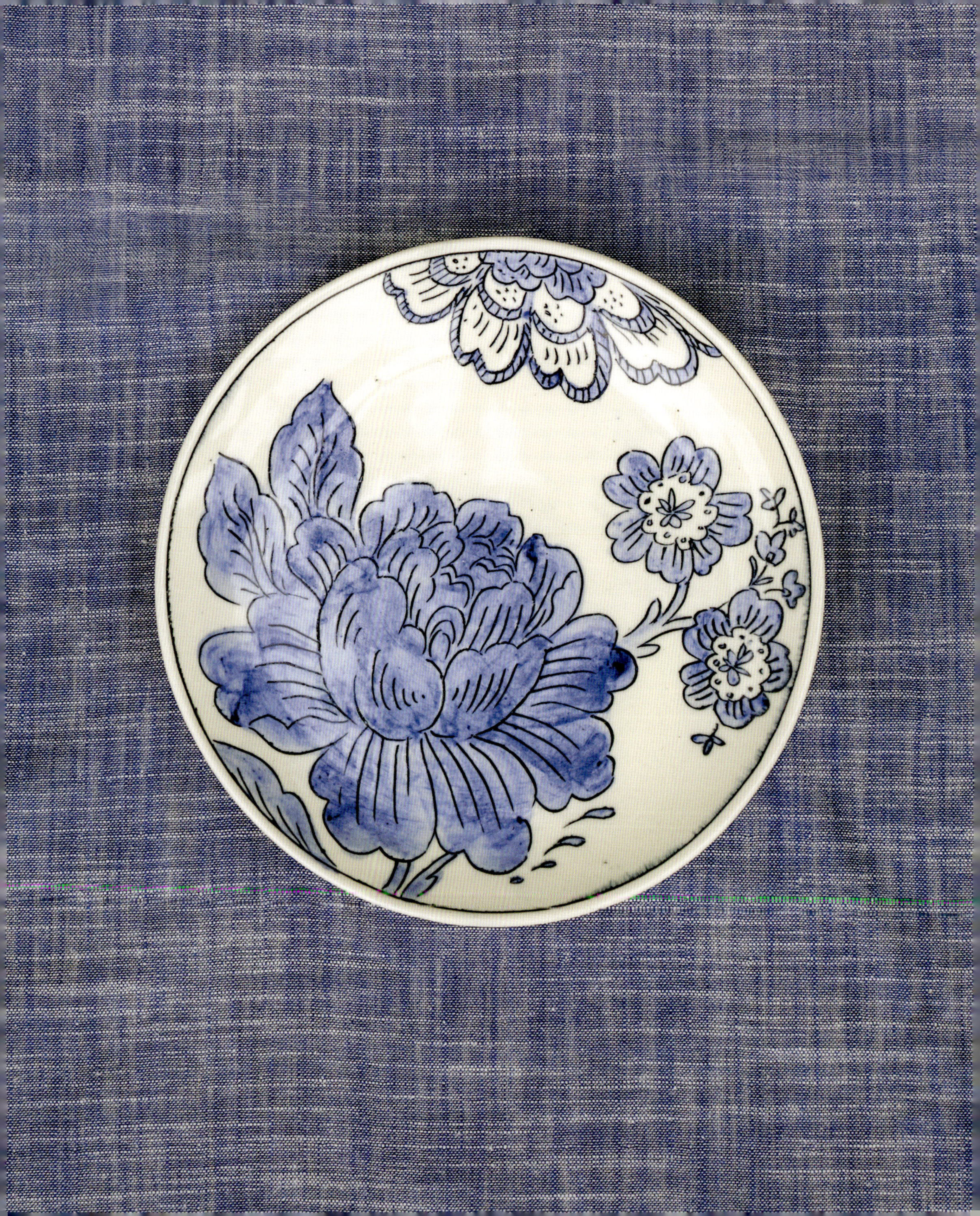

PROJEKT 1

MISHIMA INTARSIENTECHNIK

Diese Technik, für die Schlicker verwendet wird, stammt ursprünglich aus Korea. Den ausdrucksvollen Charakter der Striche finde ich sehr ansprechend. Sie werden in den Ton geritzt und erinnern an Holzschnitte. Weil aber in Ton gearbeitet wird, ist eine variantenreiche Strichführung möglich. Wie bei der Kalligraphie können die Striche mal dicker und mal dünner sein. Allzu breit dürfen sie aber nicht werden, sonst besteht Gefahr, die Unterglasur abzuwischen. Die Technik bietet sich zum Kolorieren nach dem Schrühbrand an, außerdem kann man sie sehr gut mit anderen Dekorationstechniken - sogar weiteren Mishima-Linien - kombinieren. Zum Einritzen der Linien in den lederharten Ton verwende ich einen Federhalter und eine Zeichenfeder für Cartoonzeichner. Es gibt viele andere Werkzeuge, die sich ebenfalls eignen. Probieren Sie aus, womit Sie am besten zurechtkommen.

Sie brauchen

- Laminierte Transparentpapier-Transfervorlage (Seite 53)
- Originalvorlage (Seite 143)
- Lederharte Tonoberfläche
- Ritzwerkzeug mit Kugelspitze (Amaco T-3 Stylus)
- Hunt Kalligraphie-Federhalter mit Feder Nr. 107
- 2 Hake-Pinsel (2,5 cm breit), einer zum Entfernen von Tonkrümeln, einer zum Auftragen der Unterglasur
- Unterglasur oder Schlicker
- Klare Glasur, Naturschwamm
- Eimer mit sauberem Wasser

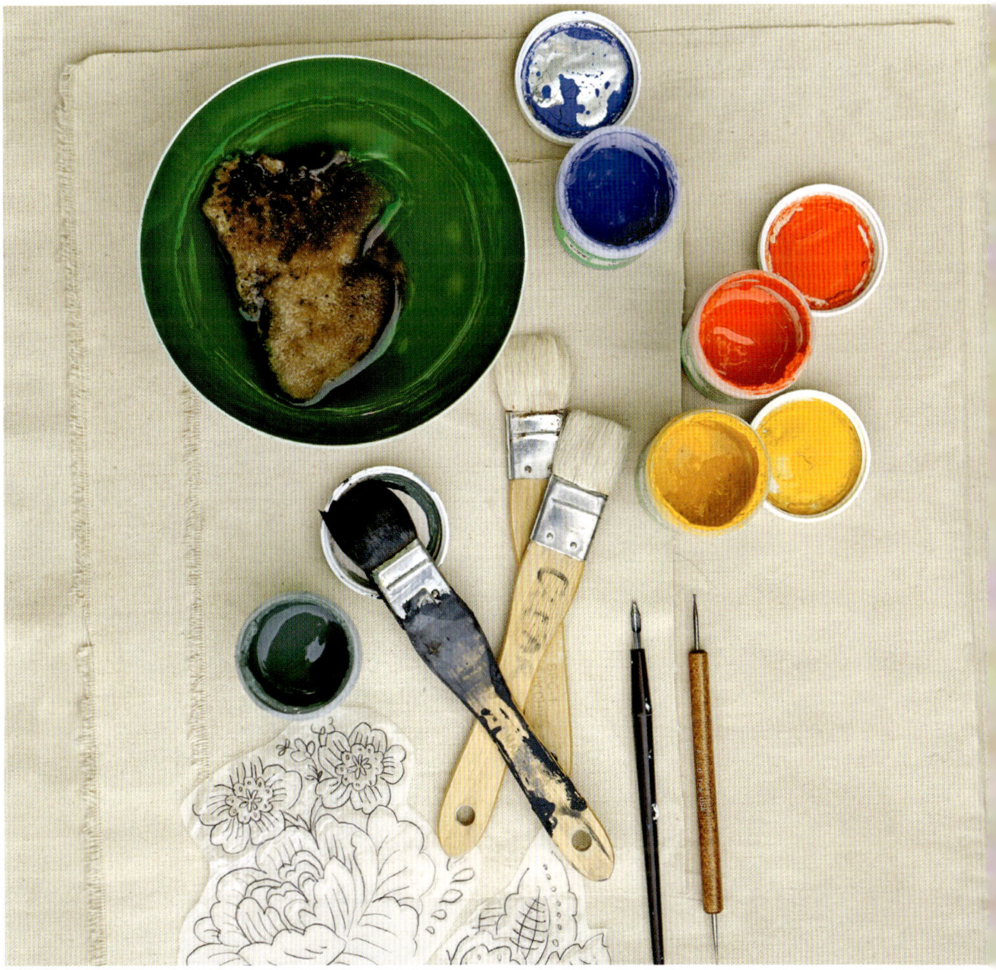

Linien übertragen

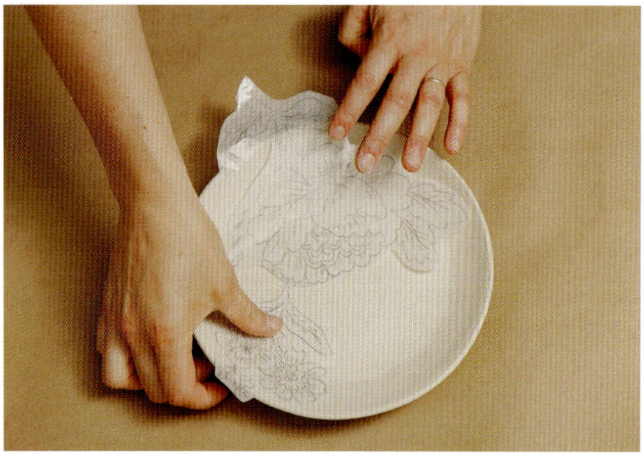

1. Eine laminierte Transfervorlage mithilfe der Projektvorlage (Seite 143) oder einer eigenen Zeichnung herstellen (siehe Seite 53), auf die Tonoberfläche legen und die genaue Position festlegen. Dabei ist es vorteilhaft, dass die Transfervorlage durchsichtig ist. Ich nehme in diesem Stadium oft kleine Korrekturen vor, um die Komposition genau auf die Form des Gefäßes abzustimmen.

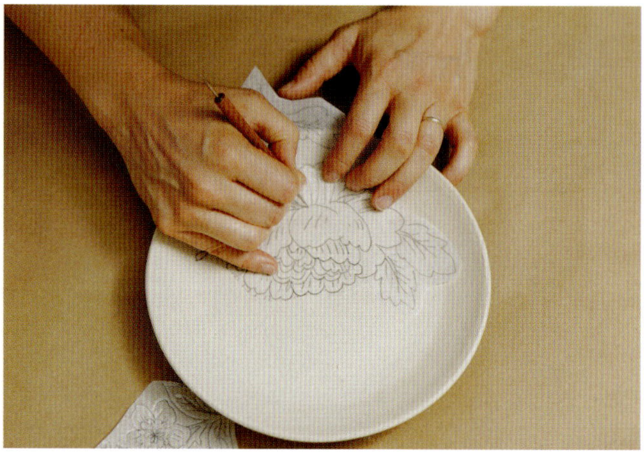

2. Wenn die optimale Position gefunden ist, die Transfervorlage festhalten und alle Linien, die auf den Ton übertragen werden sollen, mit dem Ritzwerkzeug mit etwas Druck nachzeichnen.

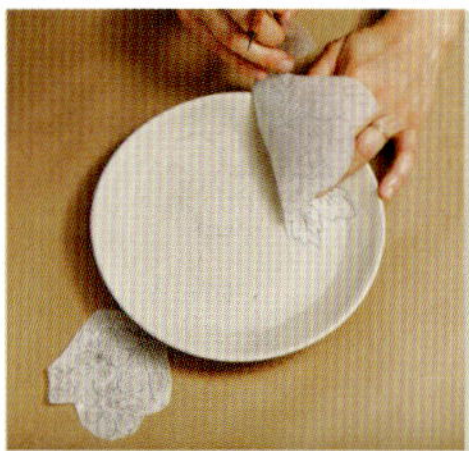

TIPP

Um zu prüfen, ob alle durchgedrückten Linien gut zu erkennen sind oder ob Sie vielleicht eine Linie vergessen haben, können Sie die Transfervorlage mit einer Hand festhalten und eine Seite der Vorlage vorsichtig anheben, um unter sie zu schauen. Die Transferfolie wieder auf die Tonoberfläche auflegen und mit dem Durchzeichnen der Linien fortfahren.

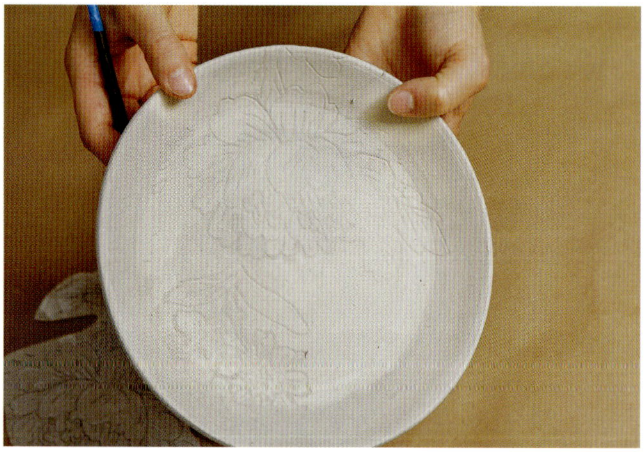

3. Nachdem alle Linien übertragen sind, sollten sie auf der lederharten Tonoberfläche als dünne Abdrücke zu erkennen sein.

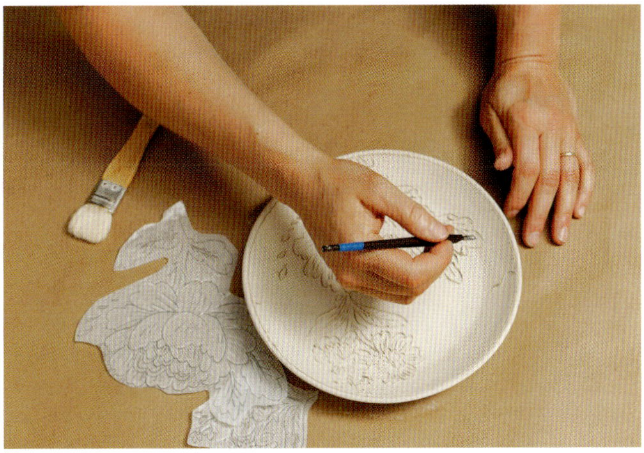

4. Jetzt zeichnen Sie die in den Ton eingedrückten Linien mit dem Federhalter und der Zeichenfeder nach. Die Rillen im Ton müssen nicht sehr tief werden. Die Mishima-Technik gelingt auch mit sehr feinen Linien, wenn man beim Abwischen vorsichtig ist. Sofern Sie mit sehr leichter Hand und einem sauberen Schwamm arbeiten, bleiben auch feine Details erhalten. Wenn die Linien kraftvoller geritzt wurden, können Sie beim Abwischen der Oberfläche nach dem Auftragen von Unterglasur oder Schlicker in Schritt 6 etwas mehr Kraft anwenden. Die Zeichenfeder lässt sich auf dem lederharten Ton leicht führen, sodass schöne fließende Linien entstehen.

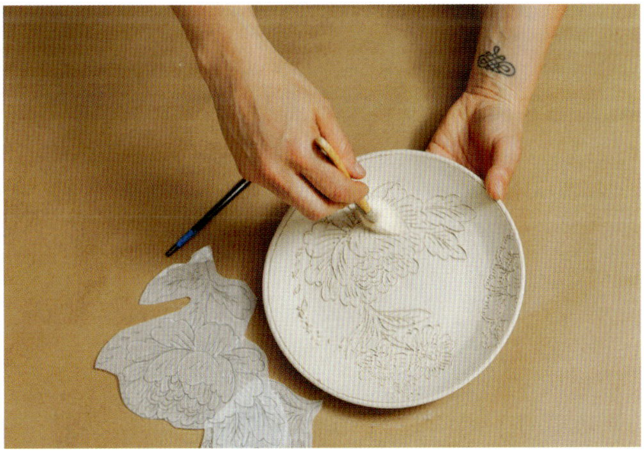

5. Tonkrümel fegen Sie mit einem 2,5 cm breiten Hake-Pinsel von der Oberfläche Ihres Gefäßes. Möglicherweise bleiben dennoch einige Krümel in den geritzten Linien zurück. Das ist nicht schlimm, sondern ein typisches Merkmal der Mishima-Technik. Nehmen Sie es mit dem Entfernen der Krümel nicht zu genau. Die Tonoberfläche wird später noch abgewischt.

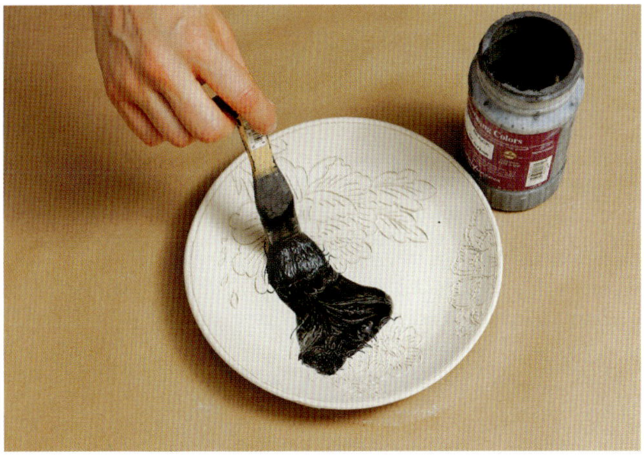

6. Nun mit dem zweiten Hake-Pinsel eine Schicht Unterglasur oder Schlicker auf die gesamte Oberfläche auftragen. Möglich wäre, nur die Motivbereiche zu bestreichen, doch dadurch könnte es zu einer ungleichmäßigen Trocknung und zu Rissbildung kommen. Um das zu vermeiden, wird die gesamte Oberfläche bestrichen und anschließend wieder abgewischt. So ist für eine gleichmäßige Trocknung gesorgt. Unterglasur oder Schlicker müssen aufgetragen werden, bevor das Werkstück zu trocken wird. Wenn es bereits knochentrocken ist, kann es durch die Feuchtigkeit, die durch Unterglasur oder Schlicker zugeführt wird, reißen.

Für die Mishima-Technik kann gekaufte Unterglasur bis zu 50 Prozent mit Wasser verdünnt werden. Das ist sparsam, und die Unterglasur lässt sich leichter in die geritzten Linien einarbeiten. Wenn die ganze Oberfläche mit einer Schicht Unterglasur oder Schlicker bestrichen ist, muss es an der Luft wieder lederhart trocknen. Erst dann wird die Oberfläche abgewischt. Es ist wichtig, diese Wartezeit einzuhalten. Wischt man Unterglasur oder Schlicker zu früh ab, kann die Oberfläche des Werkstücks sehr streifig werden.

TIPPS

Wenn beim Abwischen der Tonoberfläche viele Streifen zurückbleiben oder die gezeichneten Linien verschwinden, lassen Sie das Werkstück wieder lederhart trocknen. Arbeiten Sie immer mit sauberem Wasser, und wechseln Sie das Wasser häufig. Wichtig ist, zum Abwischen der Oberfläche einen weichen Naturschwamm zu verwenden. Auch der Schwamm muss sauber sein. Drehen Sie ihn nach jedem Strich in der Hand, um immer mit einem sauberen Bereich des Schwamms zu arbeiten. Zwischendurch spülen Sie den Schwamm häufig aus. Nur so können Sie perfekte Ergebnisse erwarten.

Falls nach dem Abwischen noch immer Streifen zu sehen sind, lassen Sie das Werkstück knochentrocken werden. Dann bearbeiten Sie die Oberfläche vorsichtig mit der harten, rauen Seite eines Küchenschwamms. Dabei wird eine dünne Schicht von der Tonoberfläche abgetragen, und die Streifen verschwinden. Tragen Sie bei dieser Arbeit einen Mundschutz, um keinen Staub einzuatmen.

Vor dem Auftragen von Unterglasur oder Glasur auf das geschrühte Werkstück muss Schleifstaub sorgfältig mit einem sauberen, feuchten Schwamm entfernt werden. Sonst bewirkt der Staub, dass die Glasur unsauber und uneben wird.

Die Motivlinien liegen häufig etwas tiefer als die übrige Oberfläche des Gefäßes. Dadurch kann es zu Lufteinschlüssen und Nadelstichen in der Glasur kommen. Um das zu vermeiden, können Sie vorsichtig über die mit Glasur benetzte Oberfläche reiben, um sie in die Vertiefungen zu drücken und eventuelle Löcher zu verschließen.

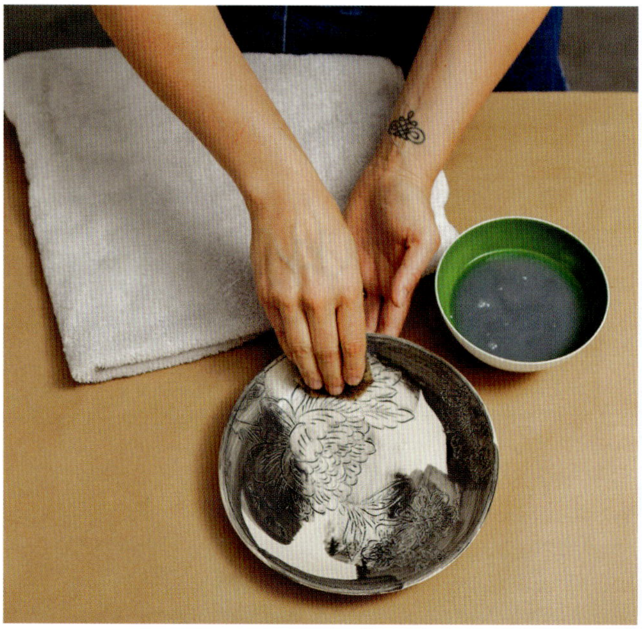

7. Die Unterglasurschicht wird nun mit einem sauberen, feuchten Naturschwamm von der Tonoberfläche abgewischt. Sie bleibt in den geritzten Linien haften, und diese heben sich jetzt von der Farbe des Tons ab.

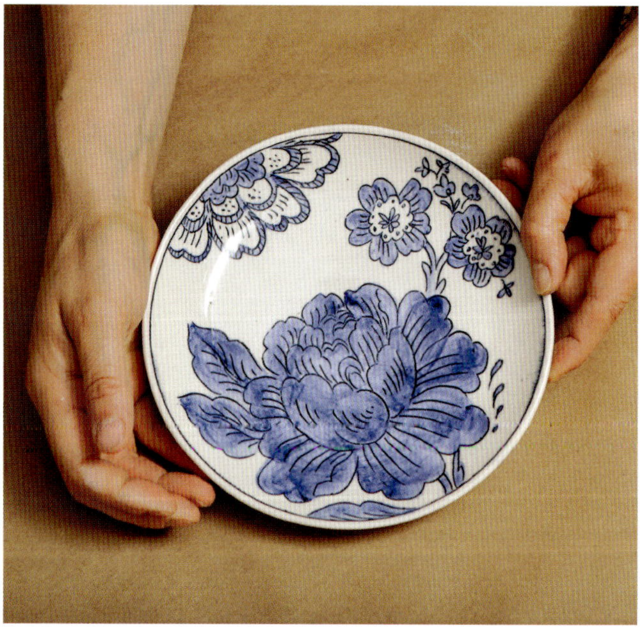

8. Nach dem Schrühbrand wird das Werkstück mit einer einfachen, klaren Glasur überzogen und nochmals gebrannt.

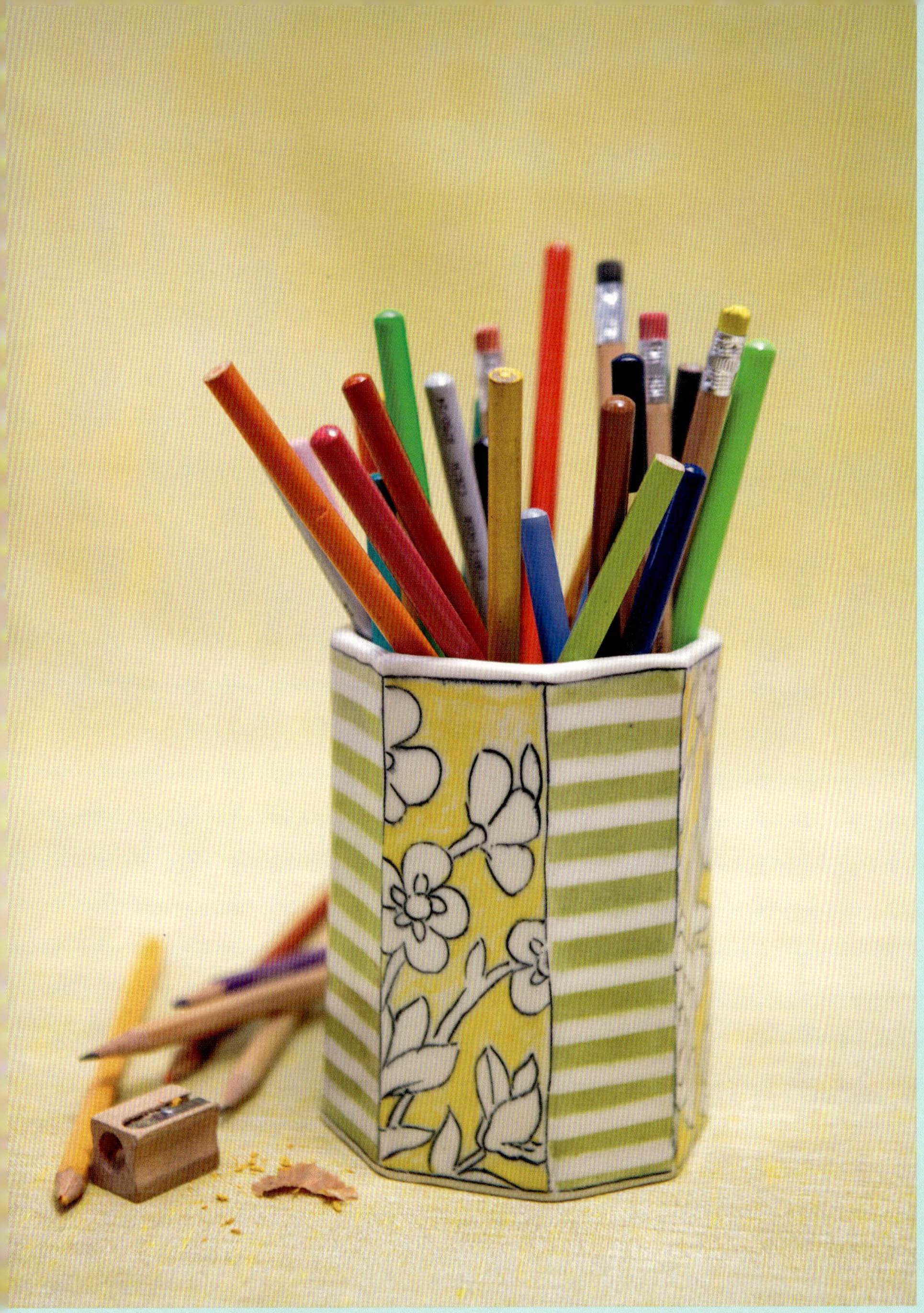

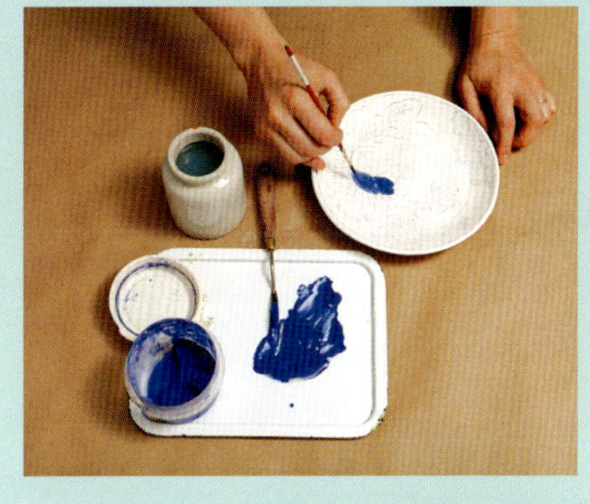

AUSPROBIEREN!

Es ist interessant, Mishima-Motive auszumalen, aber wenn Sie die Technik mit anderen Methoden aus diesem Buch kombinieren, kann es zu noch spannenderen Ergebnissen kommen. Vielleicht möchten Sie die Klebeband-Technik (Seite 65) probieren, um ein komplexeres Muster zu gestalten. Das fertige Werkstück wird klar glasiert.

AUSPROBIEREN!

Nach dem Schrühbrand können Sie Motivbereiche mit farbiger Unterglasur ausmalen. Orientieren Sie sich dabei an den geritzten Linien. Diese Arbeit macht Spaß – wie das Ausmalen eines Malbuchs für Kinder.

TIPPS

Wenn Sie nach dem Schrühbrand Unterglasur auf den Boden des Werkstücks auftragen, müssen Sie ihn wachsen, damit sie nach dem Glasieren nicht abgewischt wird.

Nach dem Tauchen des geschrühten Werkstücks in die Glasur stellen Sie möglicherweise fest, dass die mit Unterglasur bestrichenen Bereiche nach dem Schrühbrand nicht so viel Glasur annehmen wie die restliche Oberfläche. Tragen Sie dort mit dem 2,5 cm breiten Hake-Pinsel eine Schicht Glasur auf. Dann ist die Schichtstärke gleichmäßig und die mit Unterglasur bearbeiteten Bereiche bekommen denselben Glanz wie die restliche Oberfläche.

BLICK ÜBER DIE SCHULTER

Doug Peltzman

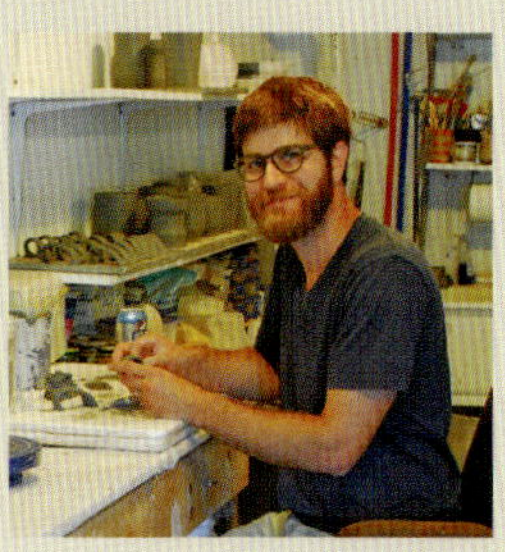

Doug Peltzman arbeitet hauptberuflich als Kunsttöpfer und Dozent im Hudson Valley im US-Staat New York. Seine Arbeiten sind auf Ausstellungen zu sehen und waren in vielen Publikationen abgebildet. Sie zeigen eindrucksvoll, wie sich mit der Mishima-Technik lebendige Keramikoberflächen gestalten lassen. Doug bietet landesweit Seminare an.

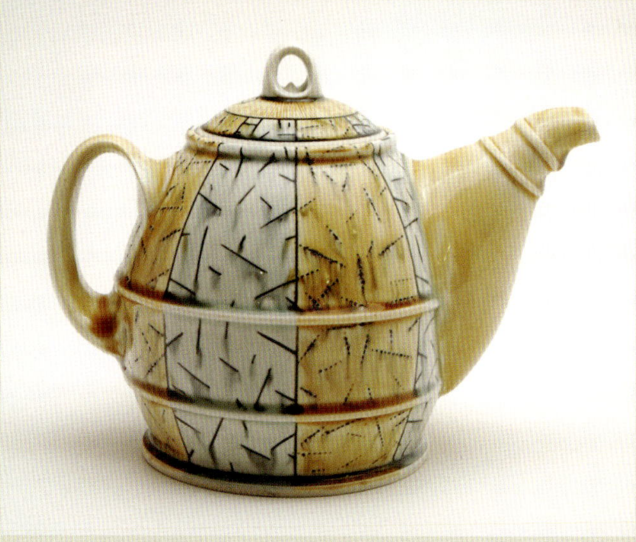

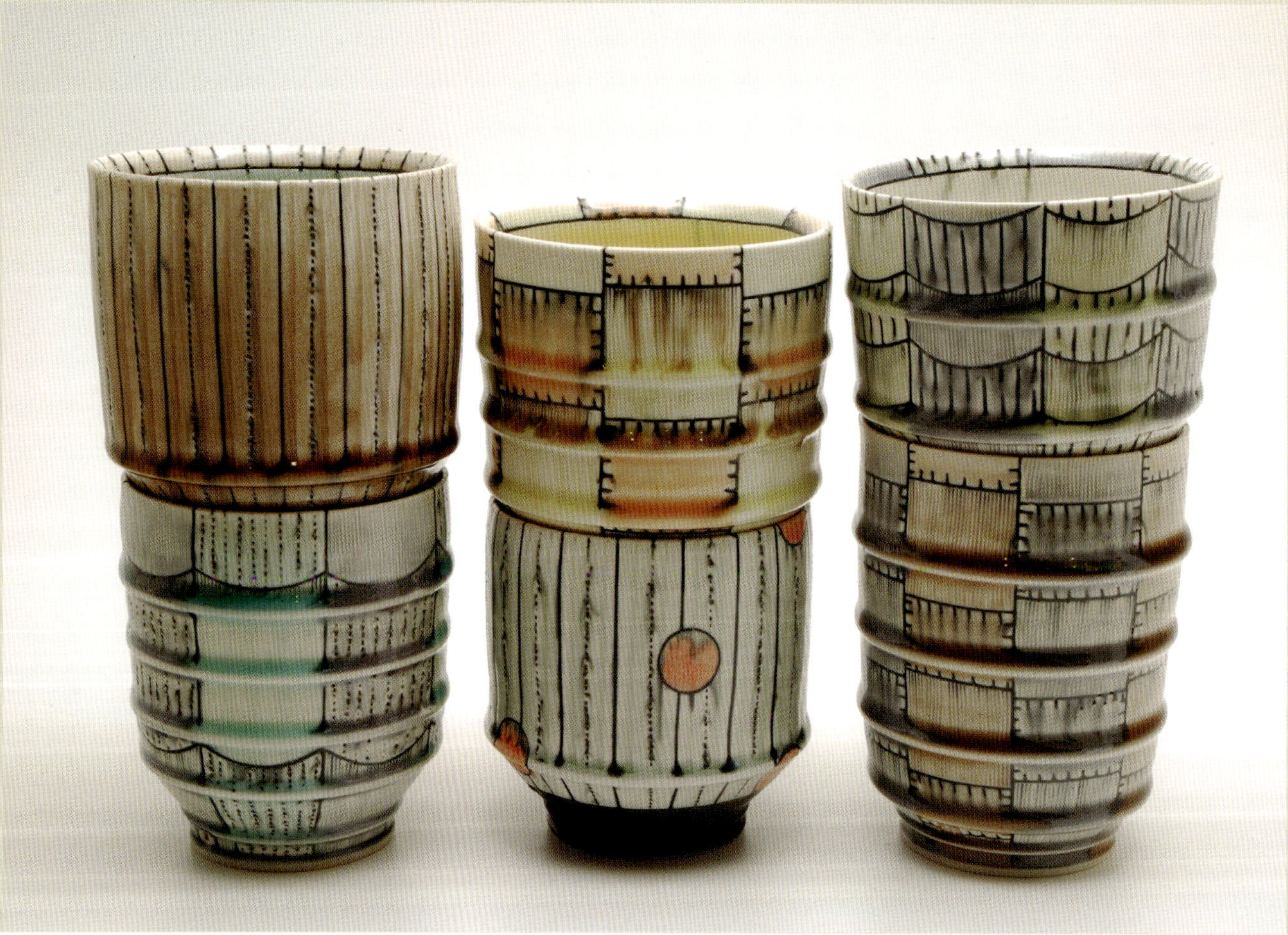

BLICK ÜBER DIE SCHULTER

Diana Fayt

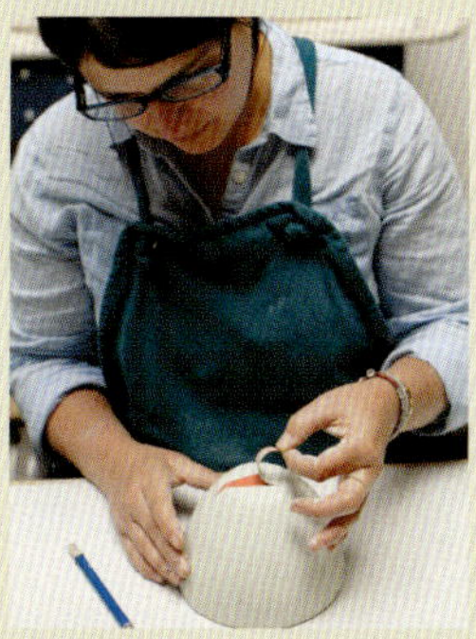

Diana Fayt ist eine moderne Scrimshaw-Künstlerin, die sich für das Medium Ton entschieden hat. Nach einer Ausbildung in Malerei, Bildhauerei und Kunstdruck beschäftigt sie sich heute mit künstlerischer Keramik. Neben der Mishima-Technik setzt sie auch eine selbst entwickelte Ritztechnik ein, die ihre Kreaturen lebendig werden lässt: Kaninchen in Wäldern mit detailreich ausgearbeiteten Pflanzen, exotische Meerestiere zwischen antiken Segelschiffen, Blumen aller Art. Dianas Arbeiten sind in öffentlichen und privaten Sammlungen in den USA und anderen Ländern zu finden. Sie wurde auf dem Cover von Ceramics Monthly sowie in zahlreichen anderen japanischen und amerikanischen Publikationen vorgestellt. Wenn sie nicht in ihrer Werkstatt arbeitet, vermittelt sie ihr Wissen und ihre Begeisterung landesweit in Workshops und Seminaren sowie online auf Creativebug und in ihrem eigenen Onlinekurs The Clayer. Sie hat am California College of the Arts studiert und lebt jetzt mit ihrem Hündchen Louie in San Francisco.

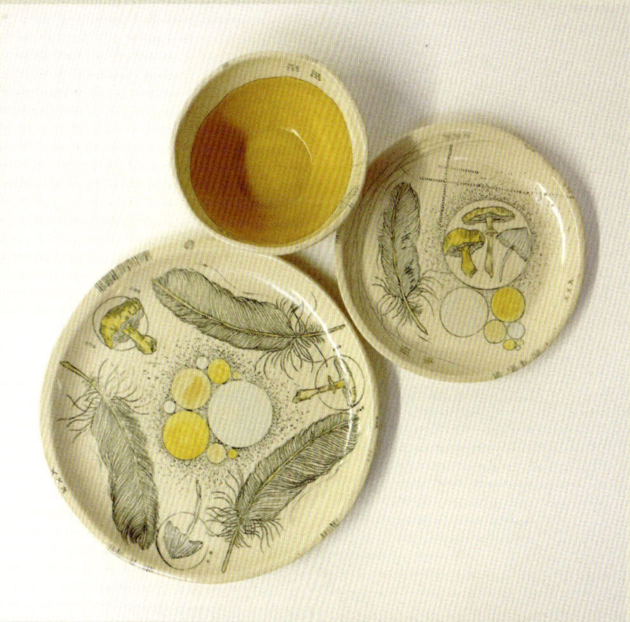

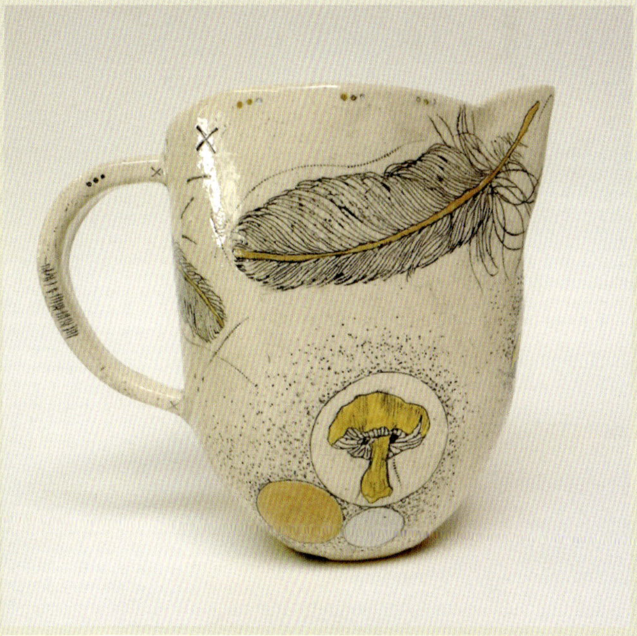

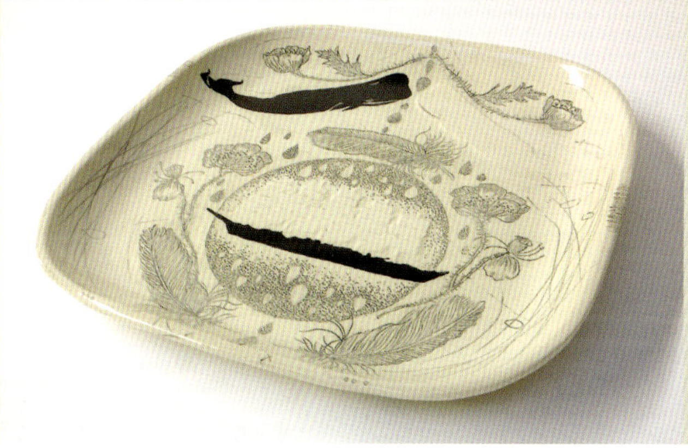

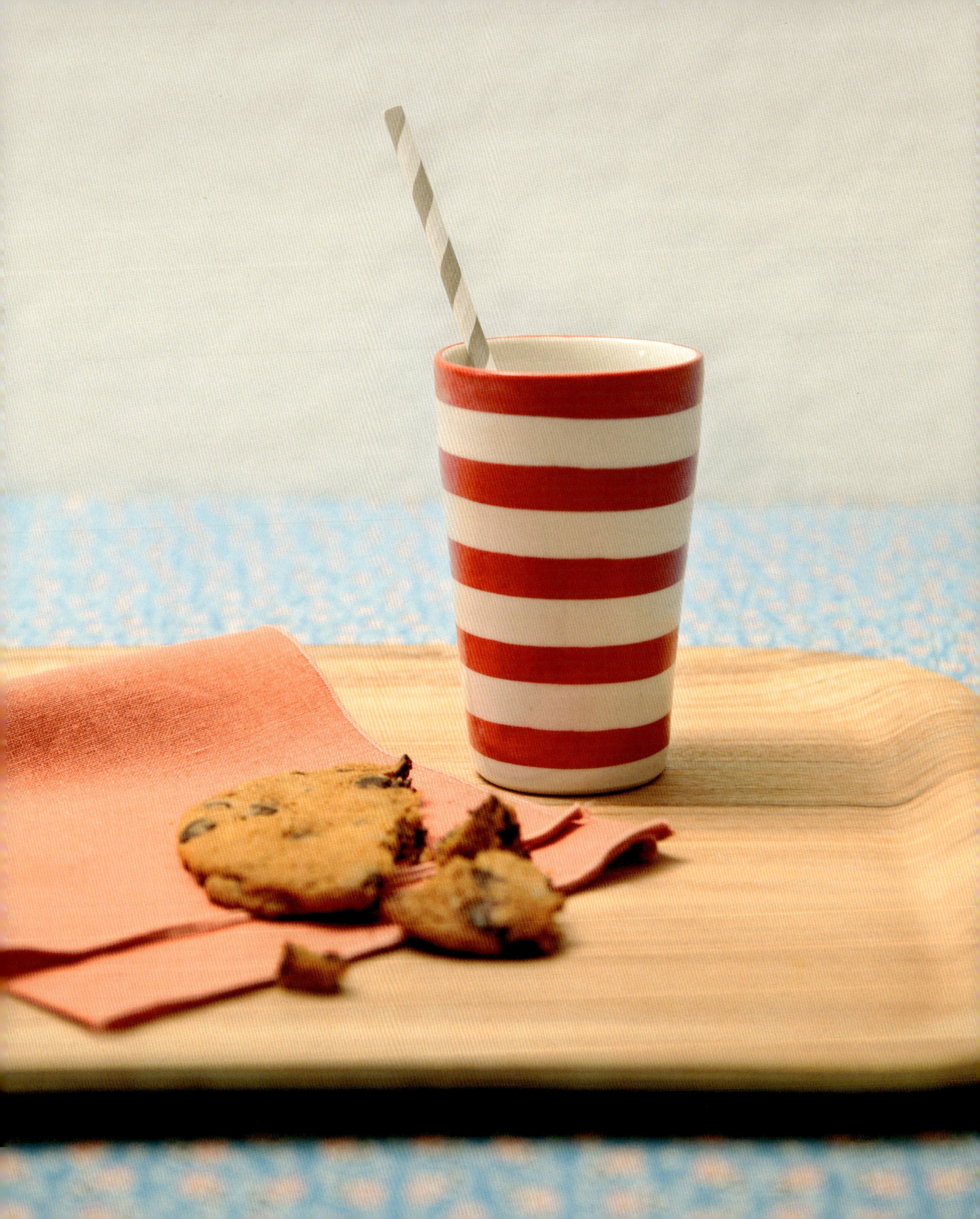

PROJEKT 2

ABKLEBEN MIT KLEBEBAND

Malerkrepp und Washi Tape sind überall für wenig Geld zu bekommen, und sie eignen sich gut, um geschrühte Keramikoberflächen zu verzieren. Ich arbeite am liebsten mit Washi Tape, weil es sich leicht von der Rolle abreißen lässt und später, nach dem Entfernen von der Tonoberfläche, keine Spuren hinterlässt. Meistens gestalte ich Streifenmuster mit Washi Tape, weil sie sehr akkurat und sauber werden. Die Abklebetechnik eignet sich gut, um gerade oder leicht gekrümmte Linien auf der Keramikoberfläche zu gestalten. Im Grunde ähnelt die Arbeitsweise dem Abkleben beim Anstreichen eines Raums. In der dekorativen Oberflächengestaltung von Keramik gibt es viele interessante Einsatzgebiete für diese Abklebetechnik.

Sie brauchen

- Geschrühte Keramikoberfläche
- Schwamm
- Cutter
- Schneidematte
- Washi Tape oder Malerkrepp
- Pinsel, 2,5 cm breit
- Unterglasur
- Klare oder getönte Glasur

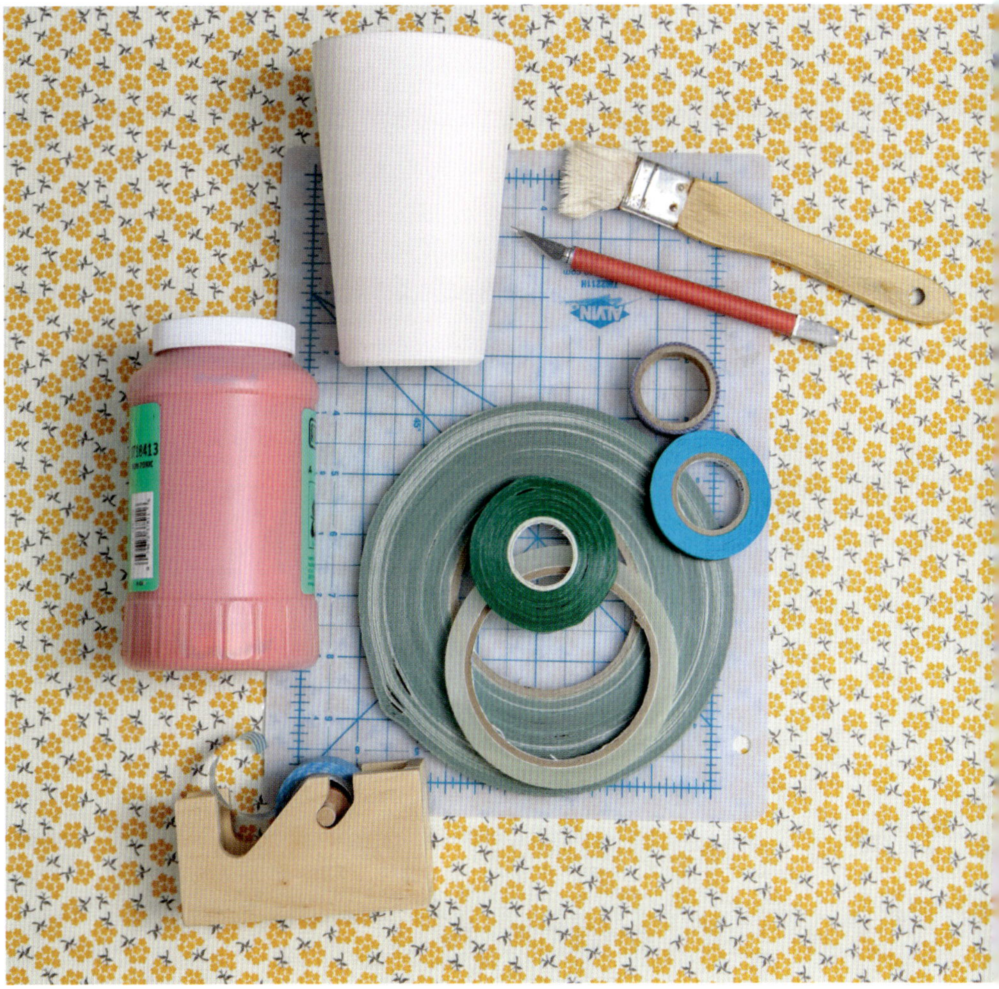

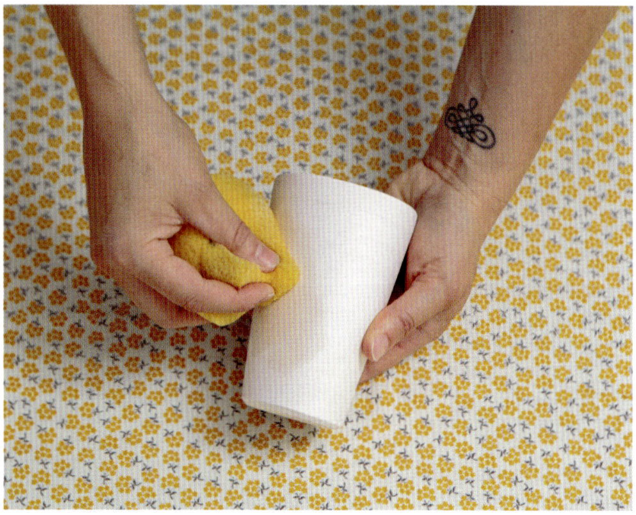

1. Das geschrühte Werkstück mit einem feuchten Schwamm abwischen, um Staub von der Oberfläche zu entfernen. So wird der Untergrund für Unterglasur und Glasur vorbereitet, und das Klebeband haftet besser.

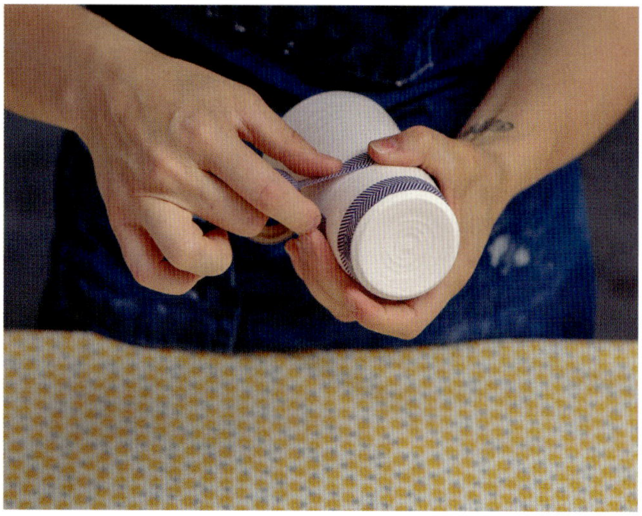

2. Mit einem Cutter auf der Schneidematte ein Stück Klebeband abschneiden, das an der gewünschten Stelle ganz um das Werkstück passt. Lieber etwas zu lang zuschneiden und nachträglich kürzen! Das Klebeband verhindert, dass in den abgeklebten Bereichen die Unterglasur in den Ton eindringt.

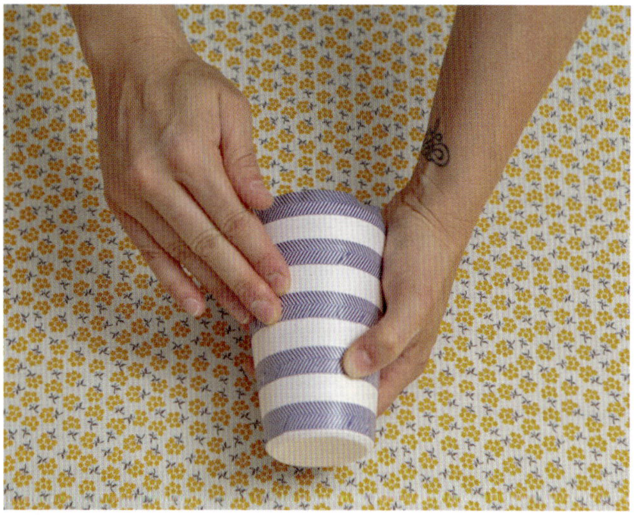

3. Das Klebeband muss sorgfältig angedrückt werden. Wenn die Form nicht ganz gerade ist, können sich im Klebeband Fältchen bilden. Hier kann Unterglasur unter die Ränder dringen, sodass später eine Nachbearbeitung nötig ist.

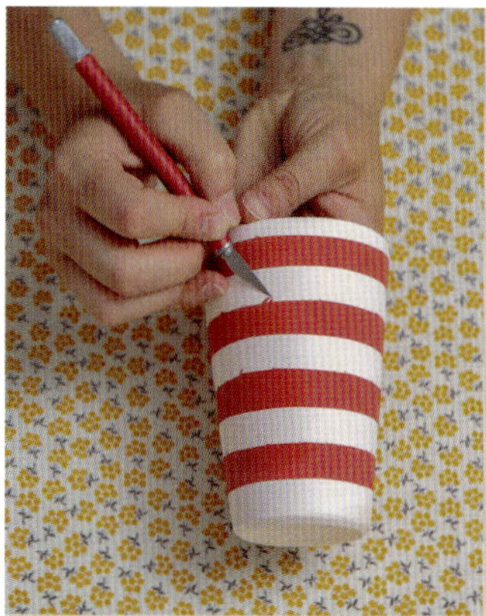

TIPP

Wenn Unterglasur unter das Klebeband dringt, entsteht eine unregelmäßige Linie. Das ist manchmal ein Problem und manchmal ein glücklicher Zufall. Um Linien zu bereinigen, können Sie überschüssige Unterglasur vorsichtig mit der Spitze eines Cutters oder einem Ritzwerkzeug mit Speerspitze von der Tonoberfläche abschaben.

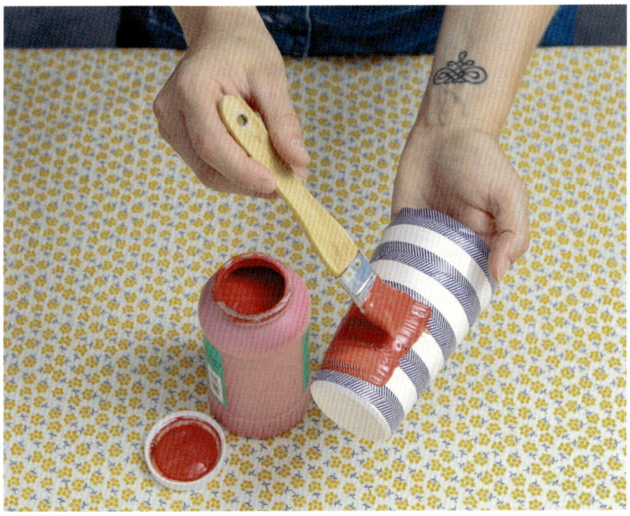

4. Nach dem Abkleben wird die gesamte Oberfläche des geschrühten Werkstücks mit unverdünnter Unterglasur bestrichen. Tragen Sie zwei oder drei Schichten auf, um eine deckende, streifenfreie Färbung zu erhalten. Zwischendurch trocknen lassen. Für eine aquarellartige Färbung mit sichtbaren Pinselstrichen genügt eine Schicht.

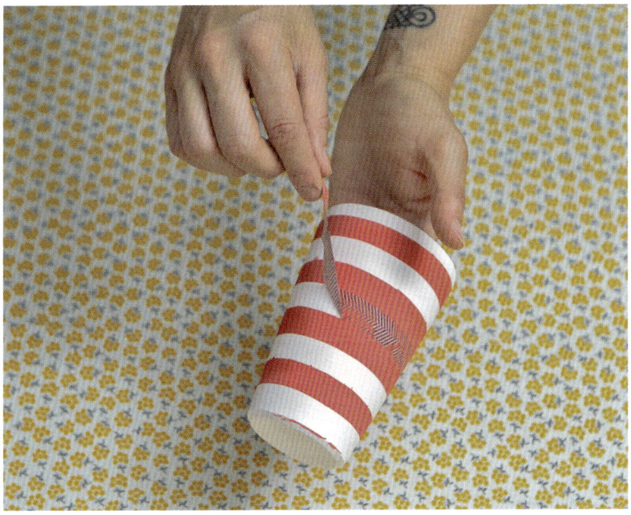

5. Die Unterglasur vollständig trocknen lassen, dann das Klebeband vorsichtig abziehen, sodass die Streifen sichtbar werden. Mit einer klaren oder getönten Glasur überziehen.

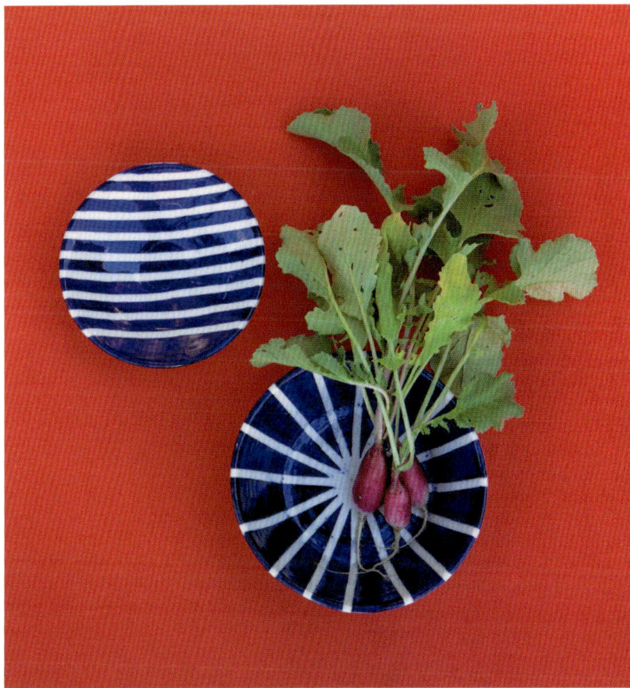

AUSPROBIEREN!

Sie können mit Klebeband nicht nur parallele Streifen, sondern auch rechteckige Felder oder Strahlen abkleben. Denkbar ist sogar, die Ränder des Klebebands wellenförmig zuzuschneiden. Probieren Sie verschiedene Möglichkeiten aus, vielleicht unregelmäßige Streifen, Raster oder Karomuster.

BLICK ÜBER DIE SCHULTER

Alex Reed

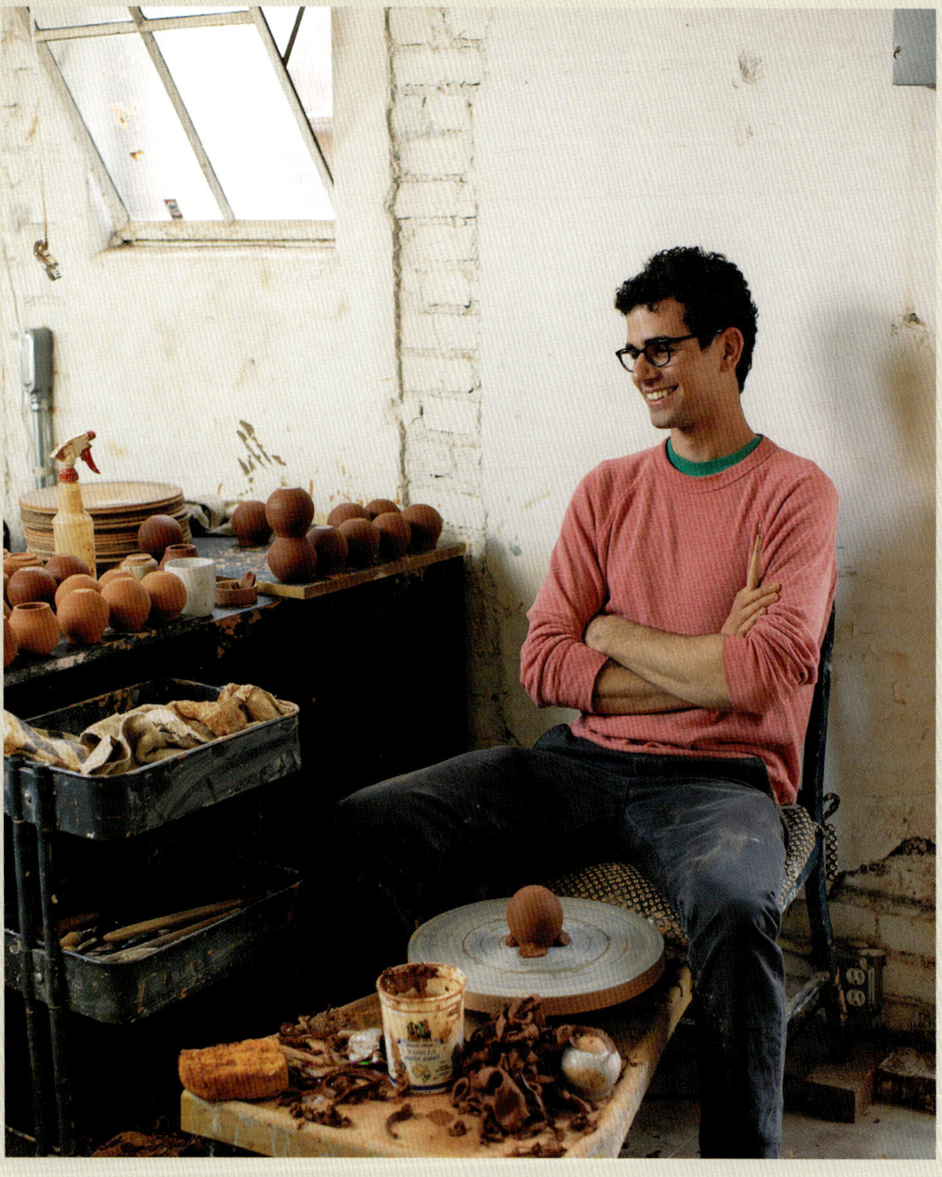

Alex Reed ist ein talentierter Designer und Keramikkünstler, der auch Entwürfe und Prototypen für die Industrie fertigt. Er hat seine Laufbahnbei Rookwood Pottery in Cincinnati begonnen und arbeitet zurzeit für Heath Ceramics in Los Angeles. Nach dem Abschluss seines Studiums an der Alfred University war er ein Jahr lang Artist in Residence am Northern Clay Center in Minneapolis.

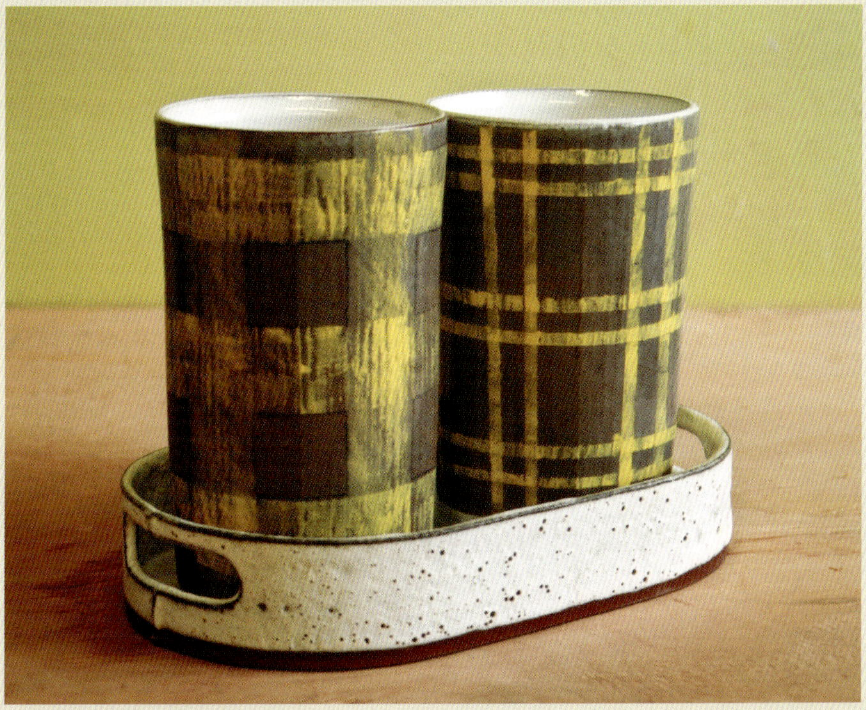

Alex erklärt: „Klebeband ist ein vielseitiges Material für die Keramikwerkstatt. Ich kann damit zahllose verschiedene Muster und Strukturen gestalten. Ich verwende es zum Abkleben von Flechtmustern oder schneide Schablonen daraus. Es gibt meinen Dekoren Struktur, ist preiswert und erlaubt zügiges Arbeiten."

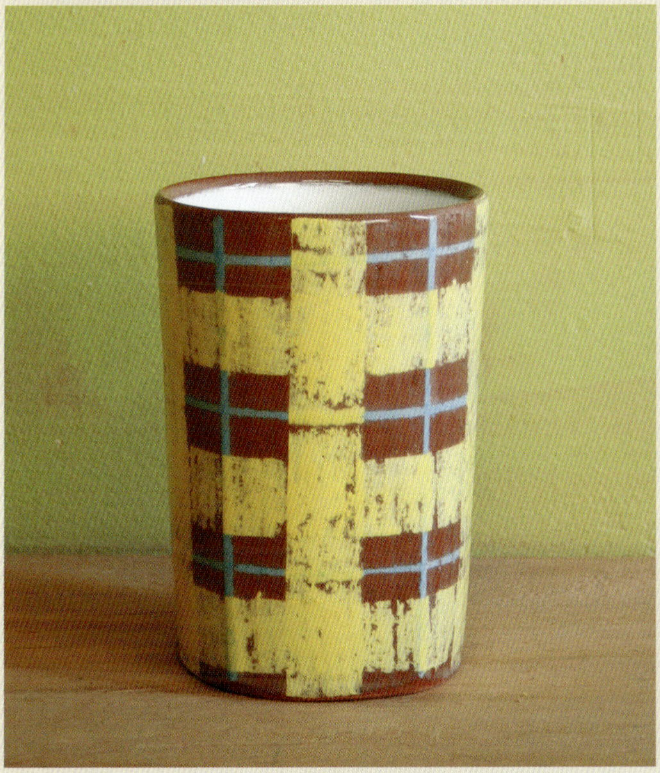

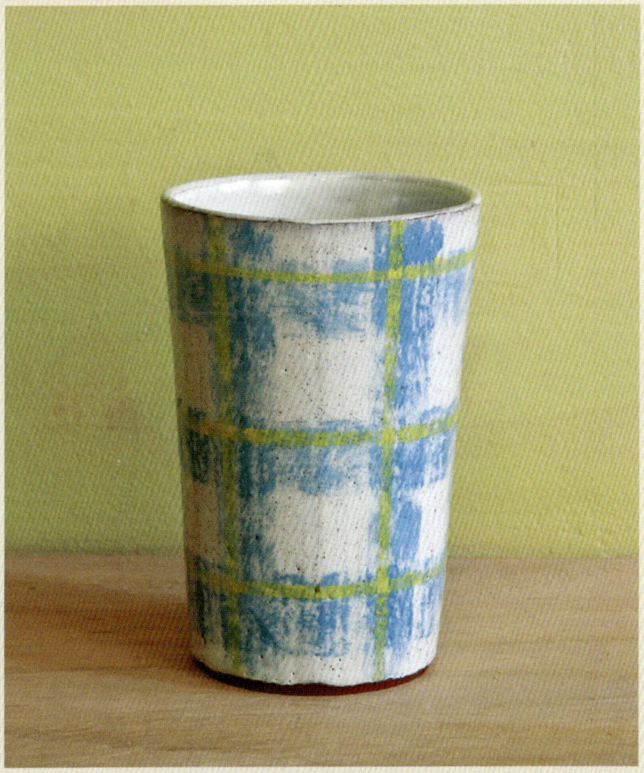

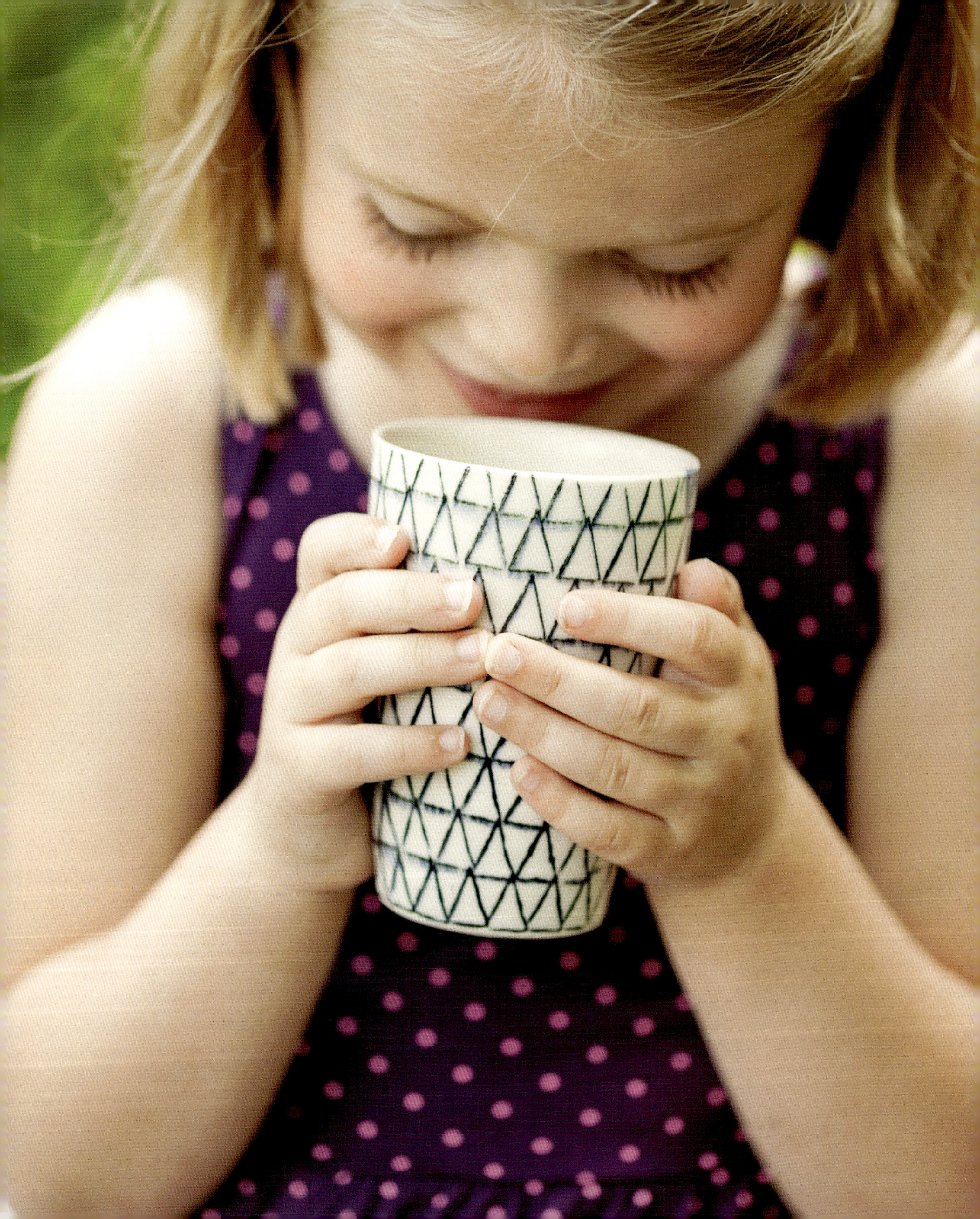

PROJEKT 3

GUMMISTEMPEL

Stempel liebe ich, solange ich denken kann. In jedem Künstlerbedarfsgeschäft finde ich automatisch den Weg zum Regal, in dem sie liegen. Wenn es Ihnen auch so geht, besitzen Sie wahrscheinlich eine ganze Sammlung von Stempeln, die nur auf das richtige Projekt warten. Die einfache Handhabung eignet sich gut für Keramik, und dass die Abdrücke nicht ganz perfekt werden, macht gerade ihren Charme aus. Diese Methode habe ich entwickelt, als ich an einem Großprojekt arbeitete, für das 500 signierte Stücke zu fertigen waren. Ich brauchte eine schnelle, einfache Technik, um auf jedes Stück eine Nummer zu stempeln. So überlegte ich, wie sich aus vorhandenen Materialien ein Stempelkissen improvisieren ließ.

Sie brauchen

- 2 Synthetikschwämme, einer feucht, einer trocken
- Geschrühte Keramikoberfläche
- Unterglasur
- Hake-Pinsel
- Verschiedene Gummistempel
- Papier
- Klare oder getönte Glasur

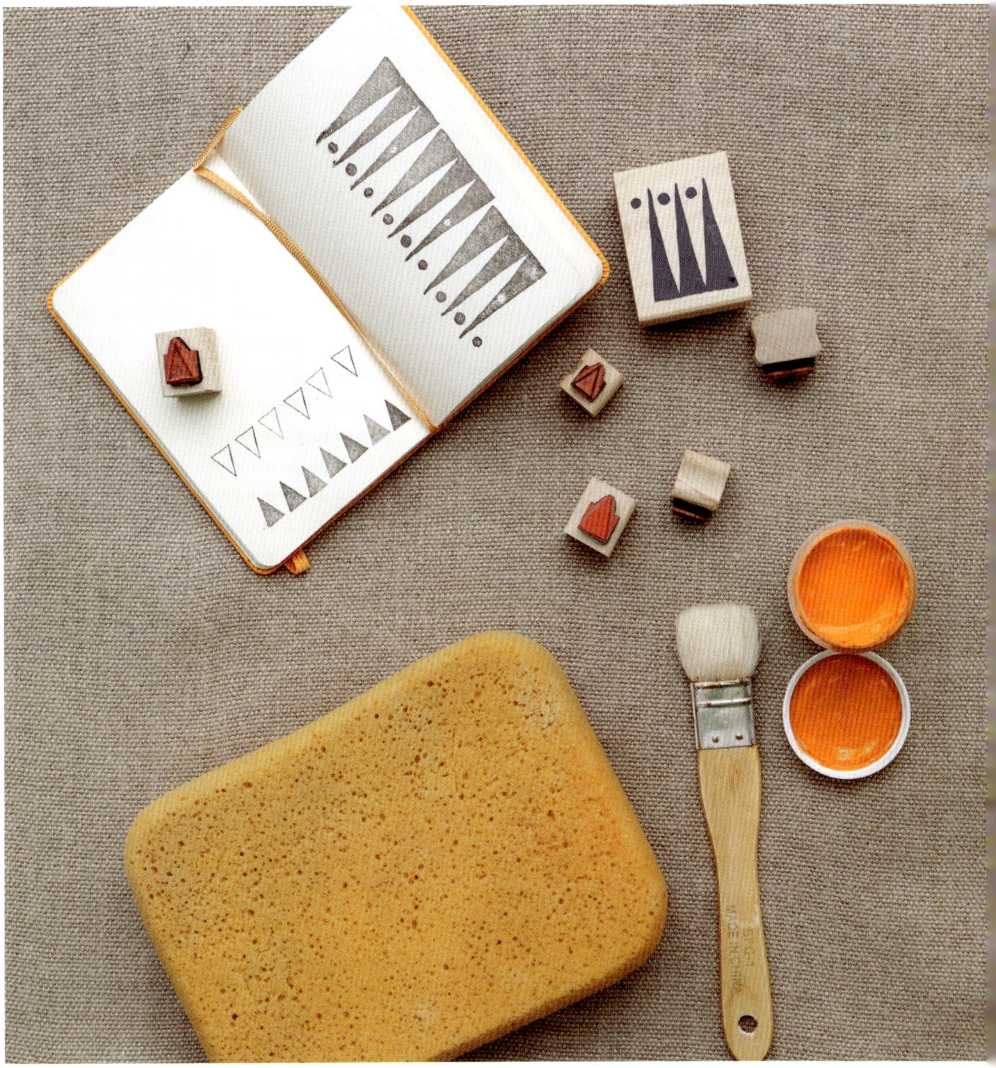

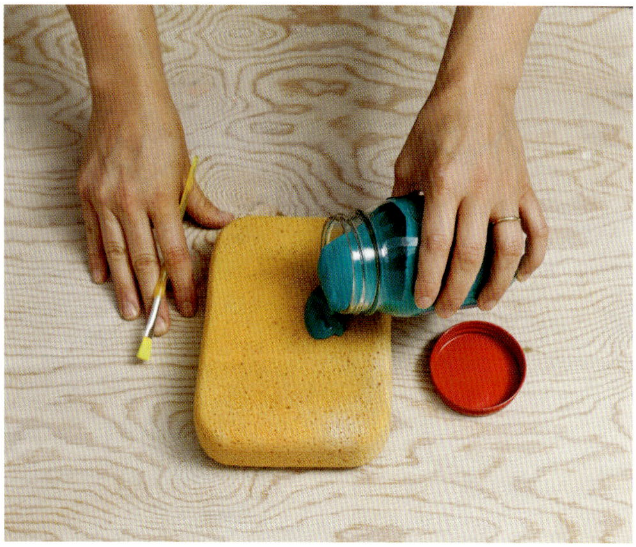

1. Mit dem feuchten Schwamm wird die geschrühte Keramikoberfläche abgewischt, um Staub zu entfernen. Der trockene Schwamm dient als Stempelkissen: Langsam einen Klecks Unterglasur in die Mitte des Schwamms gießen.

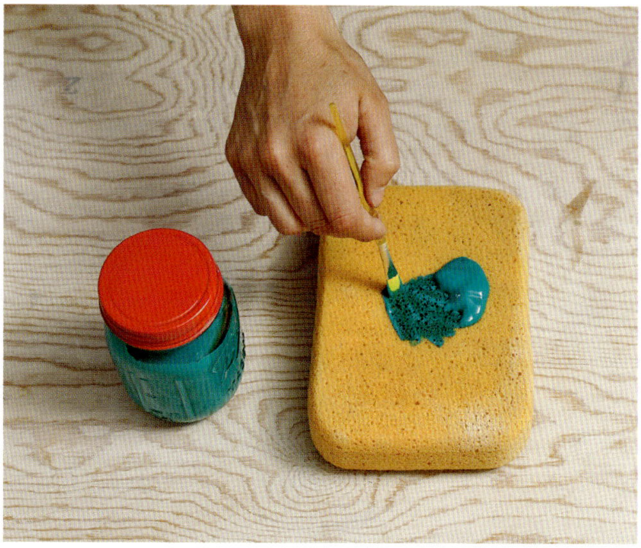

2. Die Unterglasur mit einem beliebigen Pinsel (es darf ein alter sein) in den Schwamm einmassieren, bis sie ganz aufgesogen ist. Auf dieser Fläche „tanken" Sie nun Ihren Stempel.

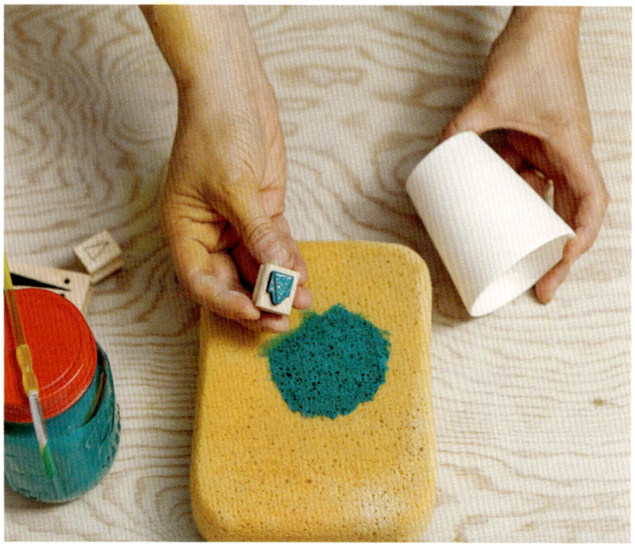

3. Den Stempel vorsichtig auf die mit Unterglasur vollgesogene Oberfläche des Schwamms drücken. Auf neuen, unbenutzten Stempel haftet die Farbe erst nach einigen Anläufen gleichmäßig. Stempeln Sie zuerst zur Probe auf Papier, um die Qualität des Abdrucks zu beurteilen.

TIPP

Für ein komplexes Muster aus mehreren Stempelabdrücken färben Sie den Stempel zuerst mit einem normalen Stempelkissen ein und drücken ihn auf den Ton. An diesem Abdruck können Sie sich beim Stempeln mit Unterglasur orientieren. Die normale Stempelkissenfarbe ist nicht hitzestabil und verschwindet im Brand. Sie können nun Bereiche des Motivs mit Unterglasur bemalen. Dann färben Sie den Stempel mit Unterglasur ein und stempeln möglichst akkurat über die vorherigen Abdrücke.

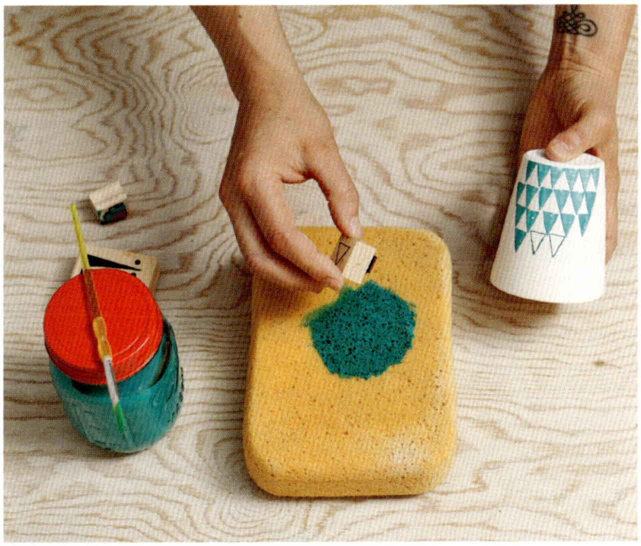

4. Den eingefärbten Stempel auf die Keramikoberfläche drücken und wieder abnehmen. Fertig ist ein Abdruck.

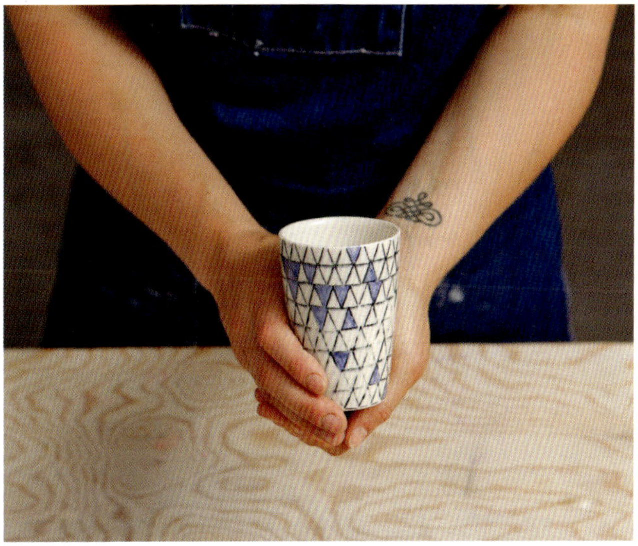

5. Das fertige Werkstück mit klarer oder getönter Glasur überziehen.

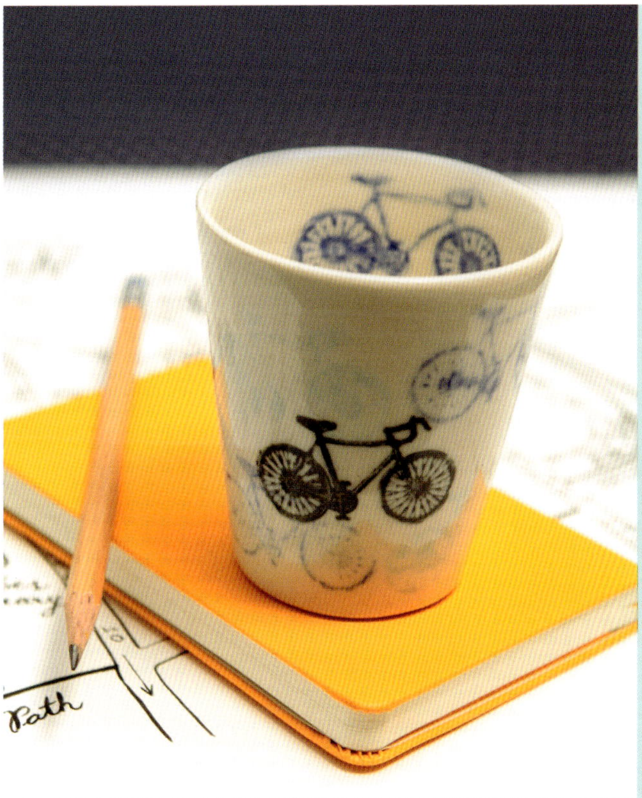

AUSPROBIEREN!

Sie können auch auf Oberflächen stempeln, die vorher mit einer anderen Technik verziert wurden. Wie auf Papier lassen auch auf Ton verschiedene Motivstempel kombinieren, oder Sie könnten Unterglasuren in verschiedenen Farben verwenden.

Kürzlich habe ich bei einem Online-Anbieter Motivstempel von eigenen Zeichnungen anfertigen lassen. Man lädt das Motiv hoch, und die Firma fertigt daraus einem Stempel (siehe auch Seite 151) das ist unkompliziert und kostet kein Vermögen. Jetzt kann ich nach Herzenslust stempeln. Wenn Sie keine eigenen Zeichnungen als Motiv für einen Stempel verwenden möchten, gefällt Ihnen vielleicht eine Vorlage von Seite 144.

BLICK ÜBER DIE SCHULTER

Rae Dunn

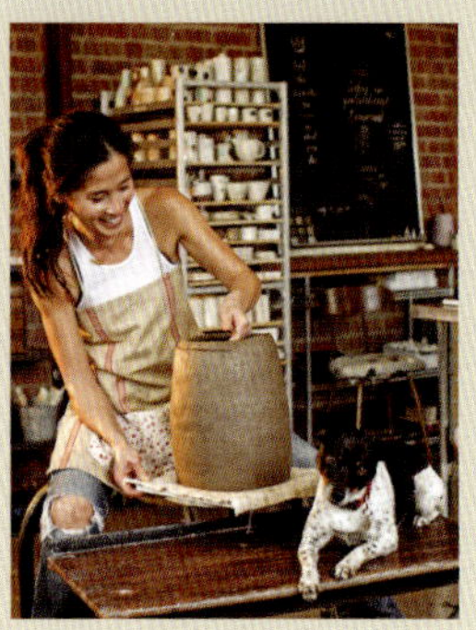

Rae Dunn hat Ton als Werkstoff per Zufall 1994 entdeckt. Dann hat er langsam ihr Leben erobert, und jetzt ist er ihr Lebensinhalt. Sie hat Industriedesign studiert und eine Zeitlang als Grafik- und Modedesignerin gearbeitet, bevor sie sich der Keramik zuwandte. Von Anfang an ist es ihr Gelungen, ihre Begeisterung für Test und Bild auch in ihrer Keramik auszudrücken. 1996 rief sie ihre Kollektion ins Leben, die mit gestempelten Motiven und Schriftzügen dekoriert ist und sich inzwischen eine internationale Anhängerschaft erobert hat.

Rae sagt: „Die Stempeltechnik, die ich verwende, ist sehr einfach. Wenn der Ton halbwegs trocken ist, drücke ich die Buchstaben mit einem Metall- oder Gummistempel in die Oberfläche. Nach dem Schrühbrand streiche ich Unterglasur auf die Abdrücke und wische die überschüssige Farbe mit einem feuchten Schwamm wieder ab. Dann trage ich klare Glasur auf und brenne die Stücke noch einmal."

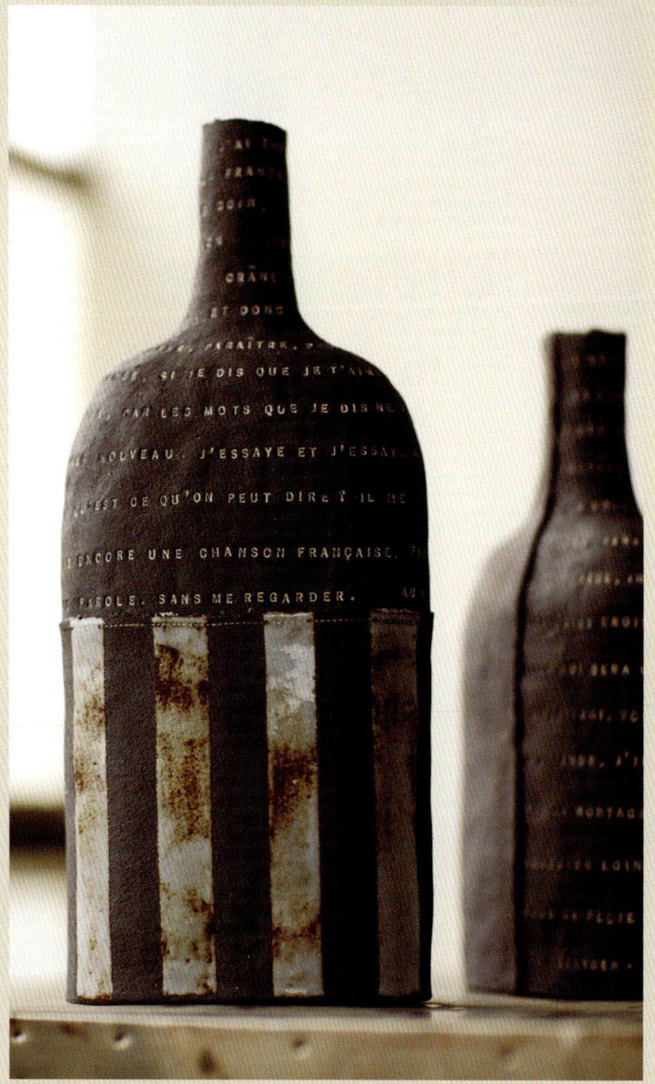

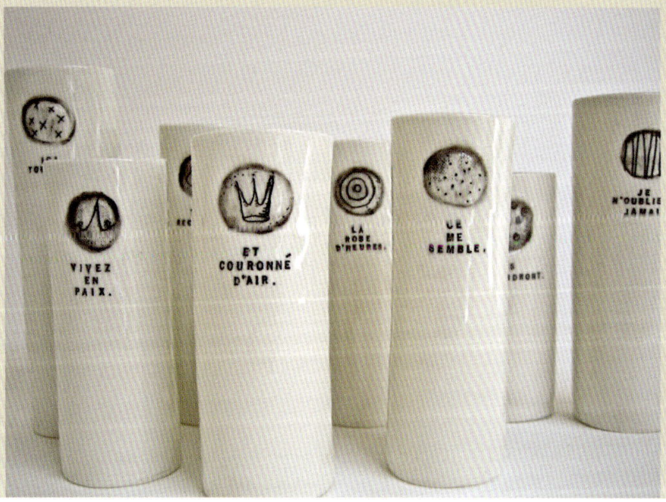

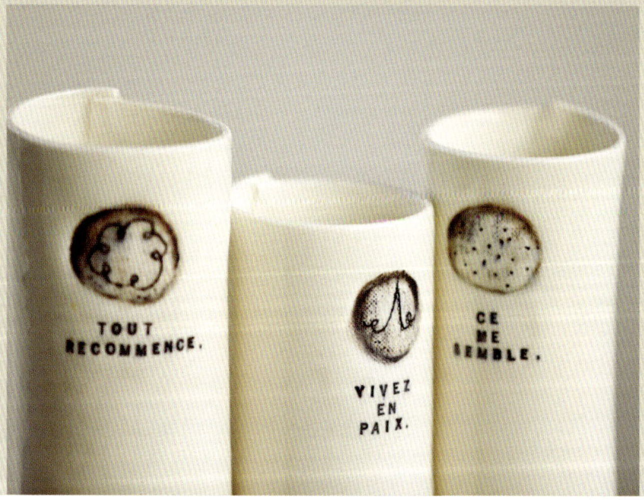

BLICK ÜBER DIE SCHULTER

Brenda Quinn

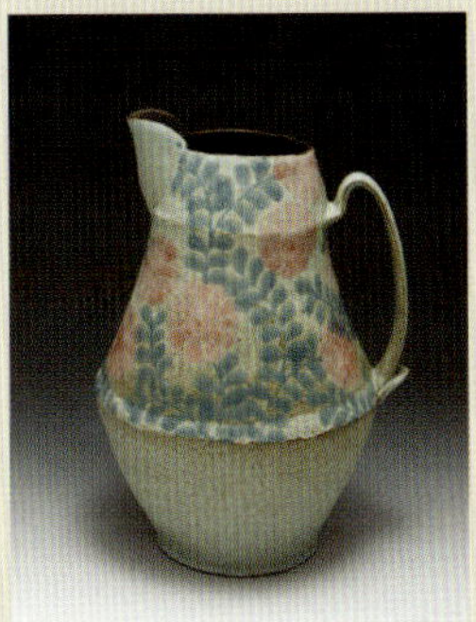

Brenda Quinn hat an der Southern Illinois University Carbondale and an der Tyler School of Art der Temple University studiert. Heute arbeitet sie als Dozentin für Keramik und bildende Kunst an der Fieldston School in der Bronx, New York. Ihre Arbeiten werden national und international ausgestellt. Sie lernt leidenschaftlich gern neue Techniken und findet es faszinierend, wie bekannte Formen und Muster durch eine andere Arbeitsweise neu zum Leben erweckt werden können. Brenda lebt mit ihrem Mann, zwei Töchtern, drei Katzen, zwei Meerschweinchen und vier Hühner in Mount Vernon im US-Staat New York. Dort befindet sich auch ihre Werkstatt.

Brenda erklärt: „Ich gestalte die Oberflächen meiner Stücke mit verschiedenen Techniken. Bei den hier abgebildeten Arbeiten kamen auch Stempel zum Einsatz. Ich schneide Stempel selbst aus Möbelschaumstoff zu, der saugfähig wie ein Schwamm ist. Ich zeichne einfach das Motiv auf und schneide den Schaumstoff dann mit einer Schere und/oder einem Lötkolben. Ich stemple mit Unterglasur und Glasur auf ungebranntem und geschrühtem Ton."

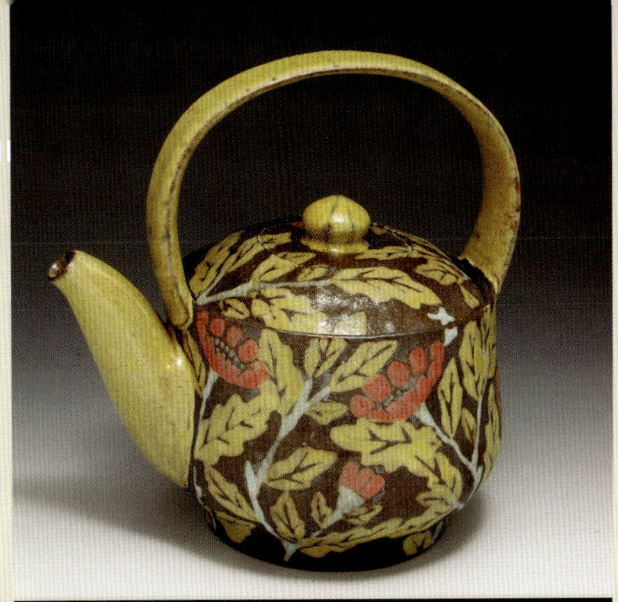

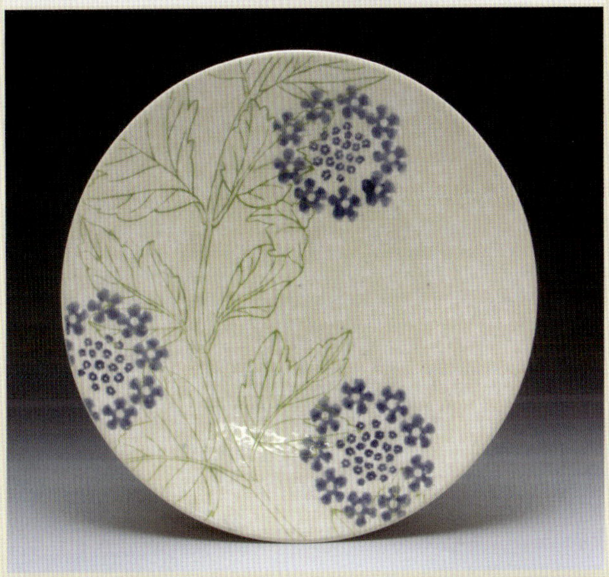

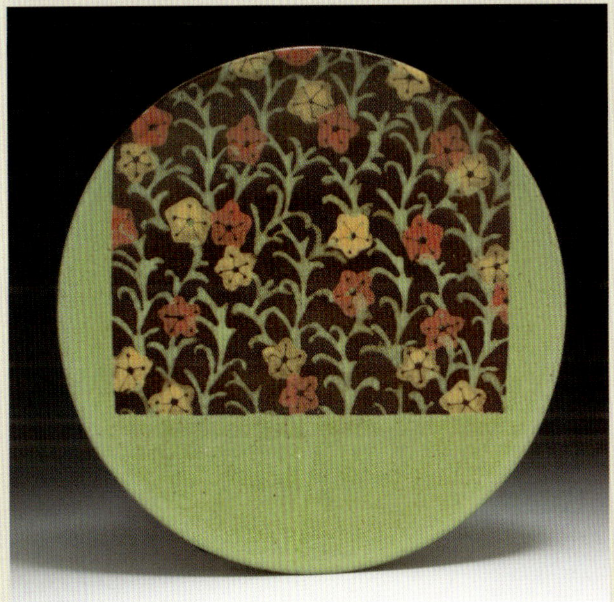

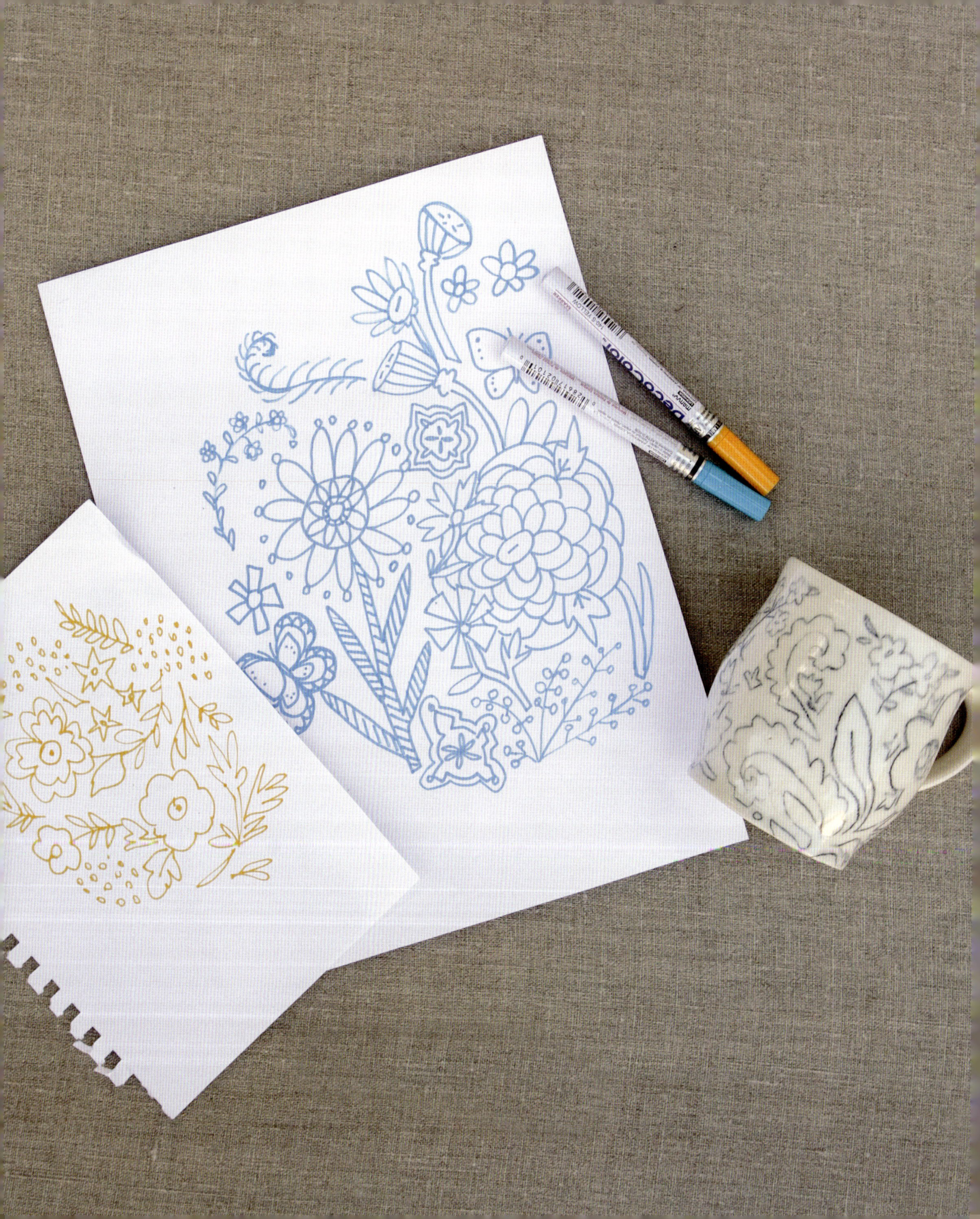

PROJEKT 4

FREIHAND-MOTIVE

Das freie Zeichnen auf Ton macht ebenso viel Spaß wie das Zeichnen auf Papier. Zeichnen Sie einfach, was Ihnen spontan einfällt, dann ergibt sich oft ein Motiv aus dem vorherigen. Freies Zeichnen auf Ton ist eine hervorragende Aufwärmübung, um die Hand zu lockern, es kann aber auch ein wesentlicher Teil Ihrer Arbeit werden.
Wenn Sie häufiger mit einem Stift auf Papier malen – und seien es nur Schnörkel – dann wird Ihnen dieses Projekt zusagen. Sie können dabei in kleinen Schritten vorgehen und das Werkstück zwischendurch immer wieder zur Seite stellen und später wieder aufgreifen. Dabei entwickeln sich oft schönere Motive oder Muster, als wenn Sie versuchen, alles in einem Arbeitsgang fertigzustellen. Fehler gibt es bei dieser Technik nicht. Und mit modernen Unterglasurstiften können auf Ton Zeichnungen gelingen, die so filigran wie Bleistiftzeichnungen auf Papier aussehen.

Sie brauchen

Geschrühte Keramikoberfläche

Schleifpapier (400er Körnung, bei Bedarf)

Feuchter Schwamm

Unterglasurstift

Anspitzer, klare Glasur

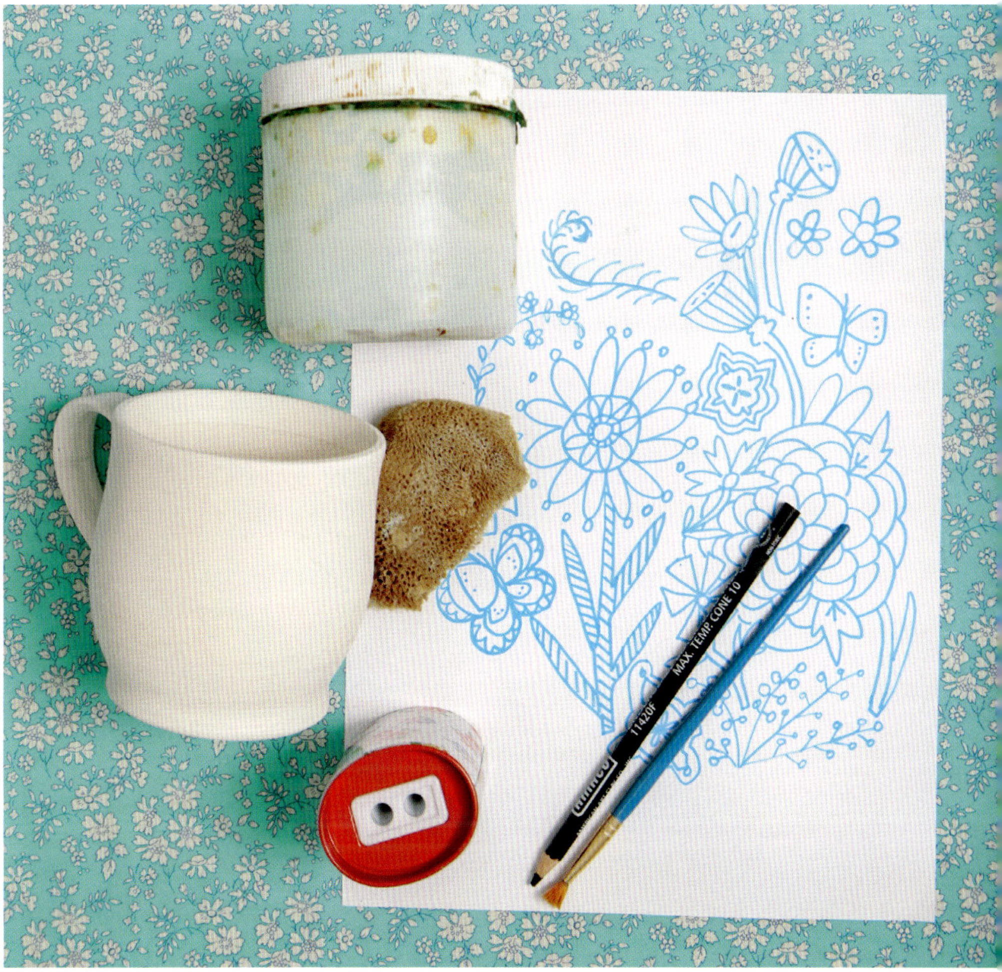

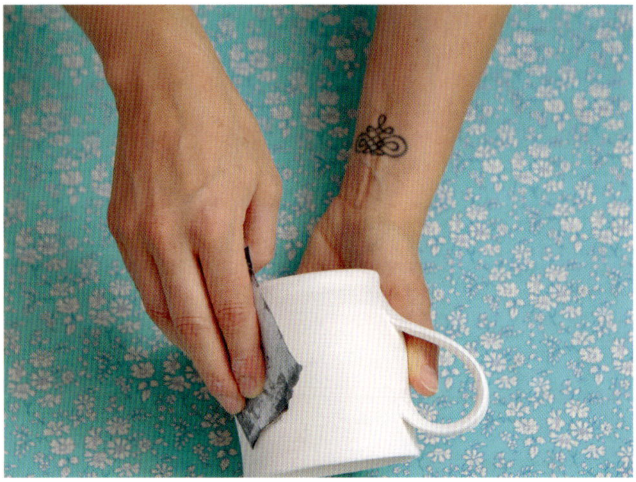

1. Die geschrühte Tonoberfläche muss glatt und sauber sein. Ist Ihre Oberfläche etwas rau, glätten Sie sie zuerst mit feinem Schleifpapier (400er Körnung genügt). Durch das Schleifen erhalten Sie einen schönen, glatten „Zeichengrund". Wichtig ist, den Schleifstaub sorgfältig mit einem feuchten Schwamm zu entfernen.

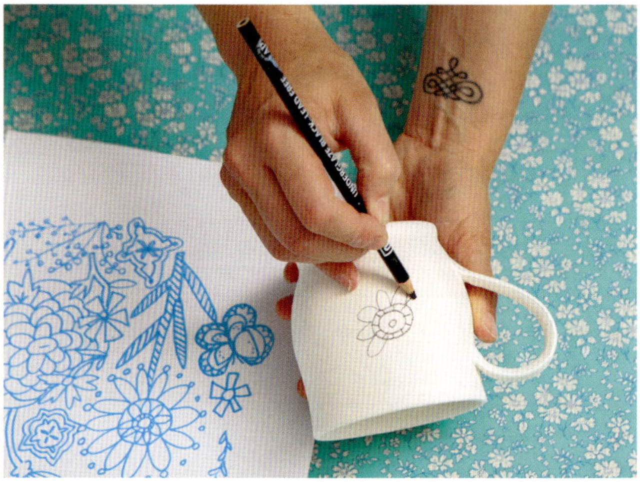

2. Nun zeichnen Sie mit dem Unterglasurstift Motive aus der Fantasie oder nach Vorlagen. Beginnen Sie in der Mitte des Werkstücks oder dort, wo sich der Blickfang befinden soll (er muss nicht in der Mitte liegen). Alternativ können Sie am Rand beginnen. Wenn Ihnen kein Motiv einfällt, fangen Sie mit einer geometrischen Form oder einer einfachen Linie an und schauen Sie, was sich daraus entwickeln lässt. Falsch machen können Sie nichts.

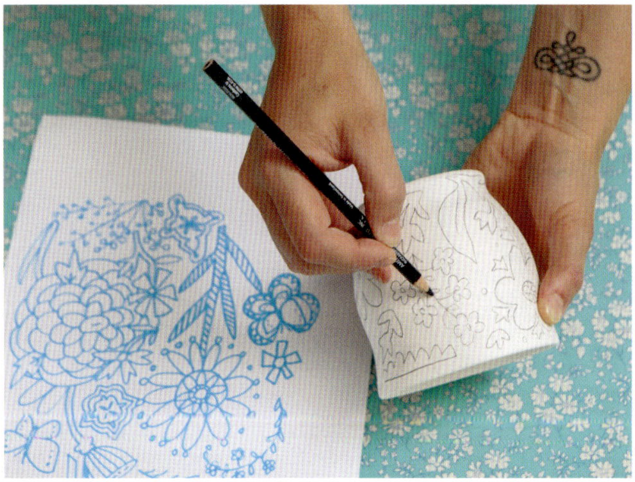

3. Vertrauen Sie auf Ihr Bauchgefühl und zeichnen Sie, bis Ihnen das Werkstück »fertig« erscheint. Wenn Ihnen das freie Zeichnen noch fremd ist, zeichnen Sie einfache Grundformen (Kreise, Quadrate, Dreiecke), die Sie beliebig kombinieren und wiederholen. Denken Sie daran, dass Sie auch die Innenseite verzieren können. Wenn Sie auf dem Boden des Werkstücks zeichnen, müssen Sie ihn wachsen.

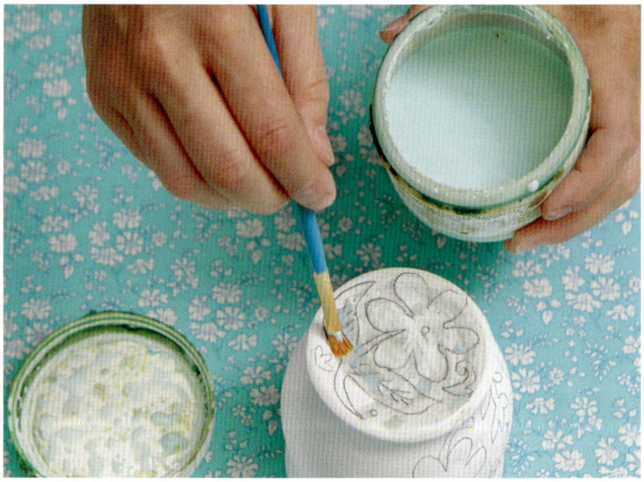

4. Zuletzt wird das Werkstück in klare Glasur getaucht.

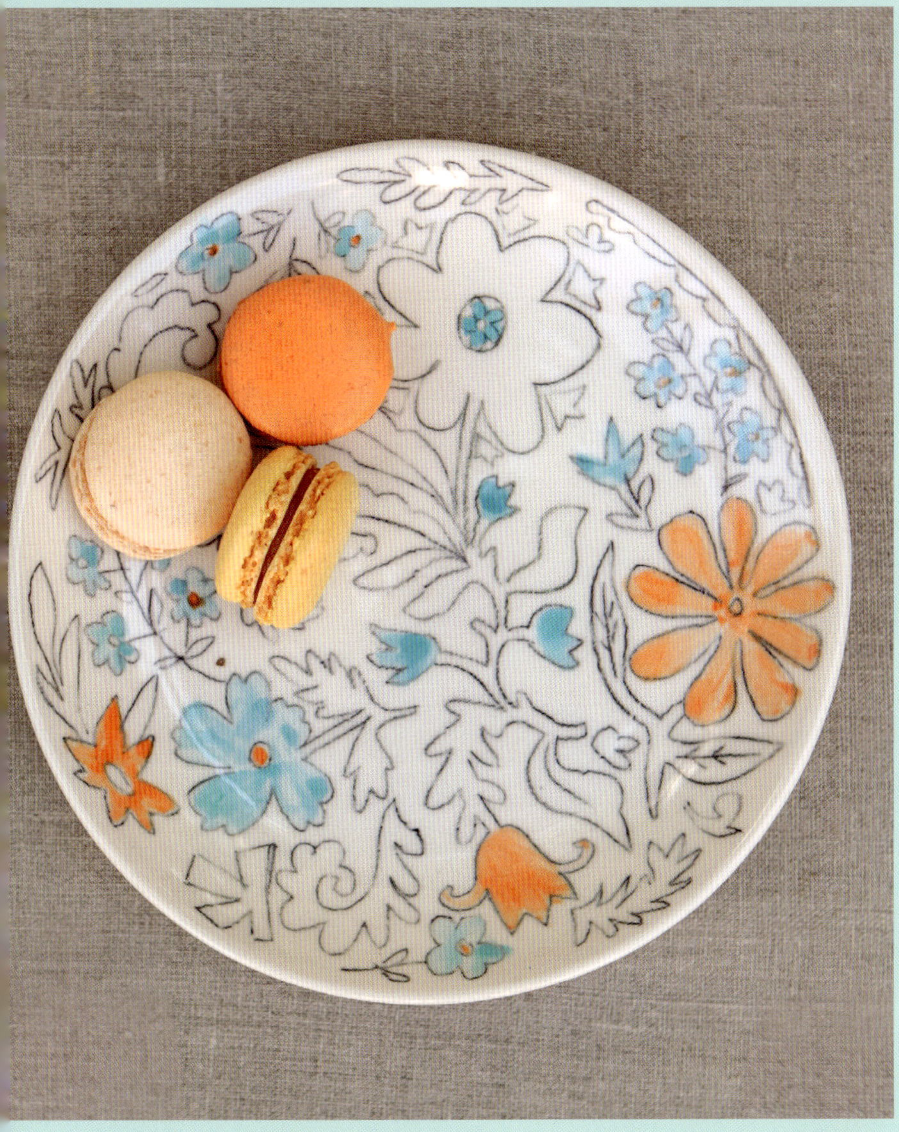

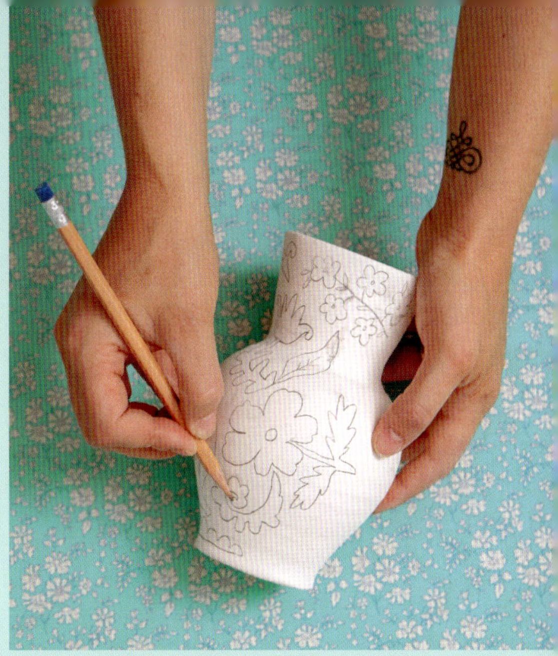

AUSPROBIEREN!

Sie wissen nicht, wie sie anfangen sollen? Kopieren Sie die Begriffe auf Seite 145. Schneiden Sie die einzelnen Wörter aus, legen Sie alle in eine Schüssel, und ziehen Sie eins. Nun assoziieren Sie frei: Zeichnen Sie einfach alles, was Ihnen zu dem Begriff einfällt, bis die Oberfläche voll ist. Natürlich können Sie auch zwischendurch ein zweites Stichwort ziehen oder die Zettel mit Begriffen eigener Wahl beschriften.

AUSPROBIEREN!

Mit Farben lassen sich Freihand-Muster noch lebendiger gestalten. Malen Sie Streifen oder Tupfen bunt an, oder füllen Sie einzelne Bereiche Ihrer Zeichnung - nicht unbedingt alle - farbig aus. Sie können dafür den Unterglasurstift verwenden oder die Unterglasur mit einem dünnen Pinsel auf die Motivbereiche auftragen.

Möglich ist auch, auf geschrühter Keramik mit einem Bleistift mittlerer Härte zu zeichnen und die Linien anschließend mit Unterglasurstift nachziehen. Der Vorteil ist, dass sich die Bleistiftstriche ausradieren lassen. Sie können außerdem Bereiche der Bleistiftzeichnung kolorieren und erst danach die Konturen mit dem Unterglasurstift zeichnen.

BLICK ÜBER DIE SCHULTER

Hannah Niswonger

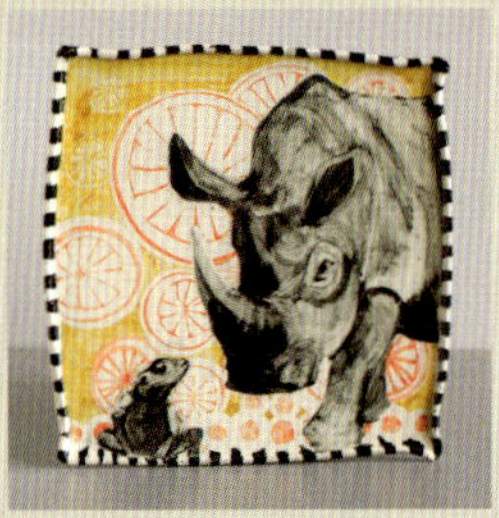

Hannah Niswonger hat Keramik an der Wesley an University in Connecticut und keramische Bildhauerei an der Alfred University in New York studiert. Sie selbst hat als Dozentin Seminare an verschiedenen Universitäten geleitet. Ihre Arbeiten sind in renommierten Ausstellungen zu sehen, beispielsweise im Philadelphia Museum of Art und der Smithsonian Craft Show. Sie ist Gründungsmitglied des mobilen Galerieprojekts POW (Pots On Wheels) und lebt mit ihrem Mann, drei Kindern, Hund und diversen Fischen in Winchester, Massachusetts.

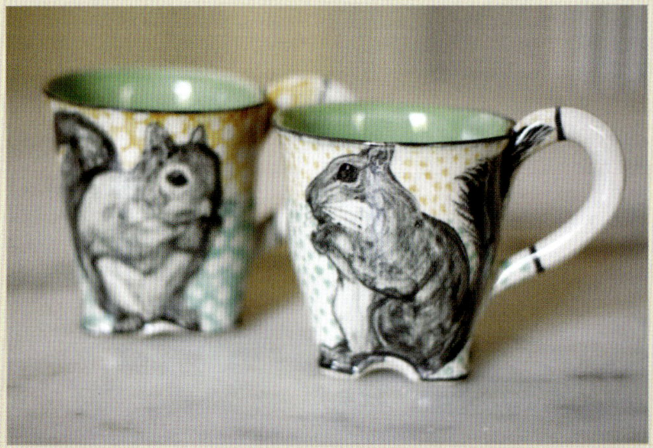

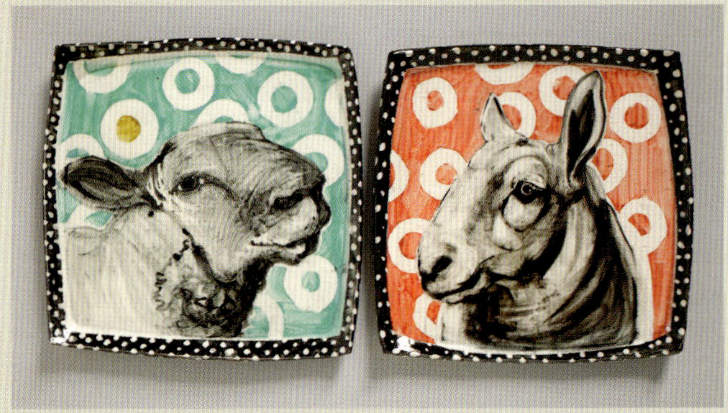

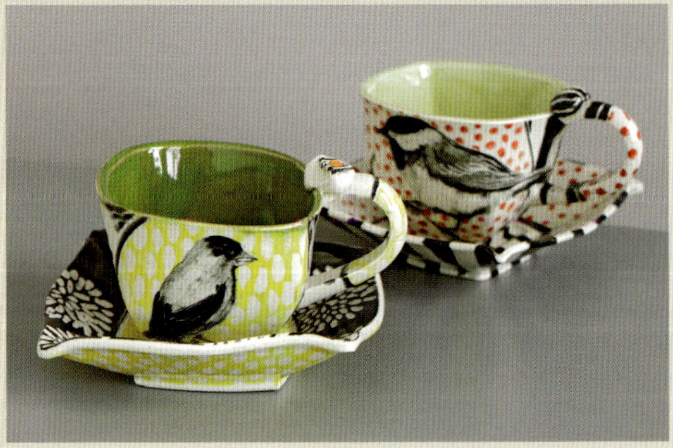

Hannah sagt: „Ich stelle Aufbaukeramik mit der Plattentechnik her. Die Gefäße werden an den Kanten zusammengenäht, zusammengepresst und dann in ihre rundliche Form gedrückt. Ich bemale den knochentrockenen Ton mit einem chinesischen Kalligraphiepinsel und Unterglasur-Lasuren, die auf der saugfähigen Tonoberfläche ähnlich wirken wie verdünnte Tusche oder Aquarellfarbe. Um Details hinzuzufügen oder zu entfernen, bearbeite ich die Zeichnungen mit Kratz- und Ritztechniken. Die Töpfernadel dient mir dabei als Zeichen- und Radierwerkzeug, mit dem ich Weiß einfüge. Muster, die wie gedruckt wirken, gestalte ich mit Wachs. Farbige Muster dienen als Hintergründe und zugleich als Rahmen für meine Tiermotive."

BLICK ÜBER DIE SCHULTER

Brooke Noble

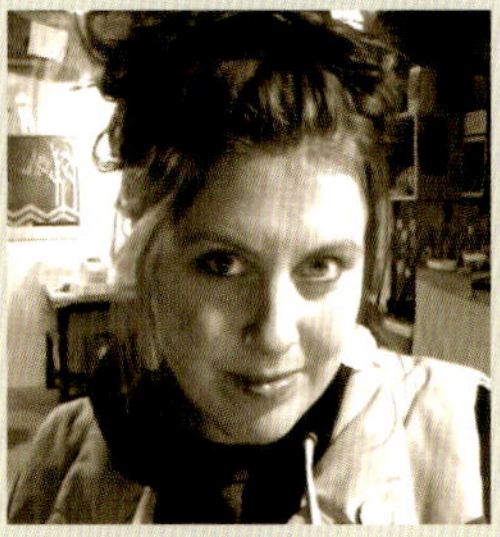

Brooke Noble hat den Bachelor an der Syracuse University erworben, war dann Artist in Residence in drei Zentren für künstlerische Keramik und hat anschließend den Master an der Southern Illinois University erworben. Aus beruflichen Gründen hat sie Reisen in verschiedene Länder unternommen. Ihre Keramikarbeiten wurden in zahlreichen Galerien ausgestellt und in Büchern und Zeitschriften vorgestellt. Brooke unterrichtet gern Kinder und Erwachsene – in den Adirondacks, wo sie lebt, ebenso wie an anderen Kunstzentren und Universitäten des Landes.

Brooke sagt: „Für die grafischen Muster und die Tiermotive auf meinen Arbeiten setze ich verschiedene Techniken ein. Ich zeichne, ritze und stemple oder arbeite mit Schablonen und Siebdruck, mit Abdeck- und Transfertechniken. Vögel und andere Tiere dienen als Metaphern, um meiner Arbeit eine humorvolle oder ironische Aussage zu geben. Wenn ich die Dekorationen ausarbeite, entwickelt sich oft wie von selbst eine Geschichte. Ich nutze die gesamte Oberfläche und führe das Motiv bei Bedarf bis zum Boden des Objekts fort. Manchmal verstecke ich dort auch einen Einzeiler, den der Besitzer erst später entdeckt."

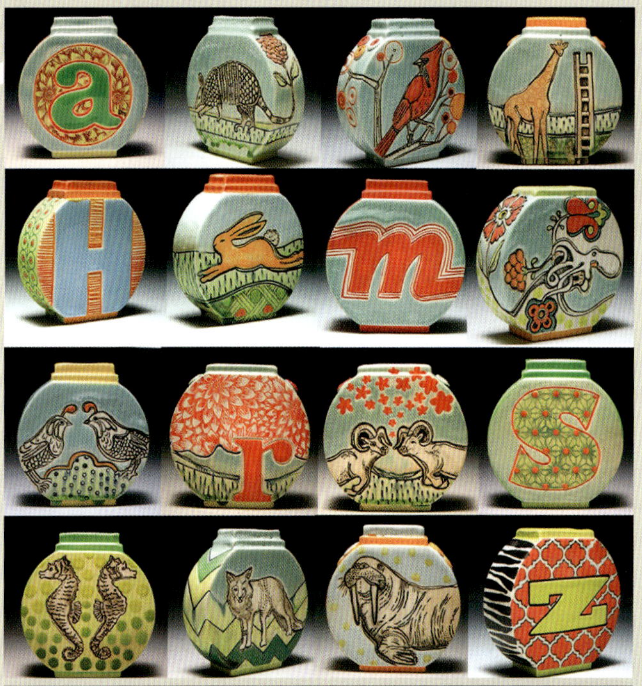

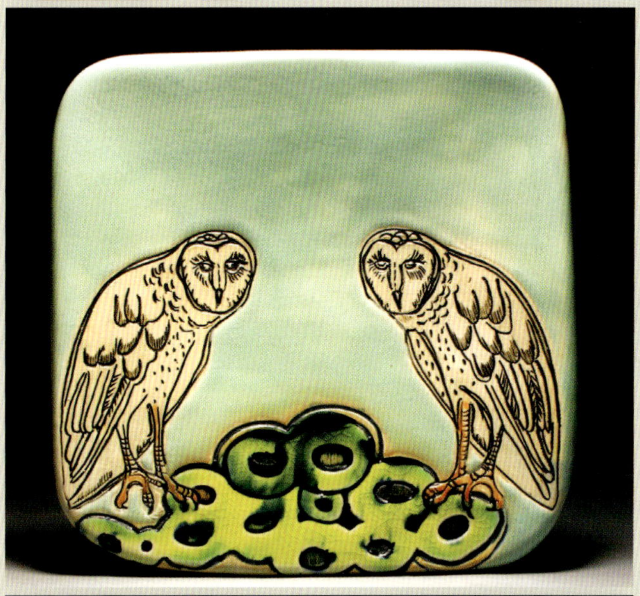

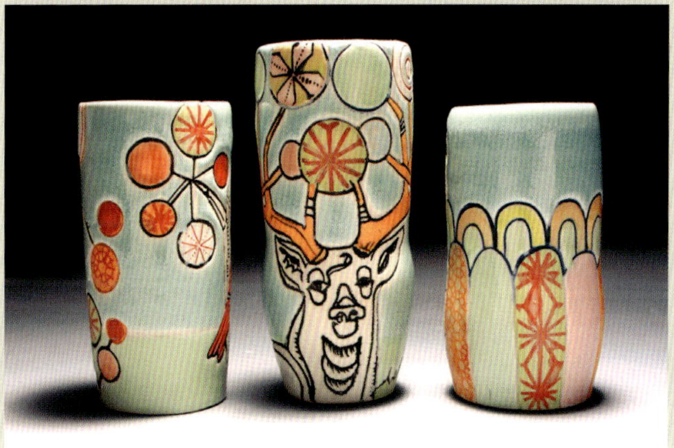

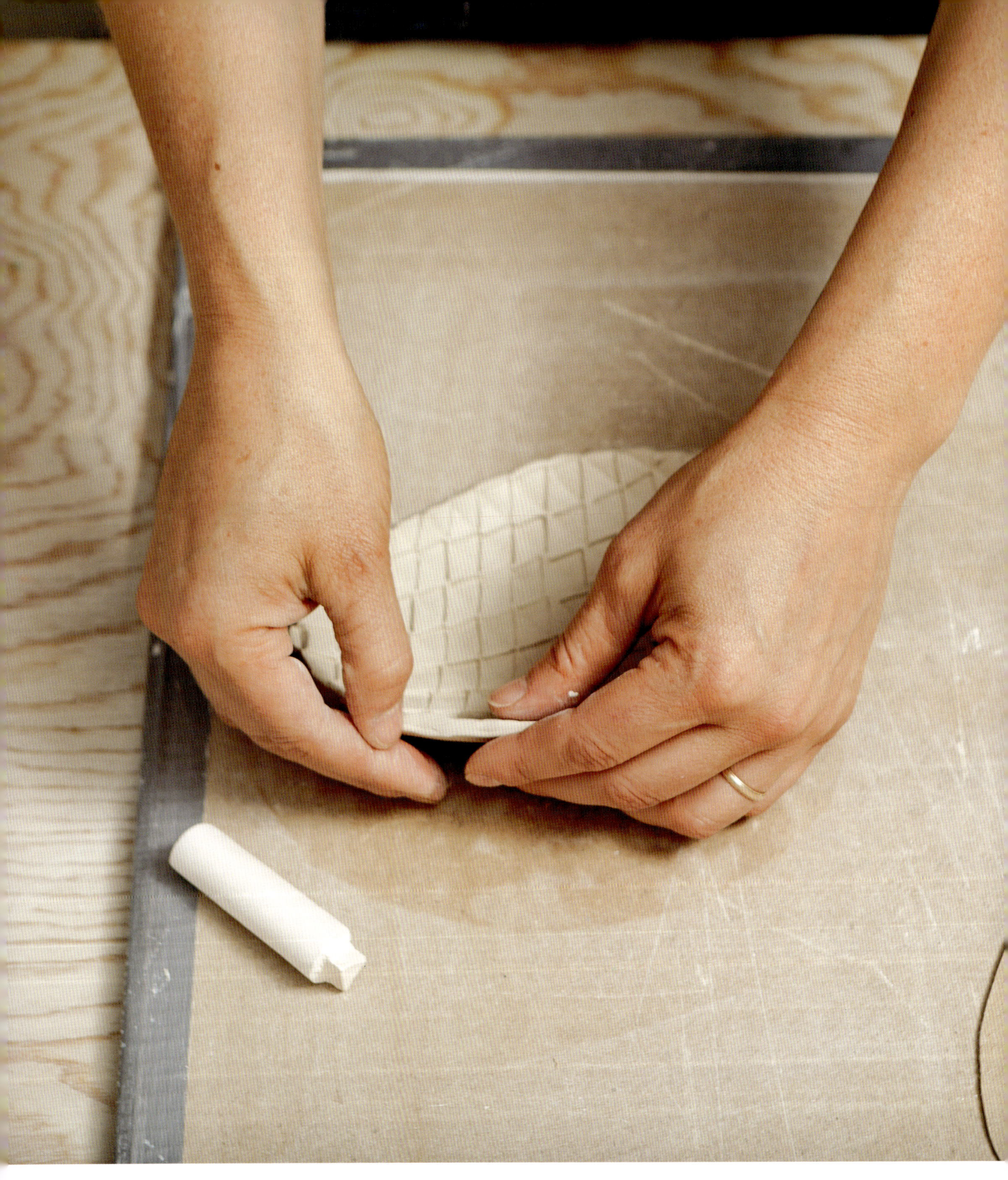

5

TEXTUR

Das Schöne am Verzieren keramischer Oberflächen ist, dass man vielschichtige Texturen gestalten kann. Anders als beim Malen oder Zeichnen kann man Linien in die Oberfläche des Werkstoffs einritzen und so für einen besonderen Ausdruck sorgen. Als ich anfing, mich mit Keramik zu beschäftigen, habe ich verschiedene Texturen zur Dekoration und Individualisierung in die Tonoberfläche eingedrückt. Das Gestalten von Texturen ist eine spannende Methode, um die Beziehung von Oberfläche und Form auszuloten, und es kann zur lebenslangen Leidenschaft werden. Wenn Sie die Möglichkeit haben, Soda- Salz- oder Holzbrand auszuprobieren, sollten Sie es unbedingt tun. Der Einfluss, den solche Brennmethoden auf die Tonoberfläche haben, bringt die Texturen hervorragend zur Geltung. In diesem Kapitel lernen Sie verschiedene Methoden kennen, um Texturen im Ton zu gestalten – vom Stempel bis zu gefundenen „Werkzeugen".

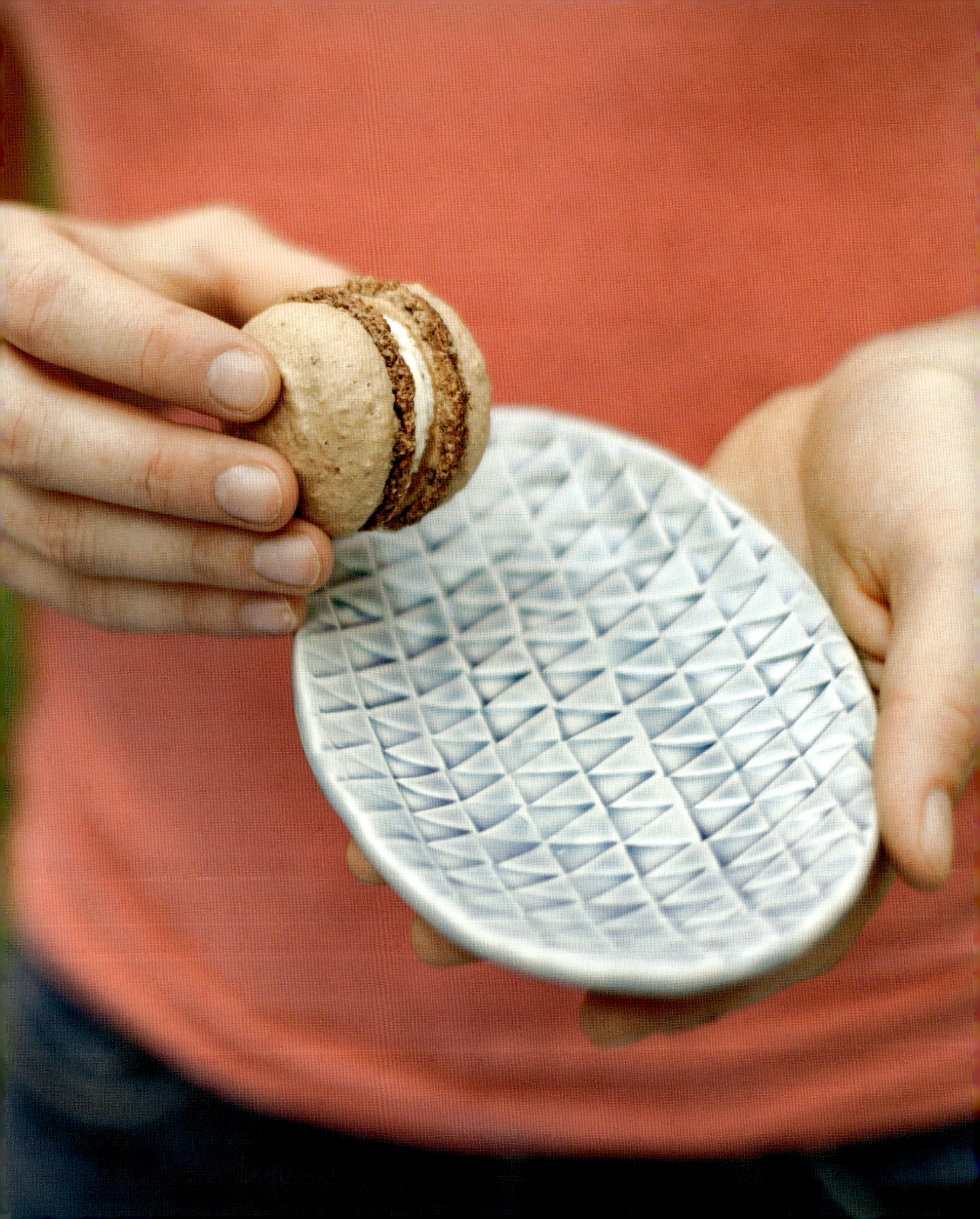

PROJEKT 5

TEXTUR STEMPELN

Es macht Spaß, mit selbst gemachten Stempeln Texturen oder Motive in die Oberfläche von Tonobjekten zu prägen. Die ersten Tonstempel, die ich angefertigt habe, trugen meine Initialen, und ich benutzte sie jahrelang, um meine Arbeiten zu signieren. Seitdem habe ich viele Anwendungsmöglichkeiten für solche Stempel ausprobiert, weil die Technik der Oberfläche einen so interessanten Charakter verleiht. Die Konturen sind nicht immer ganz scharf, und auch die leichten Unterschiede in der Tiefe der Abdrücke lassen die Handarbeit erkennen. Gerade das gefällt mir an dieser Technik so gut.

Sie brauchen

Etwas Ton, vorzugsweise Porzellan

Bleistift

Ritzwerkzeug mit Speerspitze, Schnitz- oder Modellierwerkzeug

Schleifkissen (bei Bedarf)

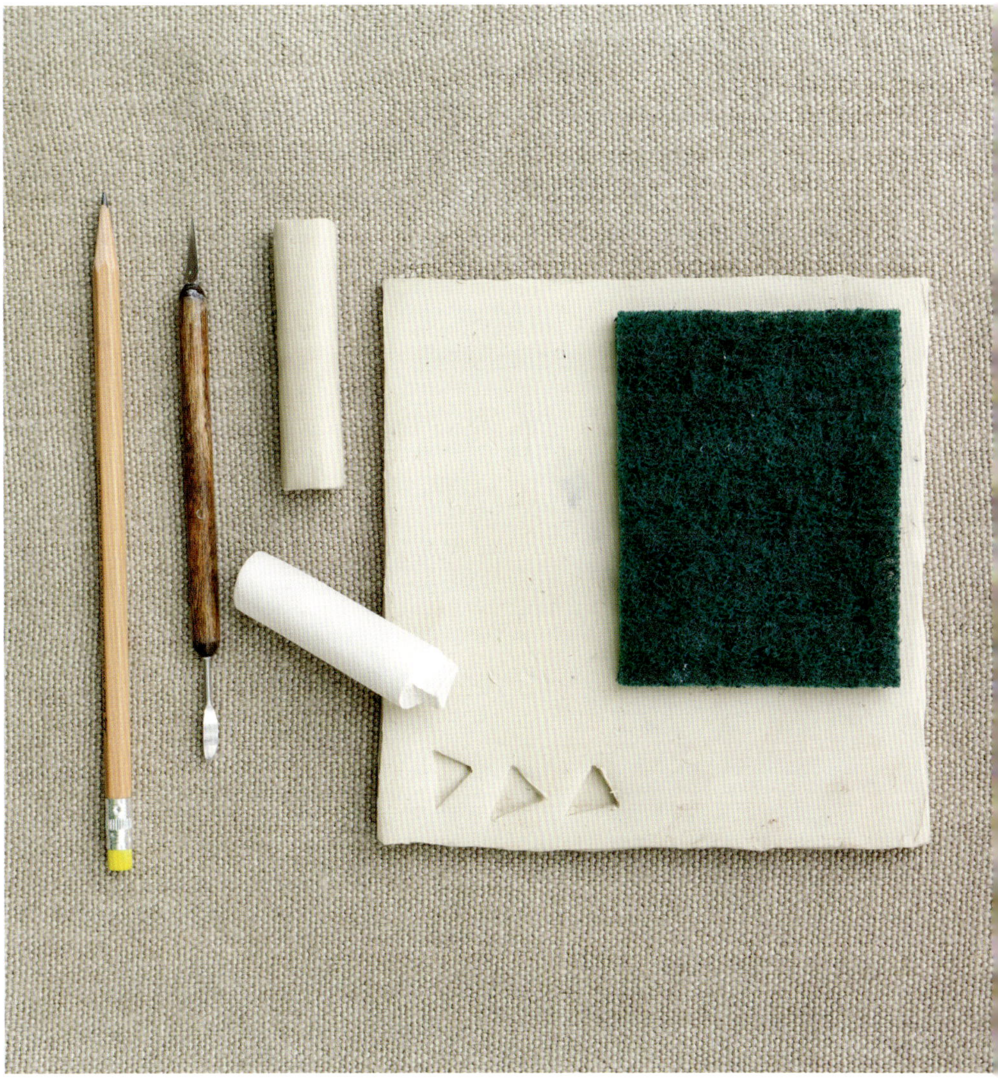

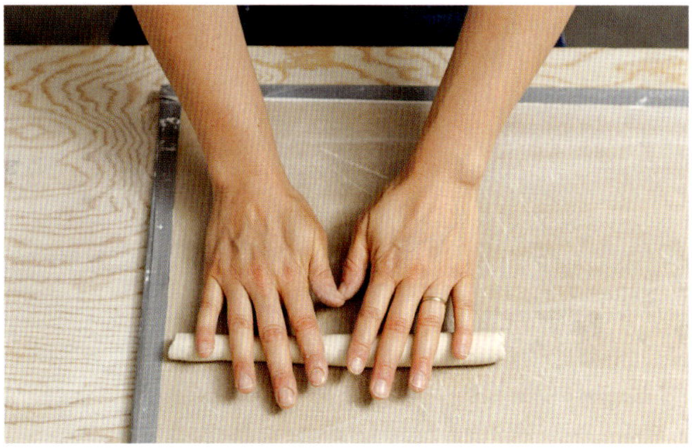

1. Einen kleinen Batzen geschmeidigen Ton in die gewünschte Form des Stempels modellieren. Ich habe mich für einen runden Stempel entschieden. Ebenso könnte er auch dreieckig sein – probieren Sie es aus. Der Rohling muss nun ruhen, bis er knochentrocken ist.

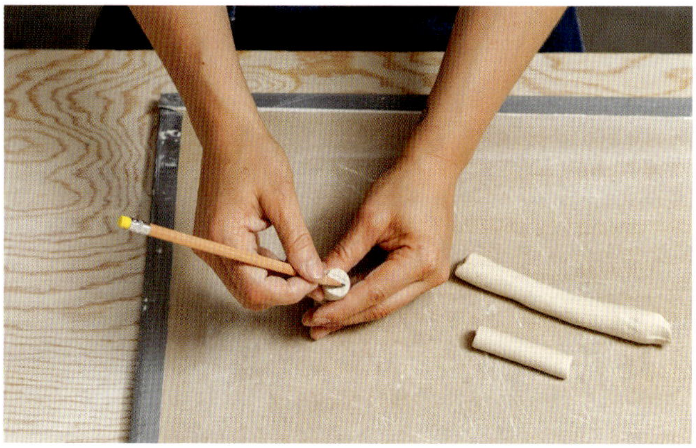

2. Mit einem Bleistift auf einem Ende des knochentrockenen Stempels den Bereich anzeichnen, der entfernt werden soll (also den negativen Teil des Motivs). Nur der Teil des Motivs, der sich reliefartig auf der Stempelfläche erhebt, wird später einen Abdruck in der Tonoberfläche erzeugen. Bedenken Sie auch, dass Buchstaben und Ziffern seitenverkehrt aus der Stempelfläche herausgearbeitet werden müssen, damit sie später richtig herum in der Oberfläche Ihres Werkstücks erscheinen.

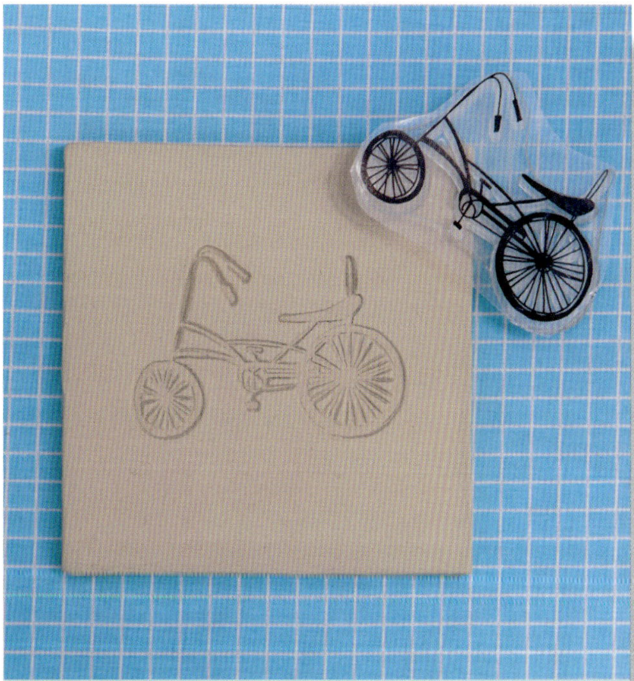

AUSPROBIEREN!

Auch mit gekauften Gummistempeln lassen sich schöne Texturen in die Tonoberfläche drücken.

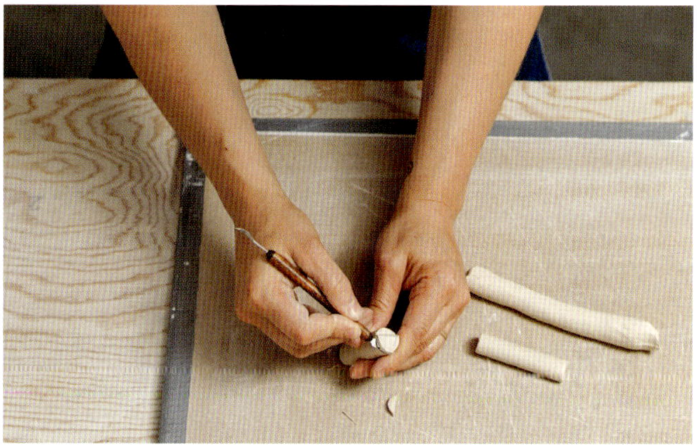

3. Arbeiten Sie das Stempelmotiv nun vorsichtig und sorgfältig mit einem Ritzwerkzeug mit Speerspitze aus dem knochentrockenen Ton heraus. Probieren Sie zwischendurch in einem Rest weichem Ton, wie der Abdruck aussieht. Scharfe oder unsaubere Kanten können Sie jetzt oder unmittelbar vor dem Schrühbrand mit dem Schleifkissen glätten.

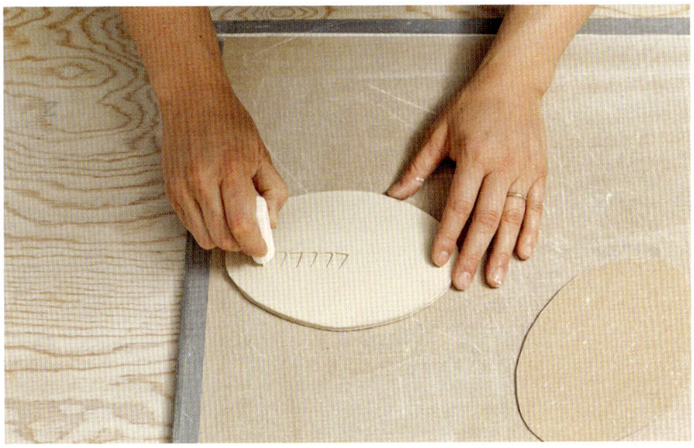

4. Der Stempel wird nun gebrannt. Um ihn zu verwenden, drücken Sie ihn einfach in die Oberfläche des Tons, der noch relativ feucht und formbar sein muss. Gedrehte Objekte sollten Sie stempeln, bevor Sie sie von der Drehscheibe losschneiden – alternativ unmittelbar danach. Wenn Sie in Plattentechnik arbeiten, stempeln Sie die Platten, bevor Sie sie ausformen. Beim Stempeln muss relativ kräftiger Druck ausgeübt werden. Ein fertiges Werkstück könnte sich dabei stark verformen.

AUSPROBIEREN!

Zum Stempeln eignen sich nahezu alle Gegenstände mit interessanter Oberfläche. Experimentieren Sie mit Baumrinde, Muscheln, Modeschmuck ...

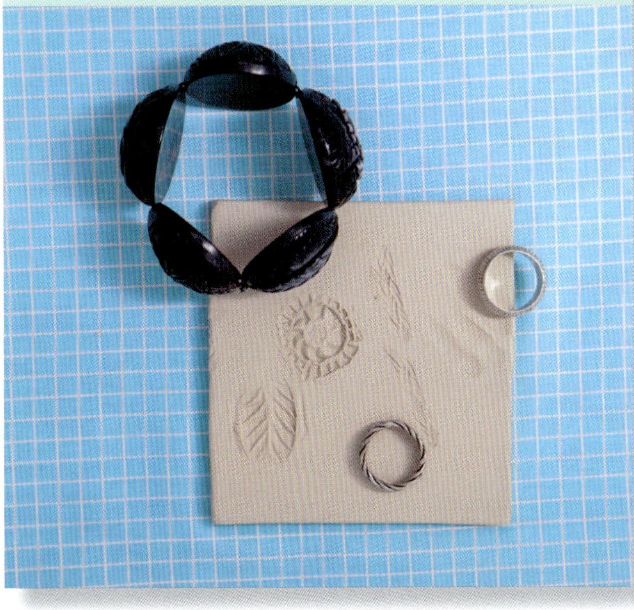

AUSPROBIEREN!

Eingetönte oder halbtransparente Glasuren sammeln sich in den „Tälern“ der Textur. Dadurch können reizvolle Effekte entstehen. Sie können das Werkstück tauchen oder die Glasur mit dem Pinsel auftragen – und dann lassen Sie sich überraschen. Im Anhang dieses Buchs finden Sie Tipps zum Eintönen von Glasuren.

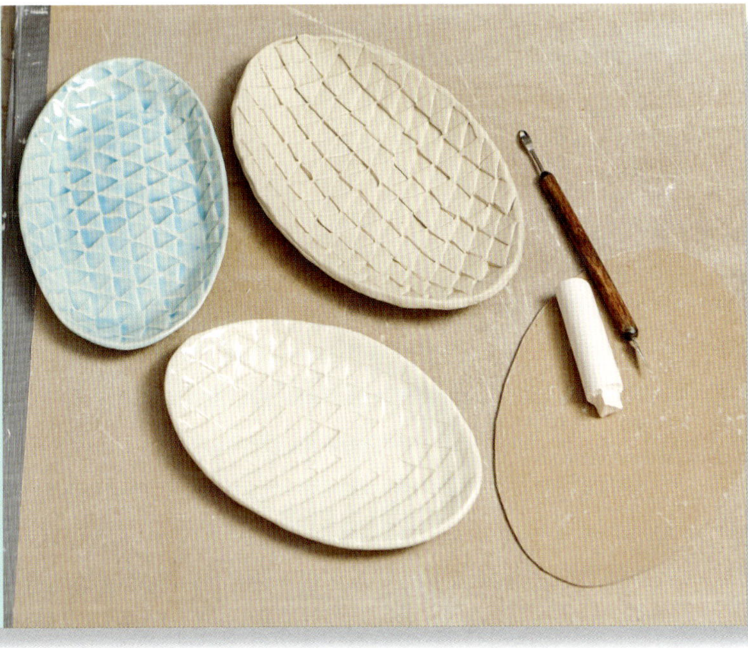

BLICK ÜBER DIE SCHULTER

Kristen Kieffer

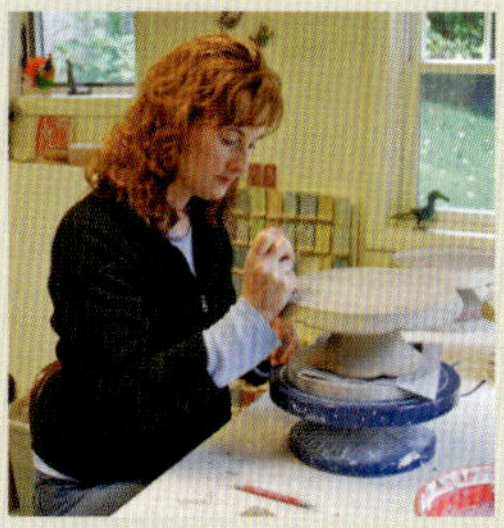

Kristen Kieffer lebt in Massachusetts (USA), wo sie hauptberuflich als Keramikerin und Kursleiterin arbeitet. Sie hat einen Bachelor-Studiengang in Keramik am New York State College of Ceramics der Alfred University abgeschlossen und einen Master in Keramik an der Ohio University erworben. Kristen hat als Artist in Residence mit John Glick in Farmington Hills (Michigan; USA) gearbeitet, außerdem am Guldagergård in Skælskør (Dänemark) und an der Arrowmont School of Arts and Crafts in Gatlinburg (Tennessee, USA). Sie stellt weltweit aus und leitet Workshops an Kunsthandwerkszentren und Universitäten in ganz Nordamerika. Ihre Arbeiten sind in zahlreichen Sammlungen zu sehen, darunter im New Taipei City Yingge Ceramics Museum in Taipei (Taiwan), im Fort Wayne Museum of Art in Fort Wayne, (Indiana; USA) und im San Angelo Museum of Fine Arts in San Angelo (Texas, USA).

Kristen sagt: „Ich verwende Dutzende von Stempeln, die ich selbst entworfen und hergestellt habe. Damit bearbeite ich meine gedrehten Werkstücke in einem Trocknungszustand, den ich als ‚Wildleder' bezeichne. Der Ton ist dann noch relativ feucht, sodass ich seine Plastizität nutzen kann, ohne dass dabei der exakte, weiche und taktile Charakter der Formen verloren geht. Ich fertige die Stempel nach eigenen Zeichnungen, die vom Art Nouveau oder von der Kunst des Nahen Ostens beeinflusst sind. Natürlich arbeite ich auch mit anderen Motiven, die mir einfach gut gefallen und die meinen Arbeiten eine elegante oder verspielte Ausstrahlung geben."

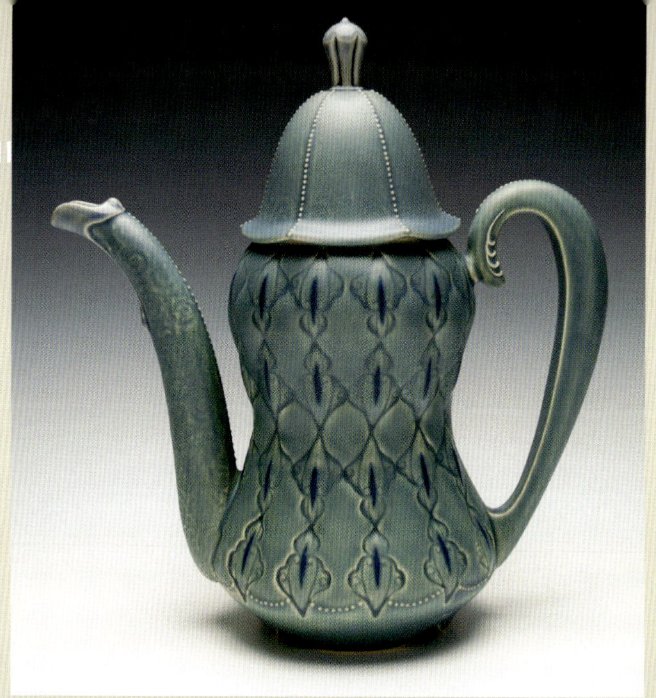

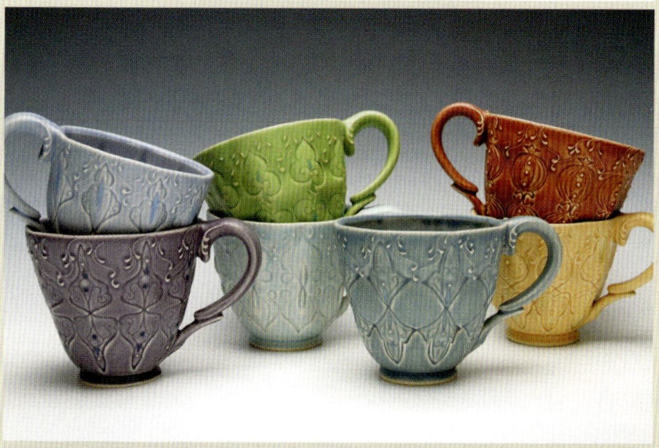

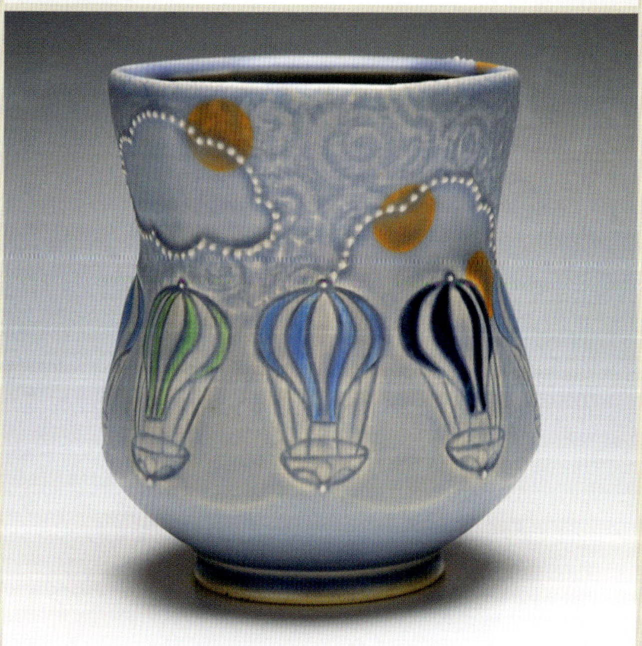

BLICK ÜBER DIE SCHULTER

Sunshine Cobb

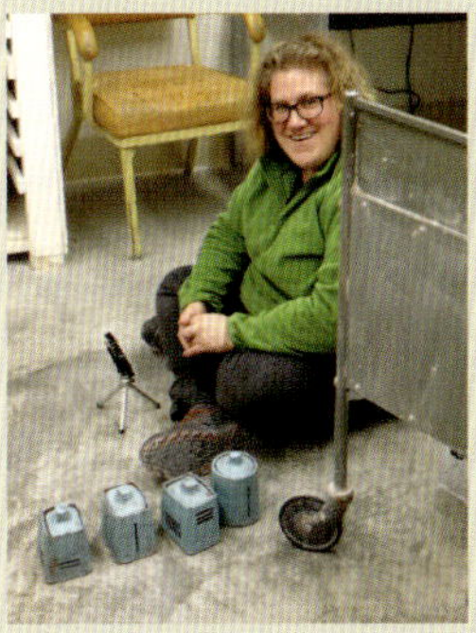

Nach einer Stippvisite an der Chico State University (Kalifornien, USA) absolvierte Sunshine Cobb einen Bachelor-Studiengang an der California State University in Sacramento und erwarb 2010 den Master in Keramik an der Utah State University. Momentan konzentriert sie sich auf die Herstellung von funktionalen Gefäßen. Sie schätzt den Charakter von rotem Ton und lotet die Möglichkeiten eines elektrischen Brennofens aus. Sowohl die Zeitschrift Ceramics Monthly als auch der National Council on Education for the Ceramic Arts haben sie als aufstrebende Künstlerin präsentiert. Wenn Sunshine nicht in ihrem Atelier arbeitet, hält sie landesweit Vorträge, auf denen sie ihre Techniken auch demonstriert. Sie war Teilnehmerin eines Langzeit-Residenzprogramms der Archie Bray Foundation in Helena (Montana, USA) und ist gerade nach Kalifornien gezogen, um ein Atelier zu eröffnen.

Sunshine erklärt: „Ich verwende verschiedene selbst hergestellte Walzenstempel, um Texturen zu gestalten. Diese Stempel, die etwa so breit wie meine Handfläche sind, rolle ich über eine Tonplatte. Diese verwende ich entweder als Boden für aufgebaute Objekte aus Tonwülsten, oder ich bearbeite sie auf einem gebrannten Formrohling weiter, um die Stempelabdrücke nicht zu beschädigen. Ich bearbeite auch gedrehte Formen mit den Walzen, die etwa fingerdick sind. Dafür darf der Ton nicht mehr klebrig, aber auch noch nicht ganz lederhart sein, und ich muss die Gefäßwand von innen stützen, damit sie sich nicht verformt."

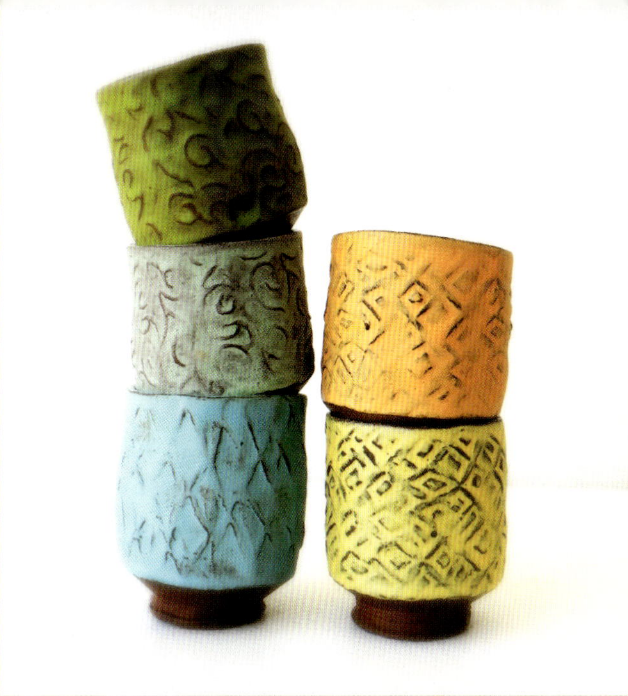

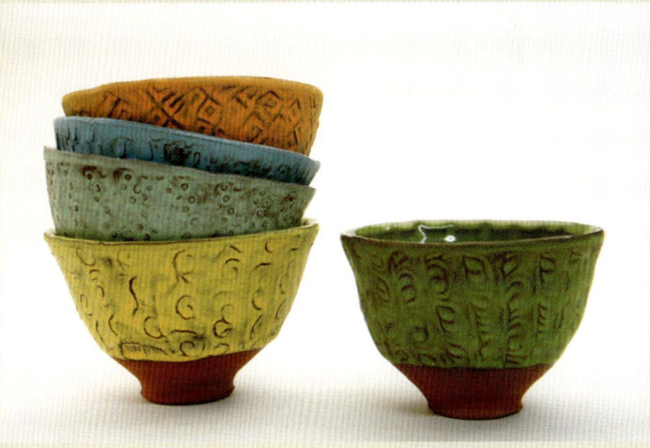

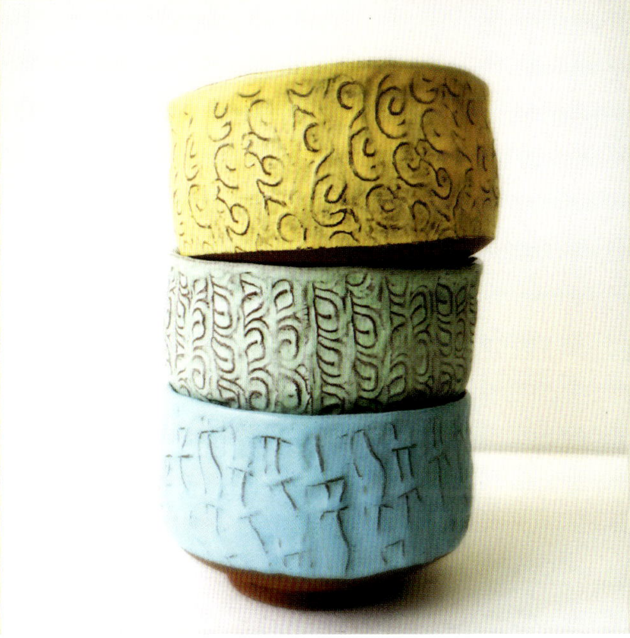

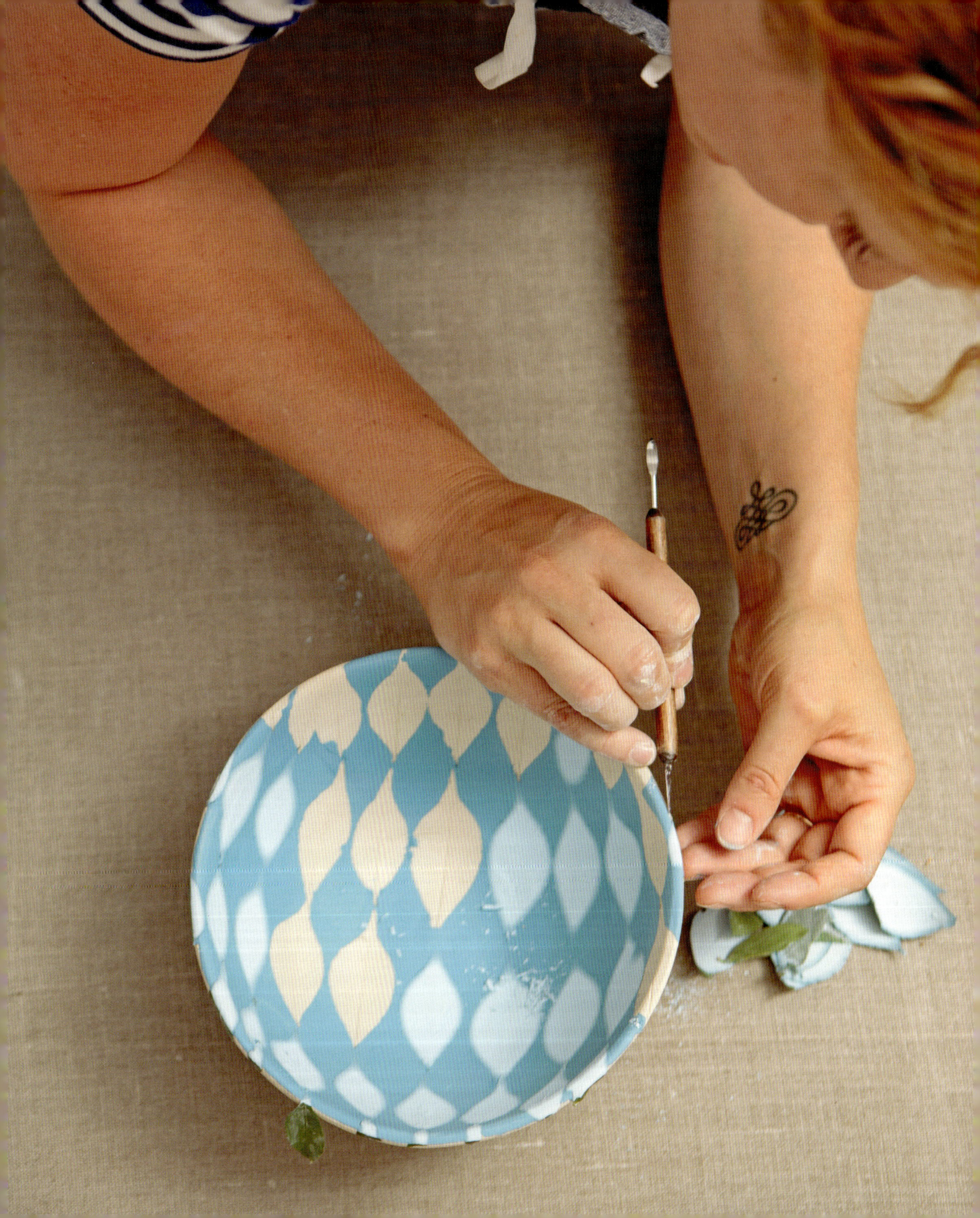

PROJEKT 6

SCHABLONEN AUS DER NATUR

Die Formen und Strukturen der Natur faszinieren mich seit jeher. Es ist faszinierend, diese Schönheit auf der Oberfläche keramischer Werkstücke einzufangen. Dies ist ein wunderbares Projekt für den Sommer, denn Sie benötigen dafür kleine Blätter, Farnwedel und Blumen. Gerade im Winter, wenn alles kahl oder verschneit ist, schaue ich mir gern Oberflächen an, die ich mit Naturmaterialien gestaltet habe. Sie erinnern mich an die Pracht des Sommers. Bei dieser Technik darf Mutter Natur das Malen übernehmen.

Sie brauchen

- Ungebranntes Tonwerkstück, lederhart oder etwas weicher
- Naturmaterialien, z. B. frische Blüten oder Blätter
- Schwamm
- Sprühflasche mit Wasser
- Walze oder Gummiball (klein)
- Pinsel, 2,5 cm breit
- Schlicker oder Unterglasur
- Ritzwerkzeug mit Speerspitze

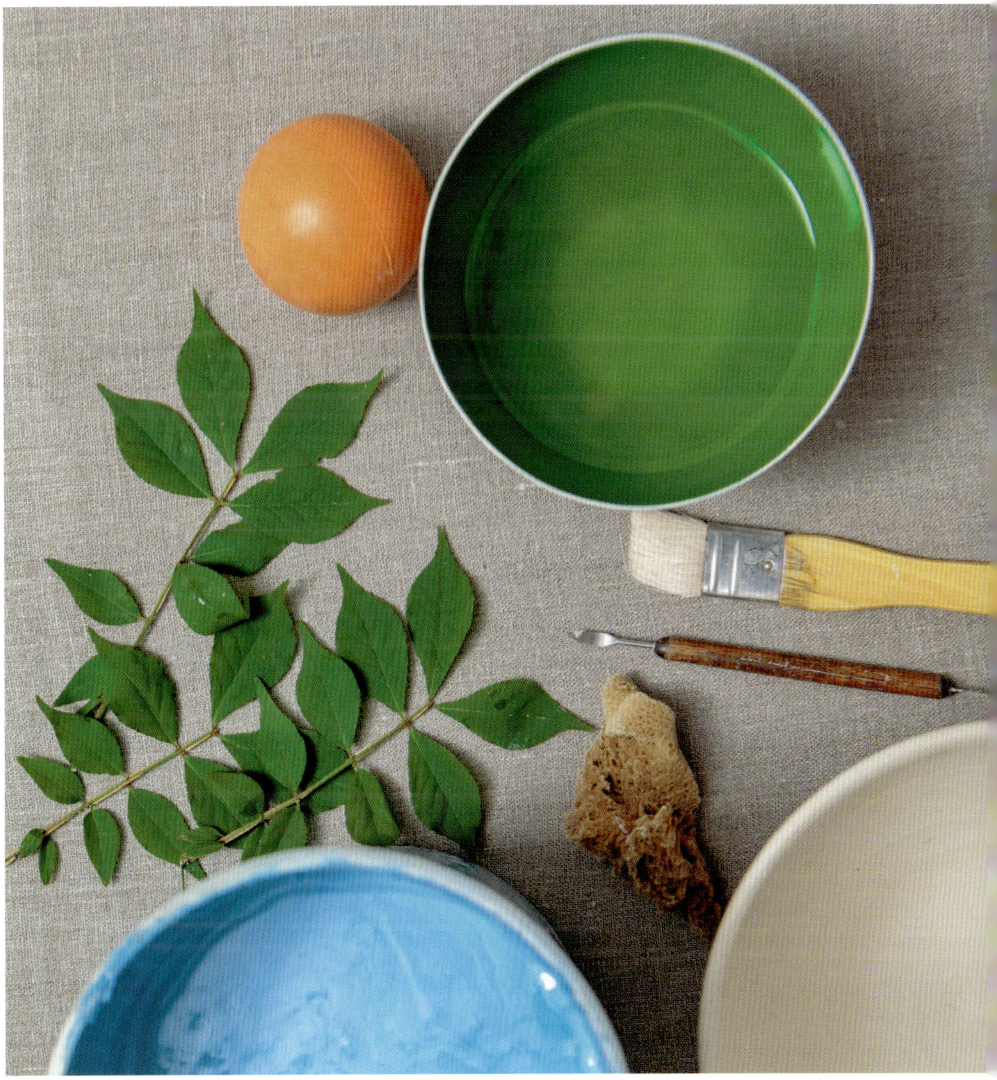

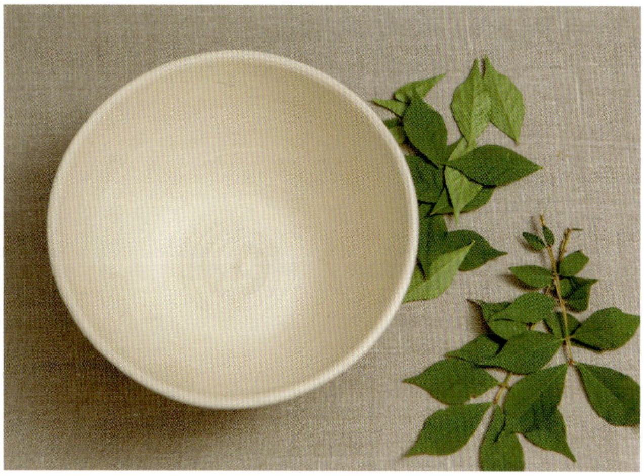

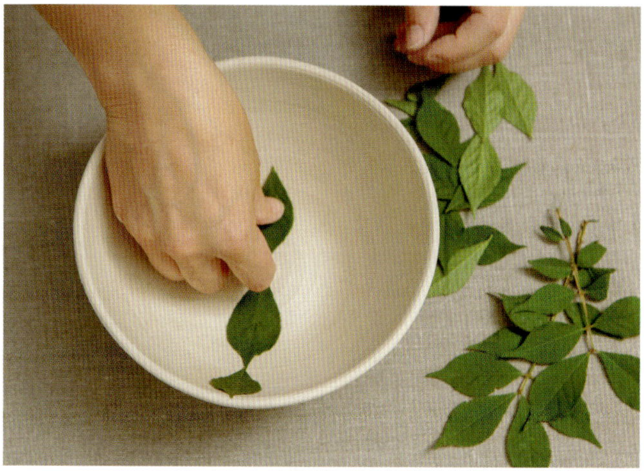

1. Für dieses Projekt muss der Ton noch recht feucht und geschmeidig sein. Bearbeiten Sie ein frisch geformtes Werkstück oder ein gedrehtes Gefäß unmittelbar nach dem Abnehmen von der Scheibe. Blätter und andere Naturmaterialien dienen als Abdeckung. Die Blätter und Blüten müssen noch frisch und flexibel sein, damit sie sich gut an die Tonoberfläche schmiegen und später leicht abnehmen lassen. Trockene Blätter sind für diese Technik zu spröde: Sie würden zerbrechen.

2. Mit den Blättern ein Muster nach eigener Wahl auf dem lederharten oder weicheren Ton legen.

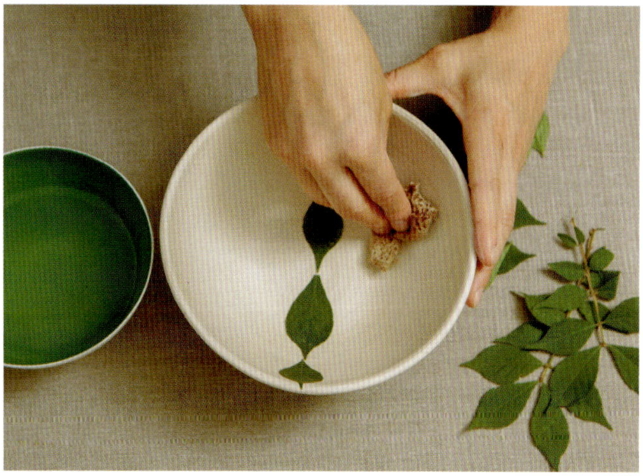

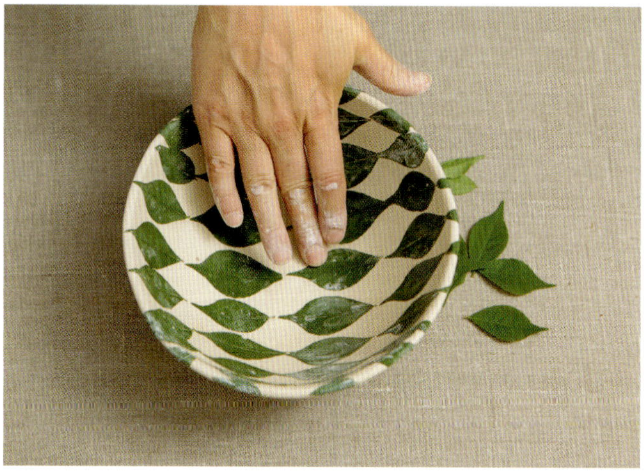

3. Jedes Blatt vorsichtig an die Tonoberfläche andrücken, damit die Blattadern einen Abdruck erzeugen. Wenn die Blätter nicht haften, wischen Sie die Tonoberfläche vor dem Auflegen mit einem feuchten Schwamm ab oder feuchten sie mit der Sprühflasche an. Nun die Blätter andrücken. Für glatte Flächen können Sie eine Gummiwalze verwenden, für die Innenseiten gerundeter Schalen eignet sich ein kleiner Gummiball.

4. Die Blätter nochmals mit den Fingern oder einem leicht feuchten Schwamm glätten und an die Form andrücken. Jedes Blatt sollte ganzflächig am Ton anliegen. Das ist wichtig, weil anderenfalls Gefahr besteht, dass Unterglasur oder Schlicker unter die Blattränder dringt. Dann müssten Sie nach dem Abnehmen der Blätter die Konturen bereinigen.

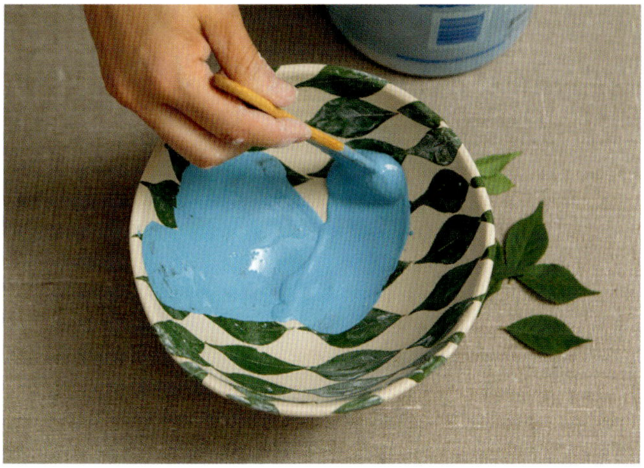

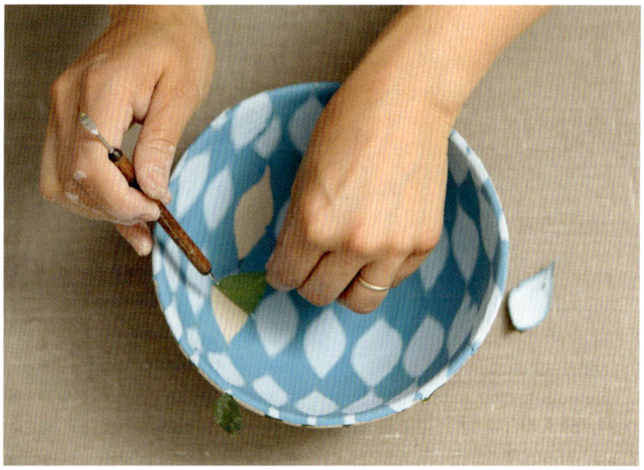

5. Jetzt die gesamte Tonoberfläche einschließlich der aufgelegten Blätter mit einer dicken Schickt Schlicker oder Unterglasur bestreichen. Dafür verwenden Sie den 2,5 cm breiten Pinsel. Trocknen lassen, bis der Ton lederhart ist und sich die Unterglasur nicht mehr feucht anfühlt.

6. Die Blätter vorsichtig entfernen, sodass die Formen mit den eingeprägten Blattadern zum Vorschein kommen.

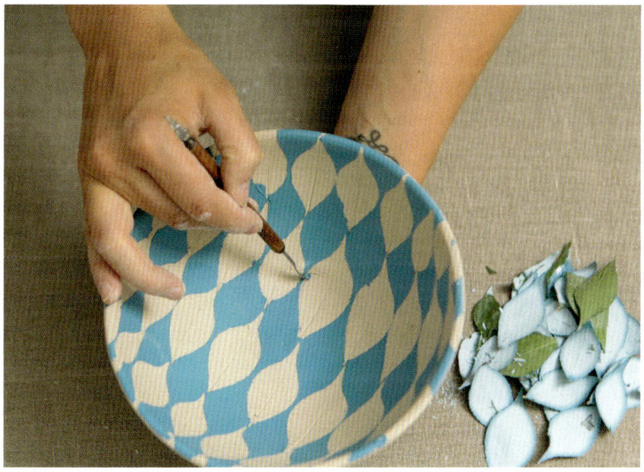

7. Falls etwas Unterglasur oder Schlicker unter die Blatträder gequollen ist, können Sie ihn jetzt mit einem Ritzwerkzeug mit Speerspitze abschaben, um die Konturen zu bereinigen. Anschließend trocknen lassen, brennen und klar glasieren.

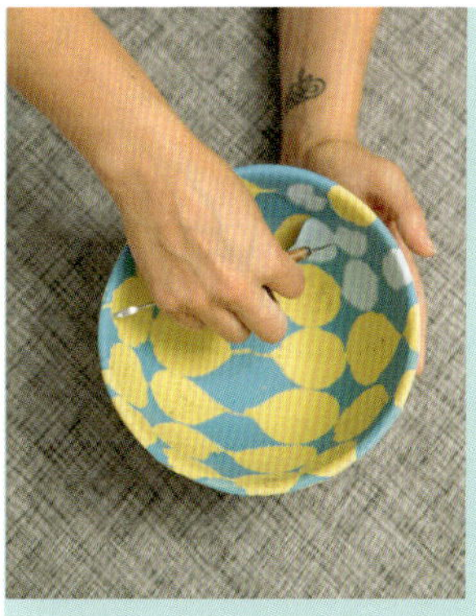

AUS-PROBIEREN!

Sie können die Tonoberfläche auch vor dem Auflegen der Blätter mit einer Schicht Unterglasur oder Schlicker überziehen. Trocknen lassen, bis diese Schicht beim Berühren nicht am Finger klebt, dann Blätter auflegen und eine zweite Farbe auftragen. Verwenden Sie Kontrastfarben, damit die Blätter sich gut abheben.

BLICK ÜBER DIE SCHULTER

Evelyn Snyder

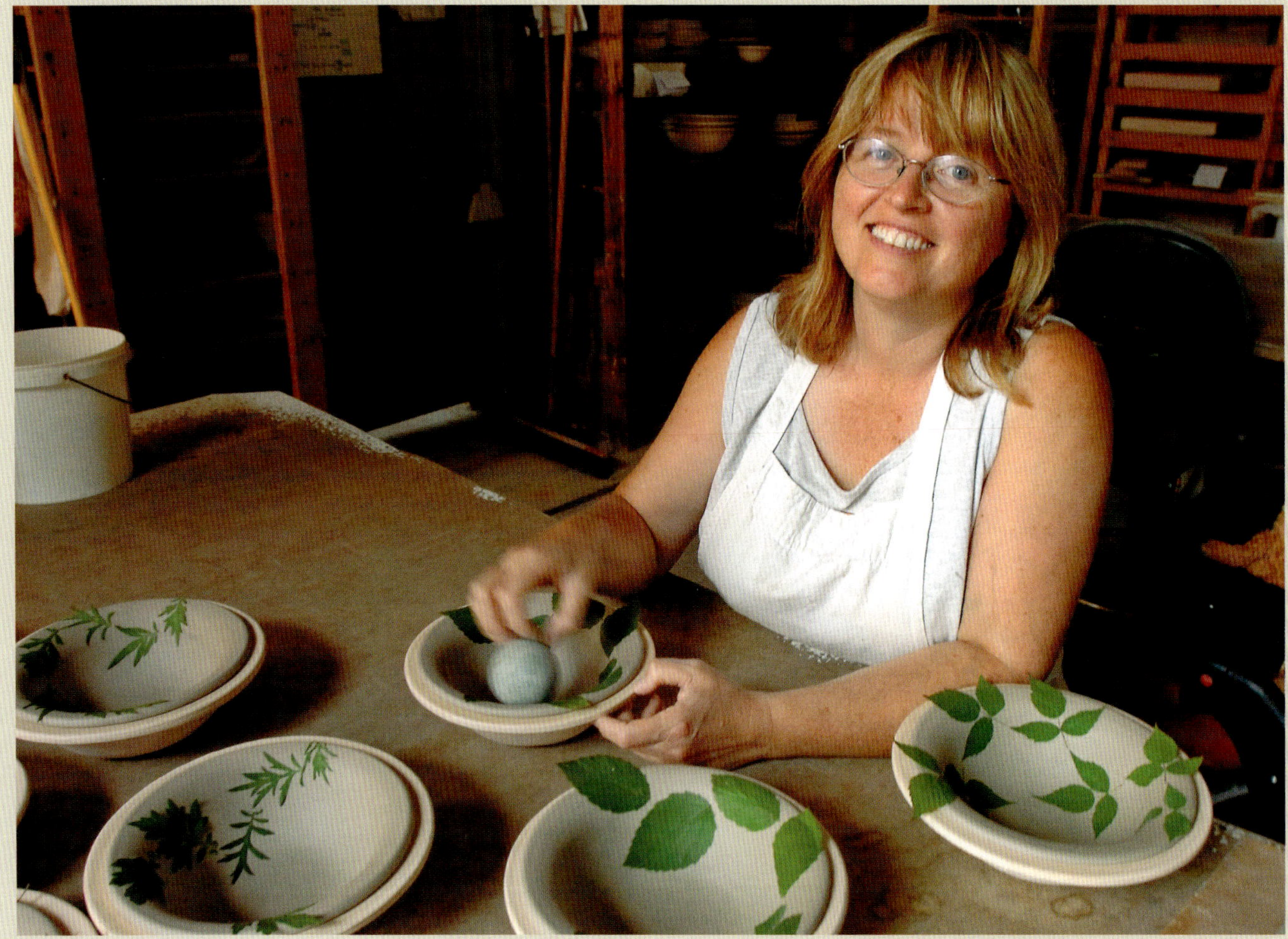

Evelyn Snyder stellt Gebrauchskeramik mit Naturmotiven her. Sie arbeitet mit einer Technik, die sie von ihrer Freundin und Mentorin Kathy Hibshman gelernt hat. Evelyn sammelt heimische Blätter, mit denen sie Muster und Motive auf Steinzeugplatten gestaltet. Jedes ihrer Stücke ist ein Unikat, denn jedes Blatt ist einzigartig, und kein Blatt kann zweimal verwendet werden. Evelyns Arbeiten sind landesweit in Galerien und auf Kunsthandwerksausstellungen zu sehen. In ihrem Atelier in Easthampton (Massachusetts, USA) wird sie von zwei Teilzeit-Mitarbeiterinnen unterstützt.

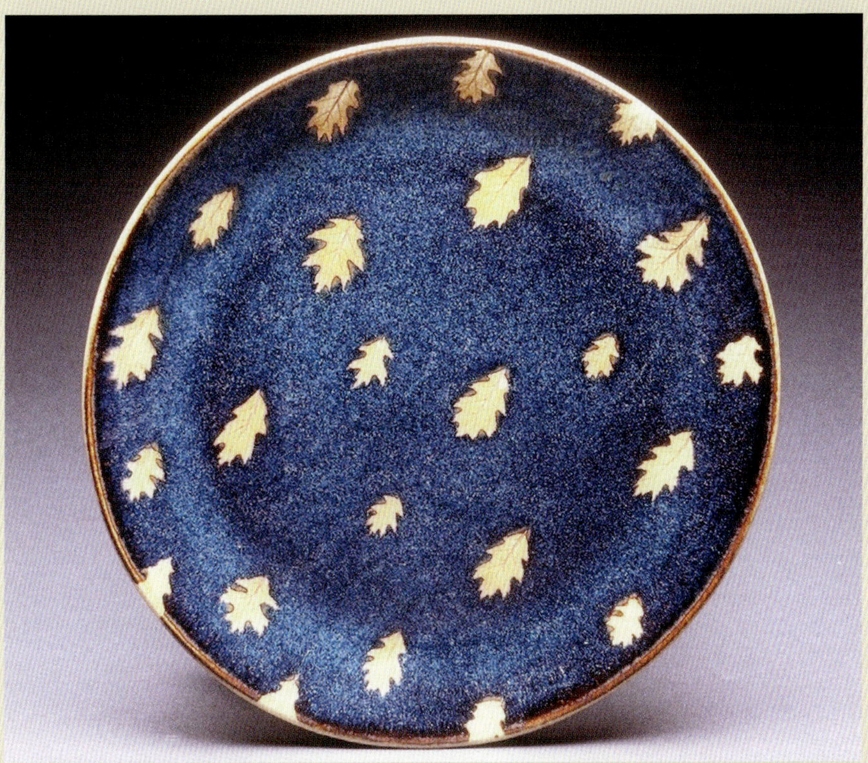

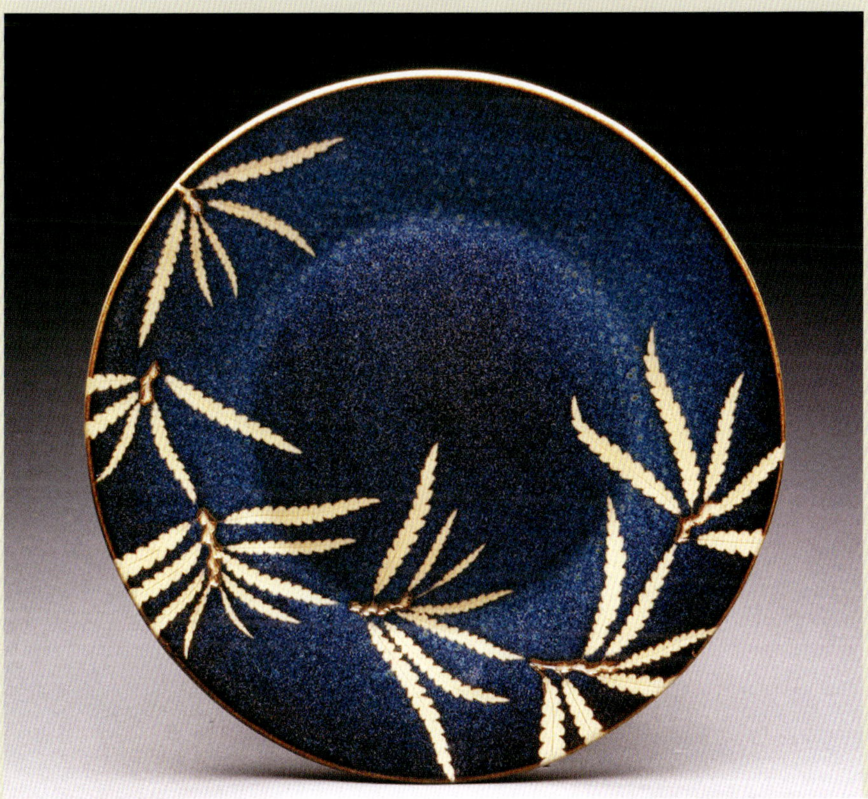

Evelyn sagt: „Wenn man Muster mit echten Blättern gestaltet, kommt es darauf an, die richtigen Blätter zu finden. Die Größe spielt eine Rolle, und es ist gar nicht so einfach, Blätter zu finden, die klein genug sind. Ich konzentriere mich meistens auf die Linienführung und den negativen Raum zwischen den Blattformen, weil mir die Ruhe gefällt, die davon ausgeht. Unruhige Muster gestalte ich nur gelegentlich. Die Verwendung echter Blätter bewirkt, dass ich eine Saisonarbeiterin bin. Im Herbst sammle ich tausende von Blättern und friere sie ein. Im Frühling erscheinen hunderte winziger, gleichmäßig großer Blätter, manchmal an einem einzigen Tag. Dann gestalte ich Designs, die an klassische Tapeten- oder Tupfenmuster erinnern – aber mit Blättern."

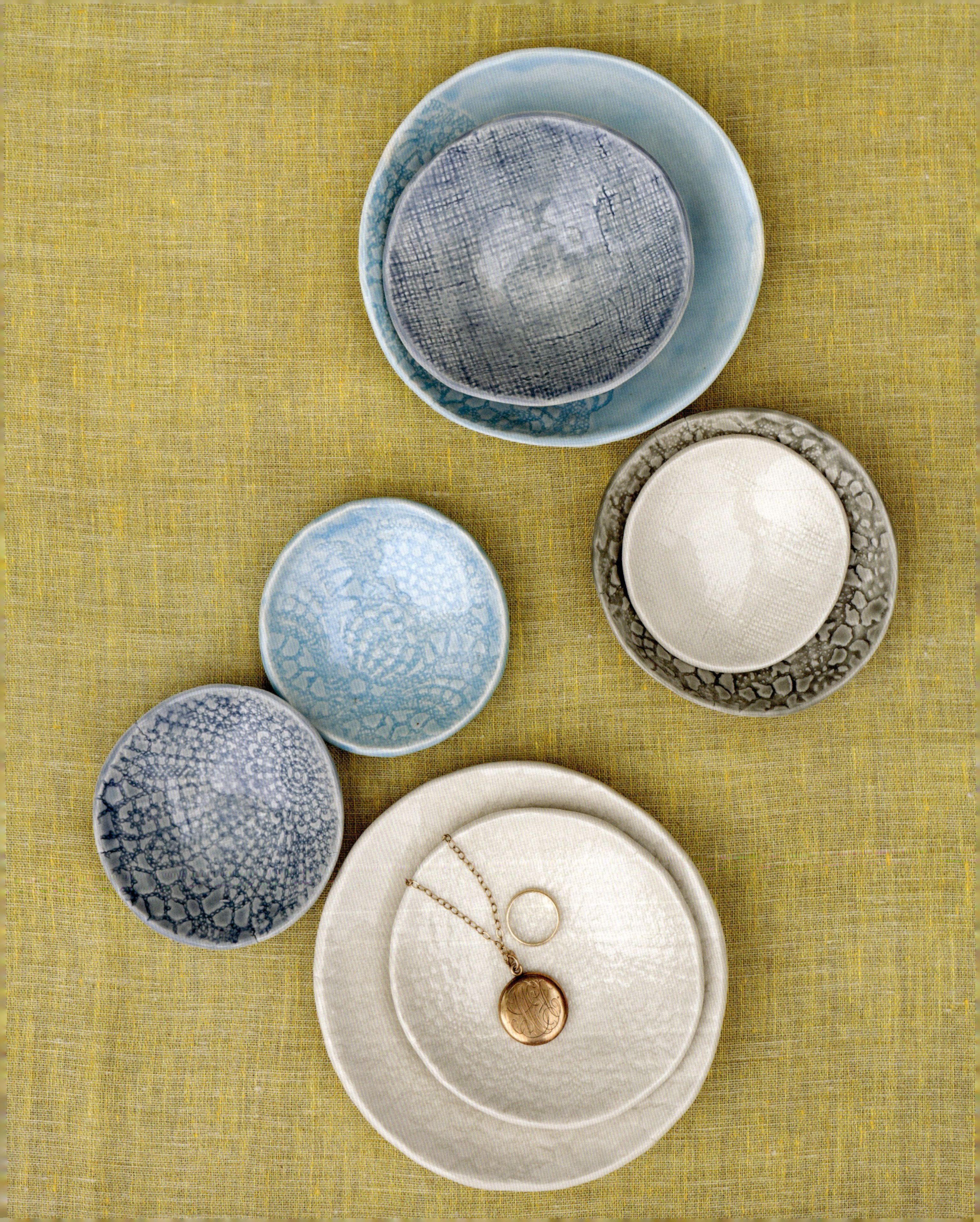

PROJEKT 7

SPITZENOPTIK

In geschmeidigen Ton lassen sich die verschiedensten Texturen eindrücken. Ich schaue mich oft auf Flohmärkten nach interessanten Materialien um, die ich dafür verwenden kann. Für dieses Projekt wird ein solcher Flohmarktfund verwendet: ein altes Spitzendeckchen. Textile Materialien eignen sich gut für die Oberflächengestaltung von Ton. Sie sind flexibel und für wenig Geld überall zu bekommen. Neben Spitze könnten Sie auch Sackleinen, Tischsets, Plastikdeckchen oder sogar Strick verwenden. Die Suche nach einem geeigneten Material ist ein spannender Teil dieser Technik.

Sie brauchen

- Rollholz, Gummiwalze oder Handwalze
- Eben lederharte Tonplatte
- Spitzendeckchen
- Runde Schablone (Seite 146) aus laminiertem Transparentpapier (Seite 53)
- Töpfernadel
- Schüssel
- Zeitungspapier
- Küchen-Scheuerschwamm
- Klare oder getönte Glasur

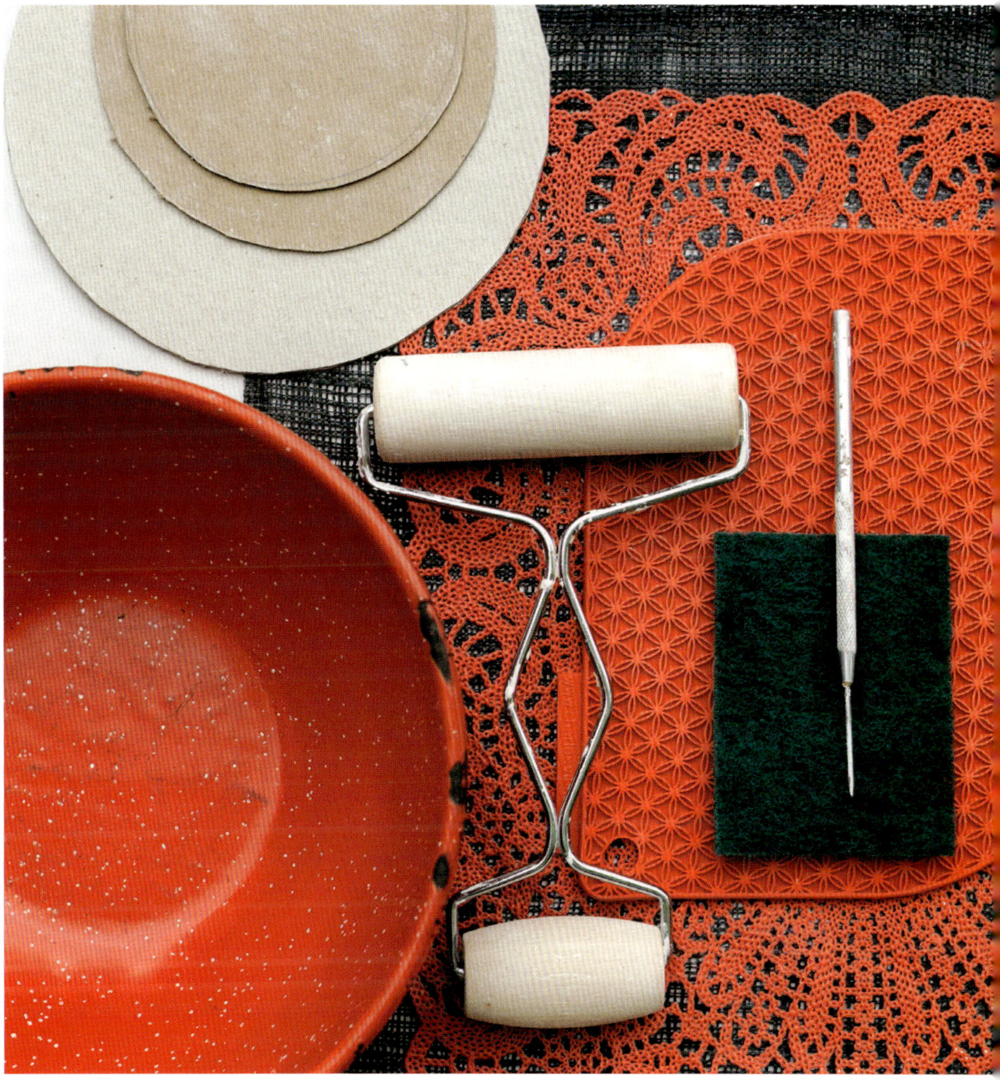

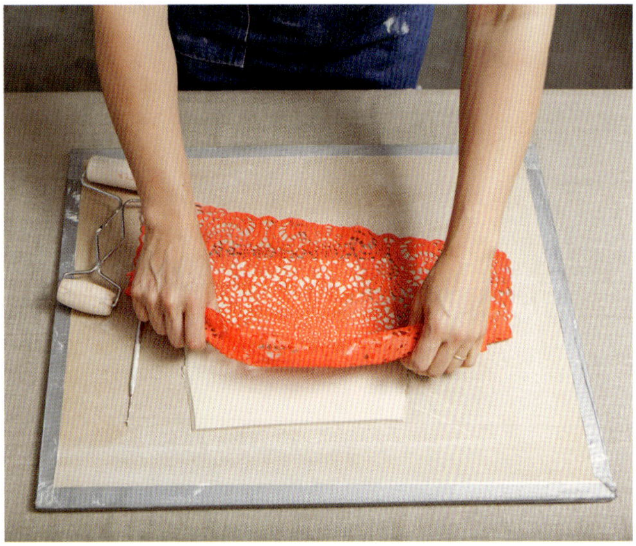

1. Mit dem Rollholz, der Gummiwalze oder der Handwalze eine Tonplatte in der Größe der Papiervorlage oder in einer Größe eigener Wahl ausrollen. Das Spitzendeckchen darauflegen. Hier wird die Herstellung einer kleinen, runden Schale gezeigt. Die runde, laminierte Papierschablone (siehe Seite 146) wird benötigt, um nach dem Eindrücken der Textur den Ton kreisförmig zuzuschneiden.

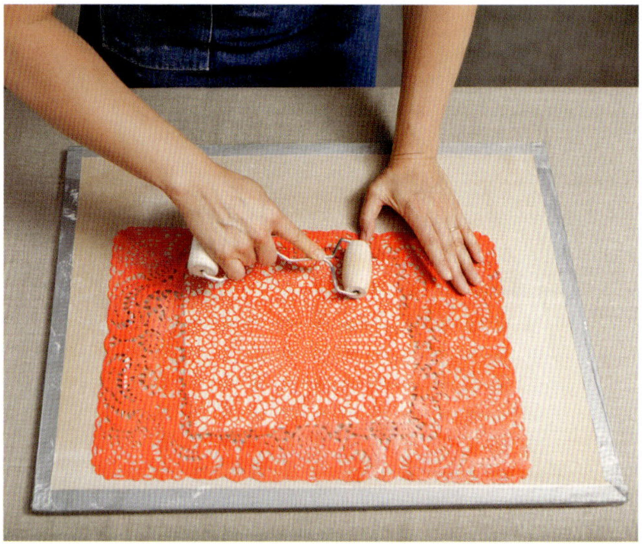

2. Das Spitzendeckchen mit einer Hand festhalten und gleichmäßig mit der Gummiwalze oder Küchenrolle darüber rollen, um es in die Tonoberfläche einzudrücken. Bei grobem Textilmaterial darf nicht zu viel Druck ausgeübt werden, sonst kann es zu tief eingedrückt werden und die Tonplatte wird instabil.

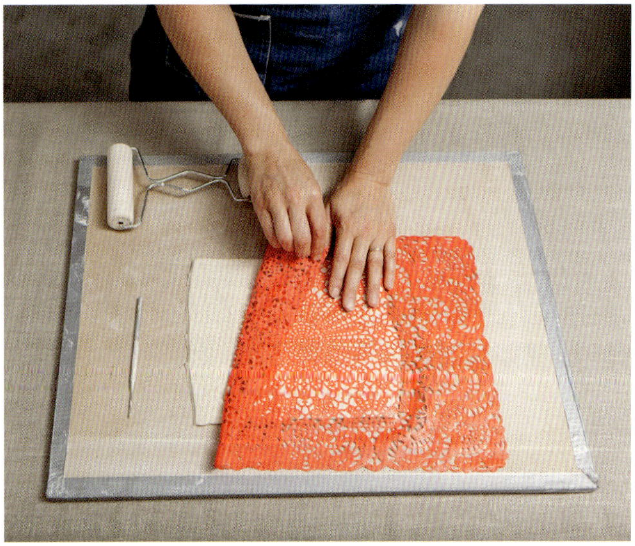

3. Das Spitzendeckchen abnehmen. Jetzt ist das Muster im Ton zu erkennen.

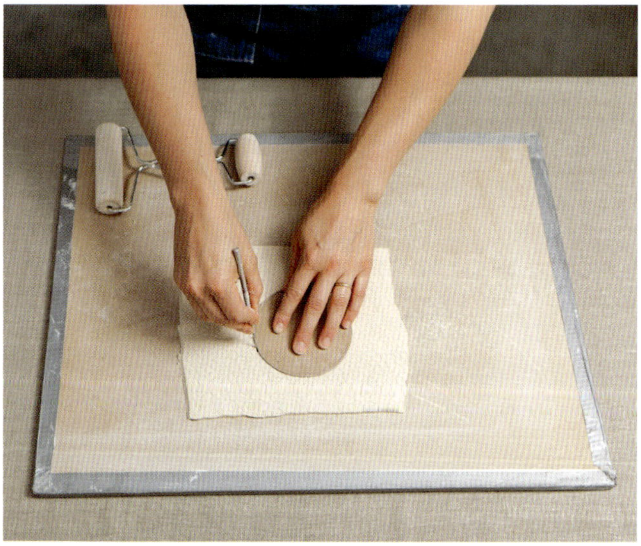

4. Die runde Papierschablone auflegen, den Umriss mit der Töpfernadel anritzen, dann sauber ausschneiden.

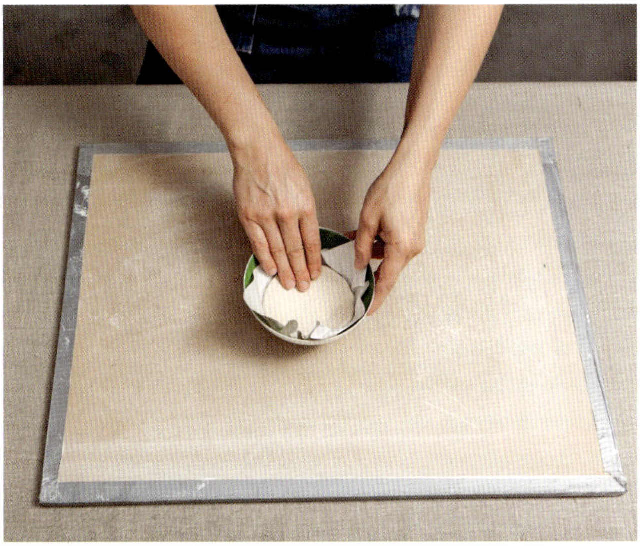

5. Die runde Platte mit den Händen vorsichtig zur Schale formen. Die raue Schnittkante wird später geglättet. Eine vorhandene Schüssel mit Zeitungspapier auslegen und die neue Tonschale hineinstellen. Die Schüssel stützt den weichen Ton, und die neue Schale kann sich während der Trocknung nicht verformen.

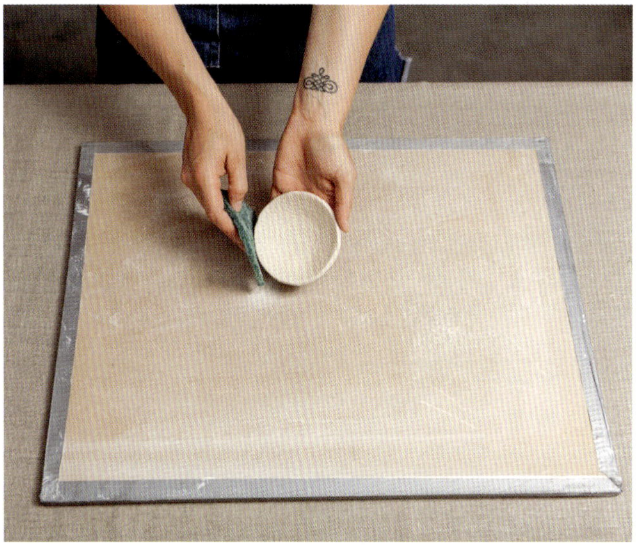

6. Wenn die Schale knochentrocken ist, wird sie aus der Schüssel genommen. Die rauen Ränder vorsichtig mit dem Scheuerschwamm glätten. Dann wird die Schale gebrannt und mit einer klaren oder getönten Glasur überzogen.

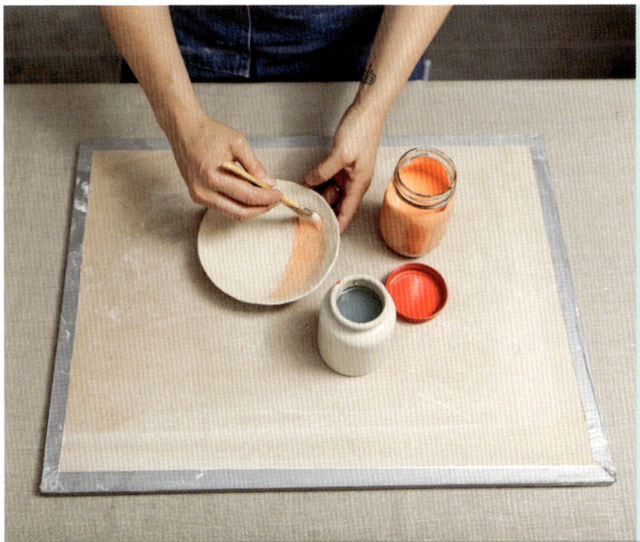

AUSPROBIEREN!

Bestreichen Sie den Ton nach dem Abnehmen des Spitzendeckchens mit einer Schicht Unterglasur. Wenn diese knochentrocken ist, wird sie vorsichtig abgeschliffen, bis der Ton zum Vorscheint kommt. Die Farbe bleibt jedoch in den eingedrückten Linien der Spitze zurück, sodass das Muster deutlicher ins Auge fällt.

BLICK ÜBER DIE SCHULTER

Sandi Pierantozzi

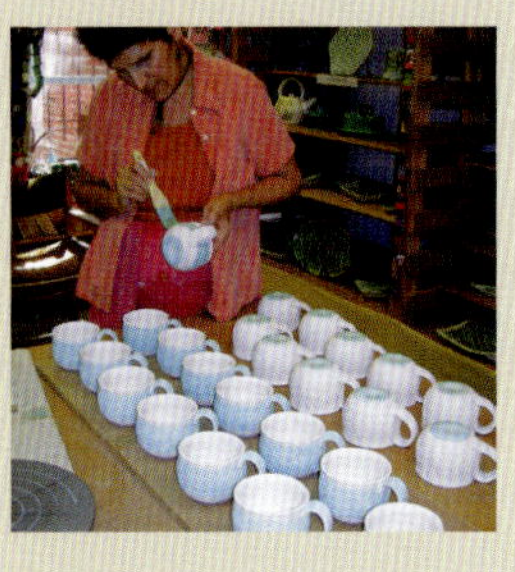

Sandi Pierantozzi betreibt ihr Studio in Philadelphia zusammen mit ihrem Partner Neil. Beide legen große Wert auf eine nachhaltige Arbeitsweise und versuchen, so viel Material wie möglich zu recyceln. Im Interesse einer positiven Kohlenstoffbilanz nutzen sie Elektrizität aus Windenergie, und den kurzen Weg von ihrem Haus zum Studio legen sie zu Fuß zurück. Sandis Arbeiten sind in vielen Ausstellungen und Sammlungen vertreten, sie selbst gehört verschiedenen Berufsgremien an und hat an Residenzprogrammen teilgenommen.

Sandi sagt: „Zurzeit arbeite ich mit verschiedenen eingeprägten Texturen und Schnitzereien, mit Oxid-Lasuren, farbiger Engobe und Schlicker. Die meisten meiner Gefäße baue ich aus Platten auf, die ich mit einem Rollholz vorbereite. Manchmal arbeite ich die Textur auf der Platte aus und forme dann einen Zylinder. Oder ich forme zuerst den Zylinder und ritze oder schnitze die Oberfläche danach. So ist es mir möglich, den weichen Charakter des Werkstoffs Ton zum Ausdruck zu bringen und ihn gleichzeitig durch die Formgebung zu beherrschen.«

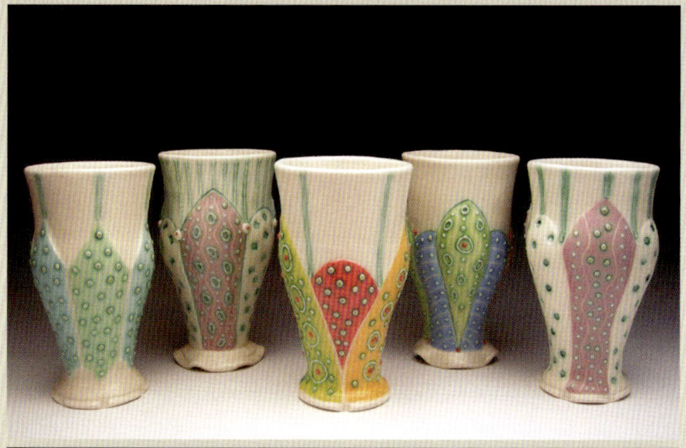

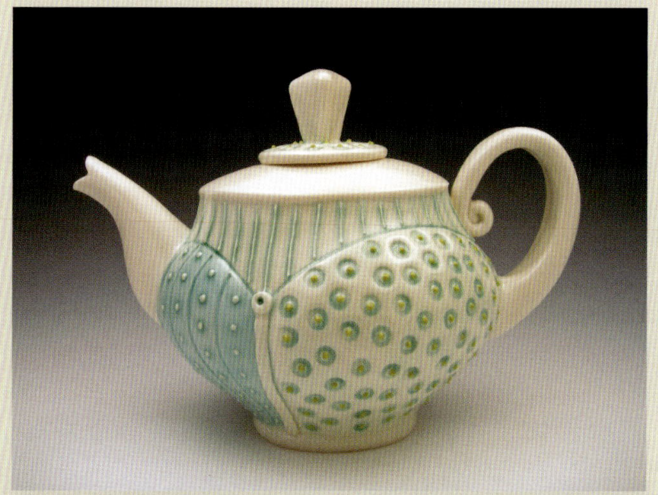

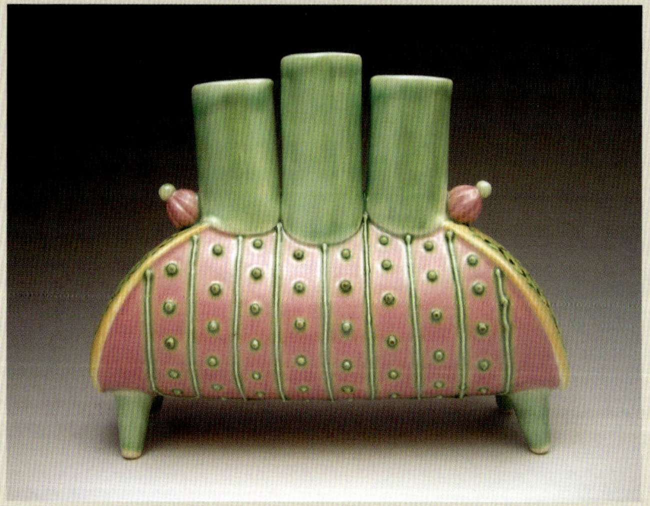

BLICK ÜBER DIE SCHULTER

Chandra DeBuse

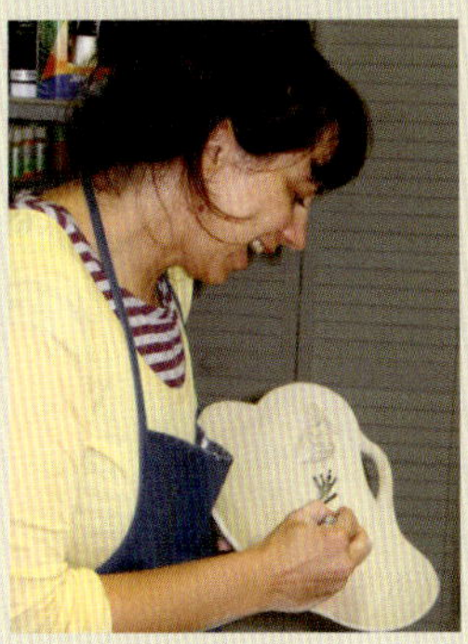

Chandra DeBuse lebt als hauptberufliche Töpferin und Ausbilderin in Kansas City (Missouri, USA). Typisch für ihre Werkstücke sind neben den Eiscremefarben die fantasievollen Motive und Muster, die ihnen eine verspielte, amüsante Note geben. Chandras Arbeiten werden landesweit ausgestellt und sie bietet häufig Workshops an.

Chandra sagt: „Ich gestalte die Oberflächen meiner Gebrauchskeramik teilweise mit reliefartigen Texturen, die zum Betasten einladen. So arbeite ich beispielsweise in die zweidimensionale Oberfläche einer Etagere ein dreidimensionales Behältnis für einen kleinen goldenen Löffel ein. Ich betrachte meine als Landschaften, die mit handgemalten Figuren bevölkert sind, und möchte die Benutzer einladen, mit ihren Fingern darauf spazieren zu gehen und sie zu erkunden. So können Sie das Wesen jedes Werkstücks allein dadurch erfassen, dass sie es in die Hand nehmen."

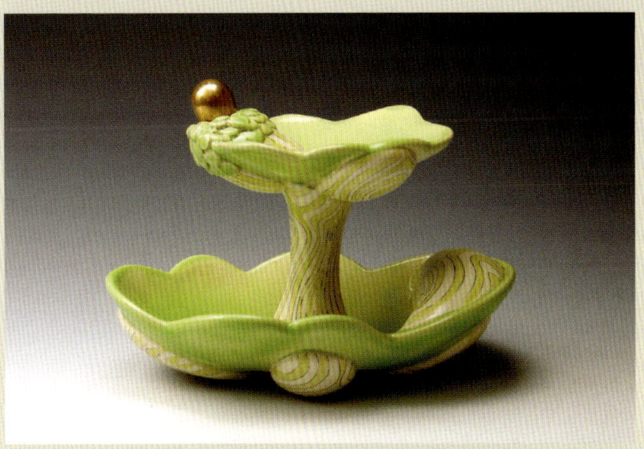

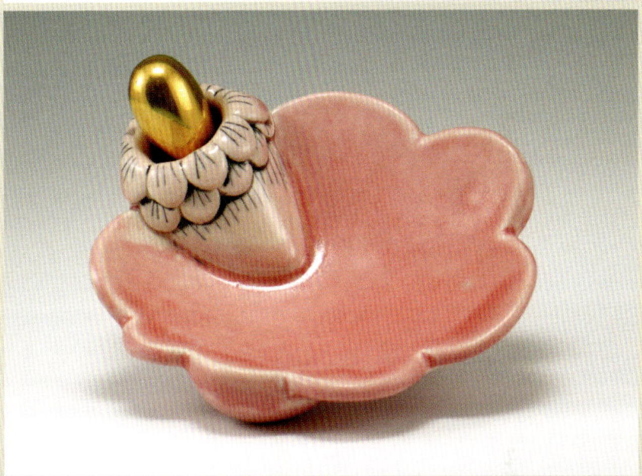

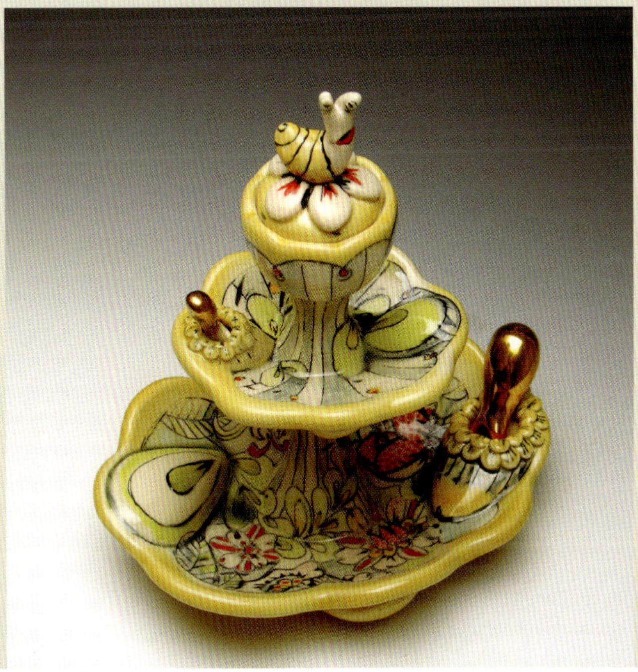

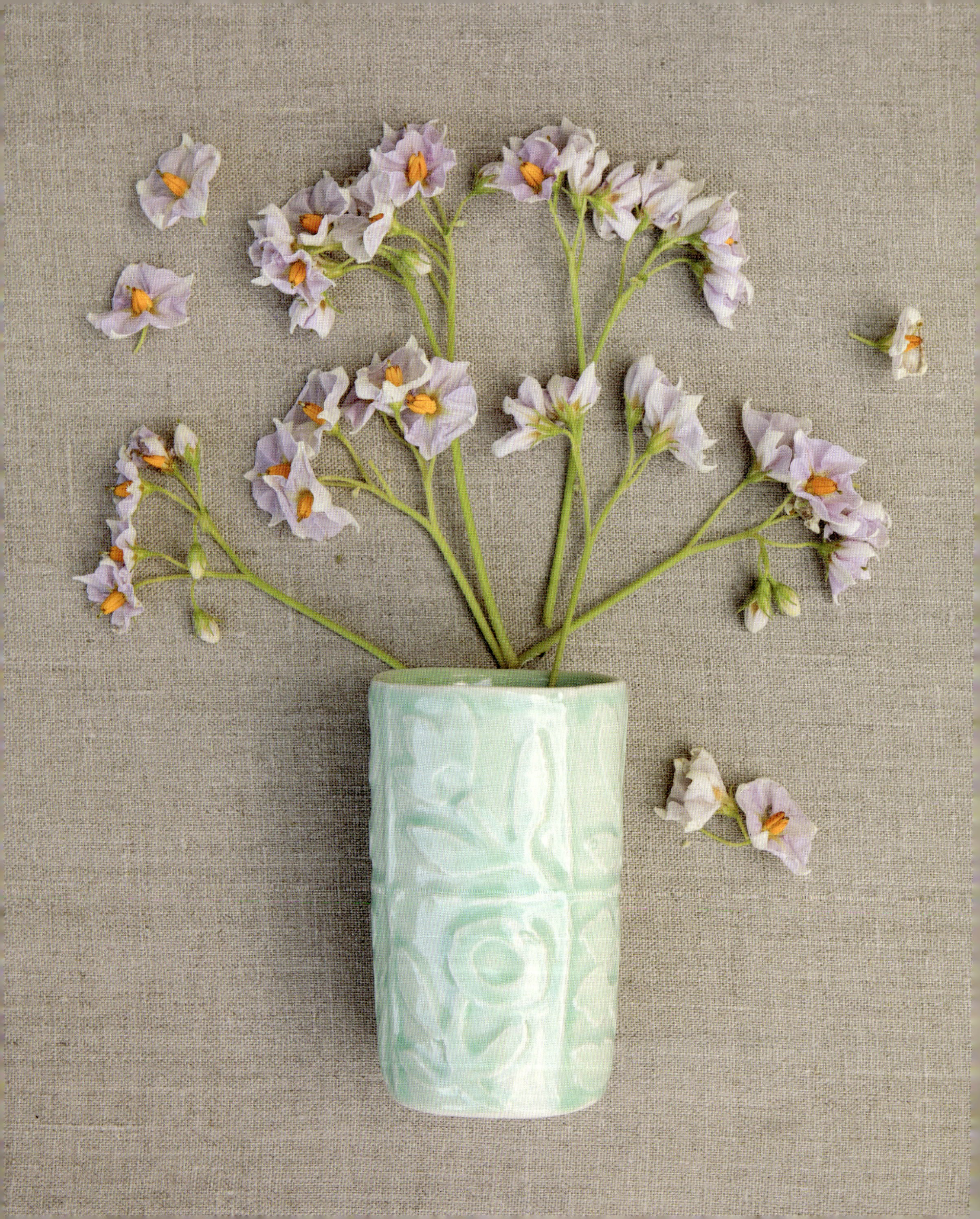

PROJEKT 8

ABDECKEN MIT SCHELLACK

Diese Technik zeige ich in Seminaren besonders gern, weil es so spannend ist, die Tonoberfläche abzuwischen und zu entdecken, welche Textur durch den Schellack entstanden ist. Schellack trocknet schnell, darum muss man zügig arbeiten. Für die Endbehandlung eignet sich eingetönte Klarglasur hervorragend, weil sie sich in den Vertiefungen der Oberfläche sammelt. Durch atmosphärischen Brand mit Holz oder Salz kommen die Texturen besonders gut zum Ausdruck. Die Schellack-Technik lässt sich gut mit anderen Methoden kombinieren, die in diesem Buch vorgestellt werden.

Sie brauchen

- Laminierte Transparentpapier-Transfervorlage (Seite 53) der Projektvorlage (Seite 147)
- Ritzwerkzeug
- Lederharte Tonoberfläche
- Schellack
- Dünne Pinsel
- Reinigungsalkohol
- Schwamm
- Eimer mit Wasser
- Klare Glasur

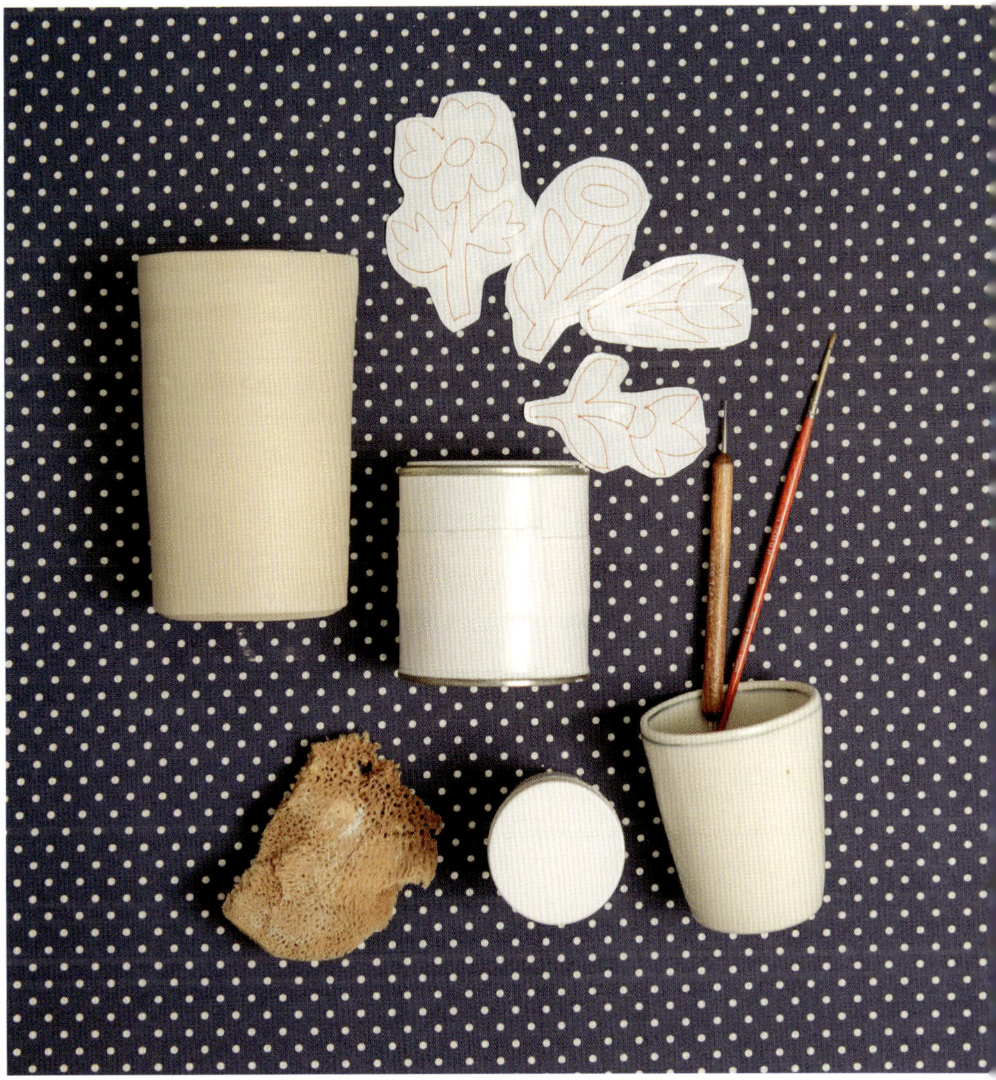

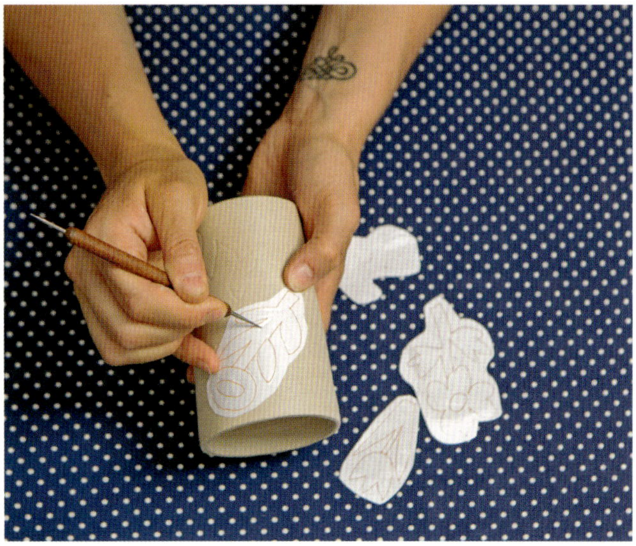

1. Zuerst das Motiv mit einer Transfervorlage und einem Ritzwerkzeug auf die lederharte Tonoberfläche übertragen. Alternativ können Sie ein Motiv aus freier Hand ritzen.

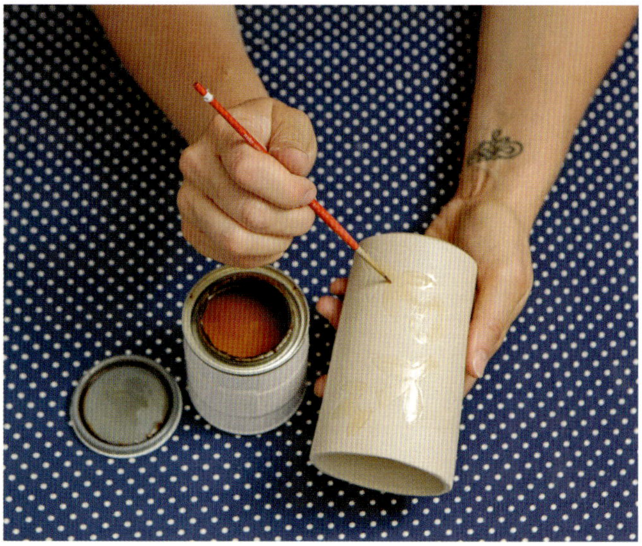

2. Den Schellack gut schütteln und mit einem dünnen Pinsel nur im Bereich des geritzten Motivs auftragen. Nicht über die Konturen hinausmalen. Überall dort, wo der Schellack aufgetragen wird, entsteht später eine plastische Textur.

PANNENHILFE

Beim Abwischen kann es passieren, dass der Schellack sich löst. Wischen Sie mit geringem Druck und einem gut angefeuchteten Schwamm, dann ist dieses Risiko geringer. Selbst wenn Schellack sich trocken anfühlt, ist er nicht immer ganz ausgehärtet. Das kann vorkommen, wenn er nicht gut aufgeschüttelt wird, oder wenn sich in den Pinselhaaren noch Reste von Alkohol befinden. Arbeiten Sie darum mit einem trockenen, sauberen Pinsel und lassen Sie den Schellack gründlich trocknen, bevor Sie mit dem Wischen beginnen. Die Trocknungsdauer hängt vom Feuchtigkeitsgehalt des Werkstücks und von der Luftfeuchtigkeit in der Werkstatt ab. Normalerweise sollten aber 10 bis 15 Minuten ausreichen.

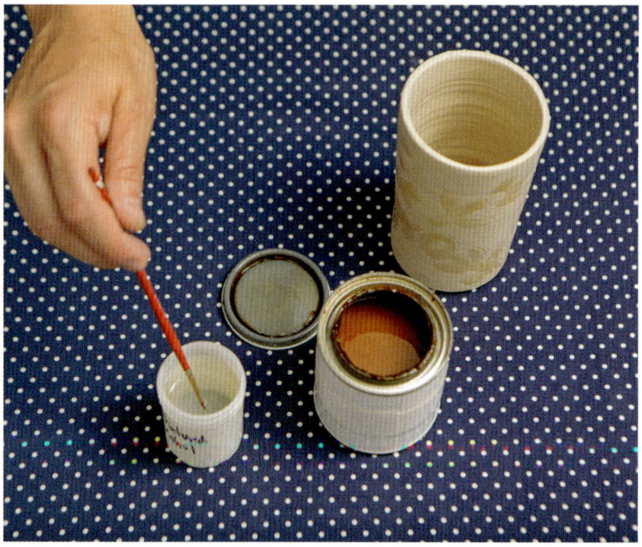

3. Den Schellack trocknen lassen, bis er sich nicht mehr klebrig anfühlt. Den Pinsel sofort nach der Arbeit in Reinigungsalkohol stellen oder darin auswaschen, damit seine Haare nicht verkleben.

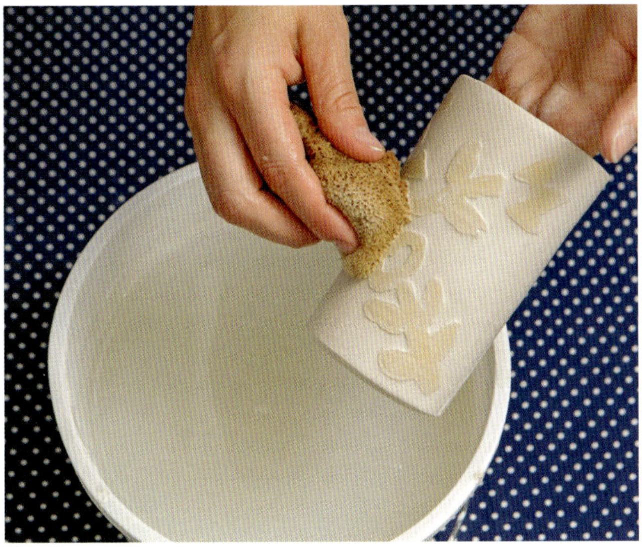

4. Wenn sich der Schellack trocken anfühlt, wischen Sie die Oberfläche mit einem mit Wasser gesättigten Schwamm ab. Halten Sie das Werkstück dabei über einen Eimer, dann brauchen Sie später kein Tropfwasser aufzuwischen.

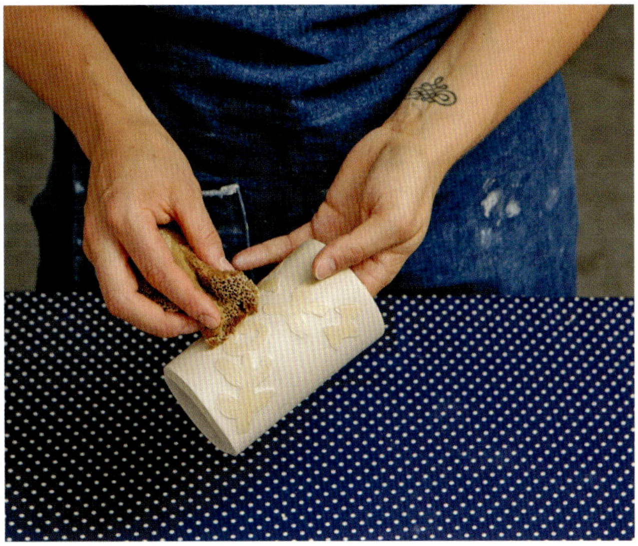

5. Wischen Sie, bis sich das mit Schellack bestrichene Motiv reliefartig von der Oberfläche abhebt – aber nicht länger, sonst kann sich der Schellack lösen. Nach einigen Versuchen werden Sie ein Gefühl dafür entwickeln, wie sich der Schellack verhält. Das Werkstück trocknen lassen, brennen und klar glasieren.

AUSPROBIEREN!

Sie können die lederharte Gefäßoberfläche zuerst mit einigen Schichten Schlicker oder Unterglasur bestreichen und erst danach das Motiv übertragen oder aus freier Hand ritzen. Wenn Sie das Werkstück später abwischen, wird die Farbe unter dem Schellack nicht entfernt. So entsteht eine Optik, die an Sgraffito erinnert. Auf diese Weise lassen sich größere Motivbereiche gestalten, die in einem zweiten Arbeitsgang mit Details verziert werden können. Versuchen Sie auch einmal, Linien in die Schellackschicht zu ritzen.

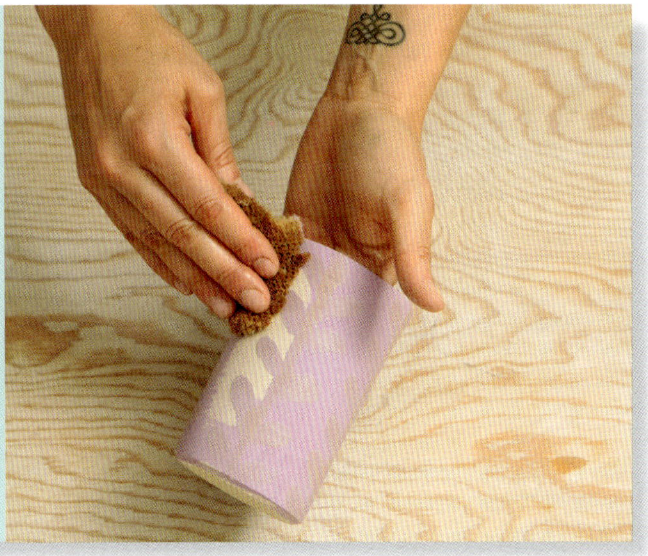

BLICK ÜBER DIE SCHULTER

Andy Shaw

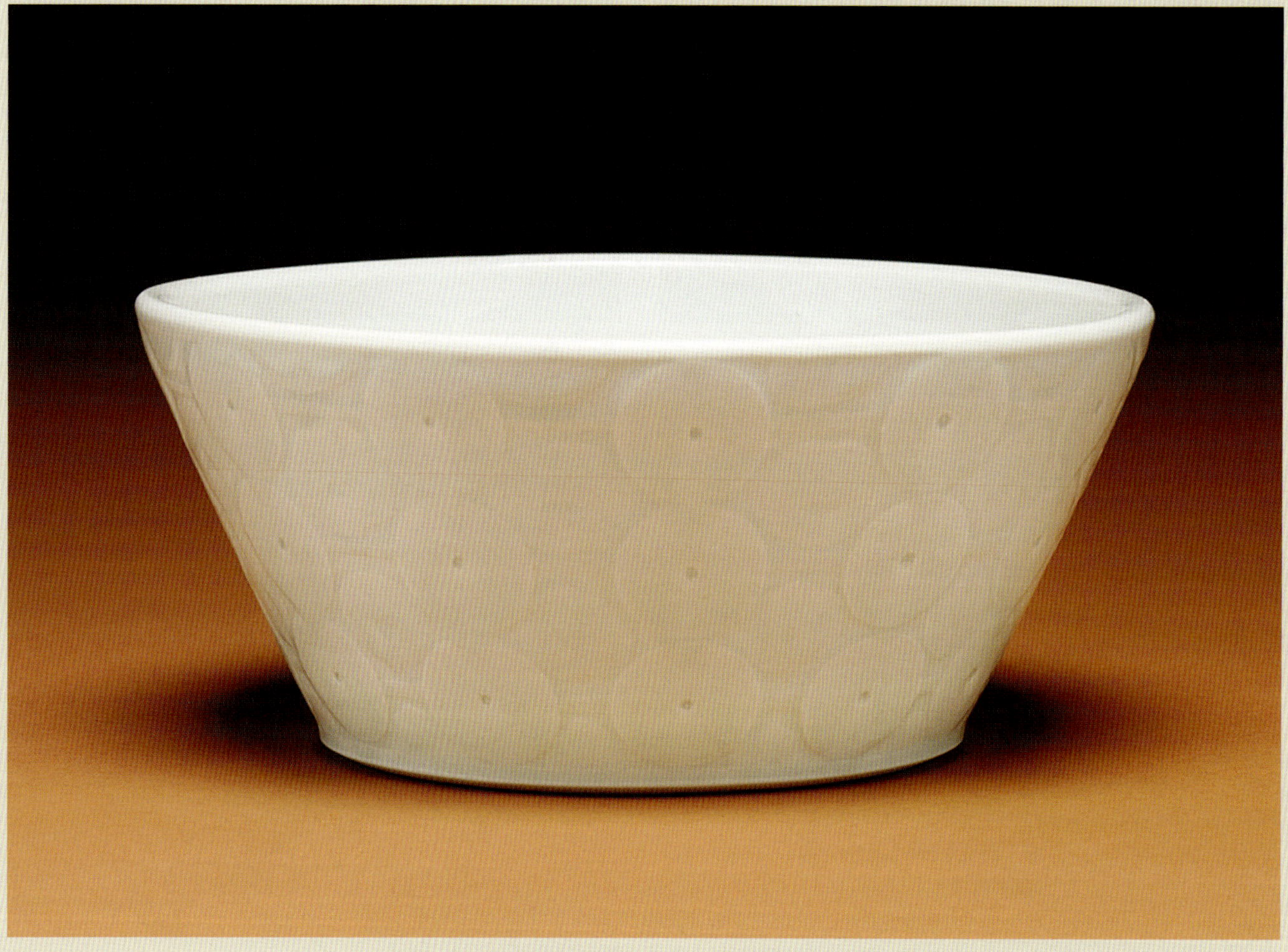

Nach einem Studium der Geschichte hat Andy Shaw den Master am New York State College of Ceramics der Alfred University erworben. Zurzeit ist er als Dozent an der Louisiana State University beschäftigt. Sein Geschirr wurde mit vielen Preisen ausgezeichnet und auf Ausstellungen in den USA sowie in jüngerer Vergangenheit auch in Australien und Korea gezeigt. Viele nationale und internationale Museen haben Stücke für ihre Sammlungen erworben. Andy hat landesweit Seminare geleitet und wurde kürzlich ins McKnight-Residenzprogramm des Northern Clay Center in Minneapolis aufgenommen.

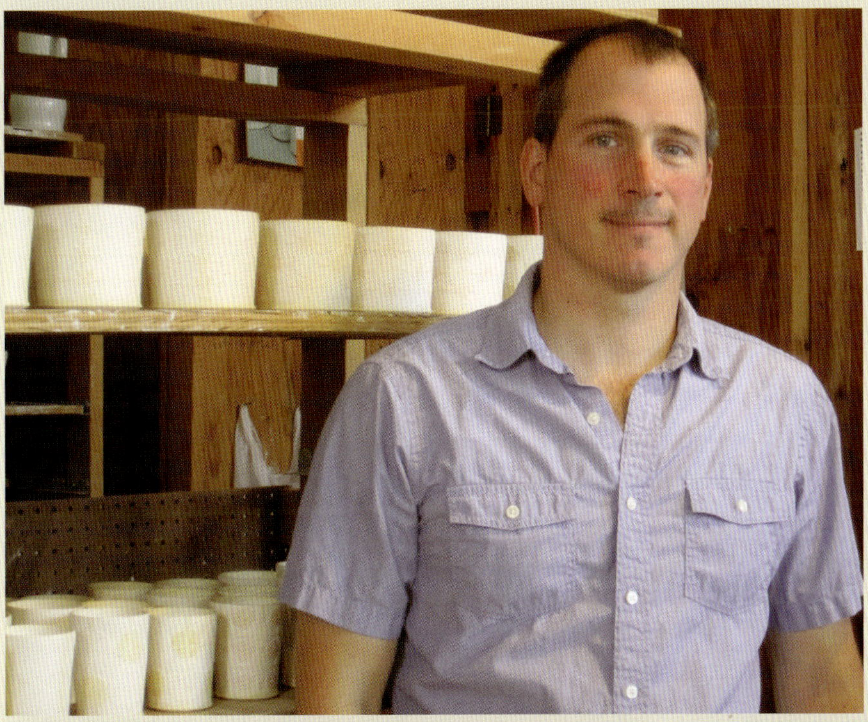

Andy erklärt: „Für die Kompositionen auf meinen Keramikoberflächen streiche ich Wachs als Abdeckung auf den knochentrockenen Porzellanton und wische dann leicht mit einem nassen Schwamm darüber. Das Wasser im Schwamm löst den nicht abgedeckten Ton an, und der Schwamm selbst entfernt die gelösten Partikel. So entsteht ein sehr subtiler Reliefcharakter. Die Seladonglasur sammelt sich in den Tälern, sodass die Oberfläche wie gezuckert aussieht. Für diese Serie arbeite ich ausschließlich mit Porzellan und einer Glasur aus der Seladon-Familie."

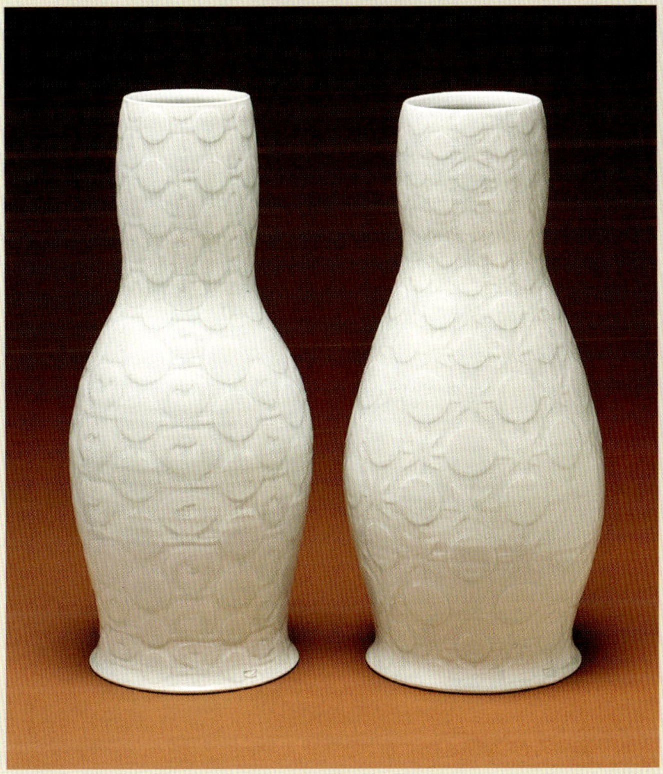

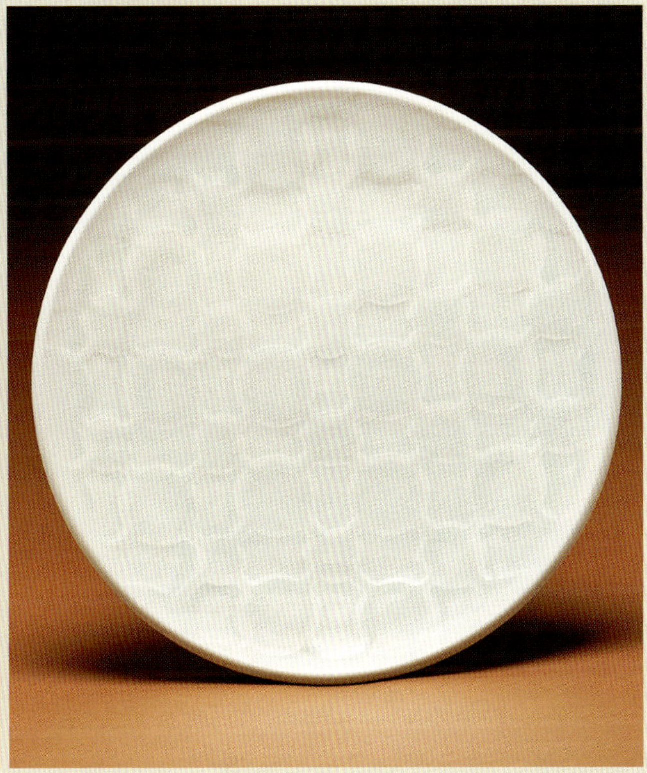

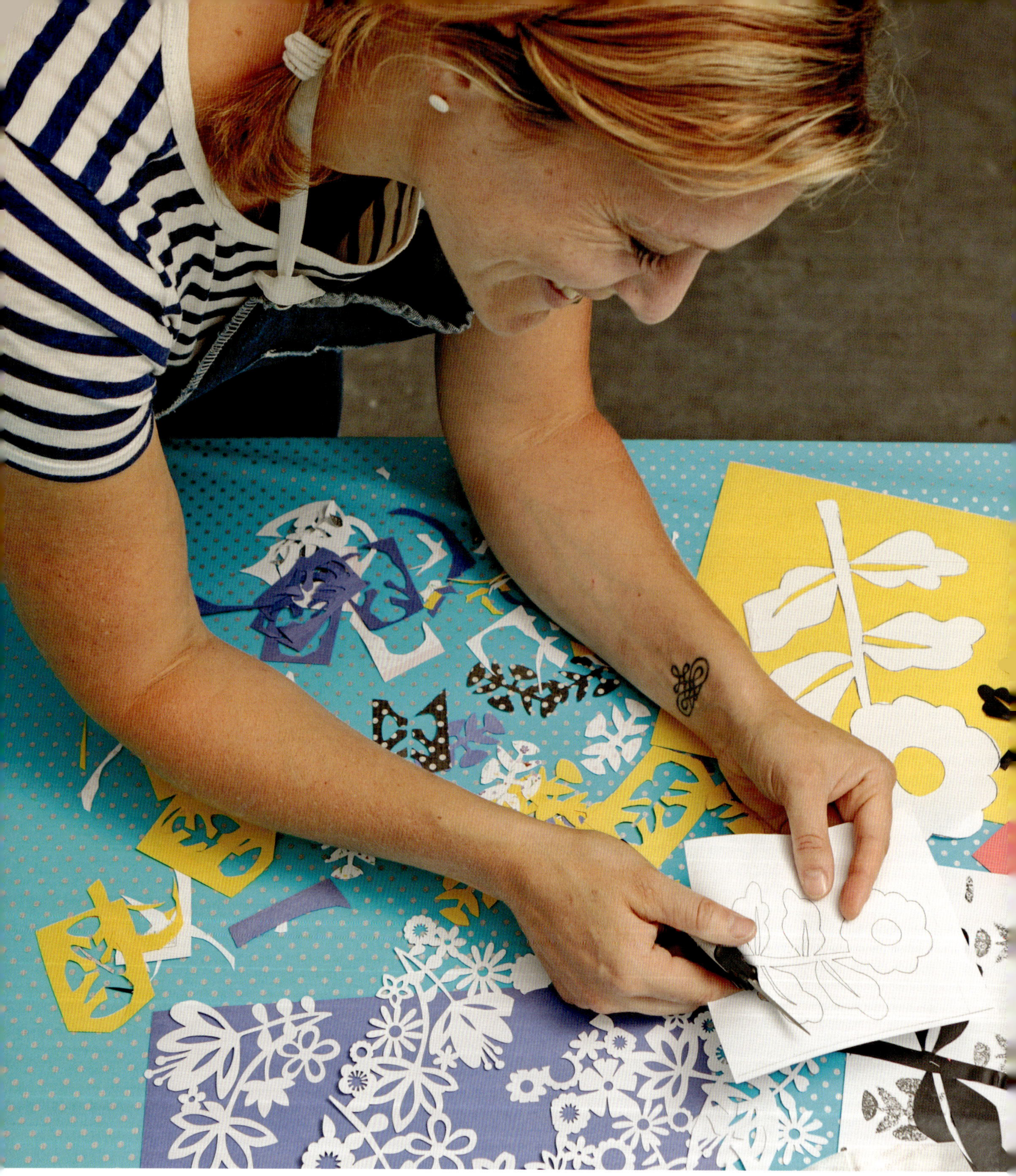

6

FORM

Beim Malen und Zeichnen auf einem zweidimensionalen Grund ist der Umgang mit positivem und negativem Raum ein wichtiges Werkzeug, um Bilder – oder genauer genommen Objekte – plastisch herauszuarbeiten. Wendet man auf keramischen Oberflächen Techniken wie Farbblöcke oder Schablonen an, lassen sich in größere und kleinere Formelemente gliedern, sodass Muster oder Bilder entstehen, In diesem Kapitel werden verschiedene Methoden gezeigt, mit denen sich auf keramischen Oberflächen größere Farbflächen gestalten lassen, beispielsweise durch Farbblöcke oder Abdeckung mit Zeitungspapier. Dabei wird deutlich, wie Formelemente dazu beitragen können, dass die Oberfläche interessanter wirkt.

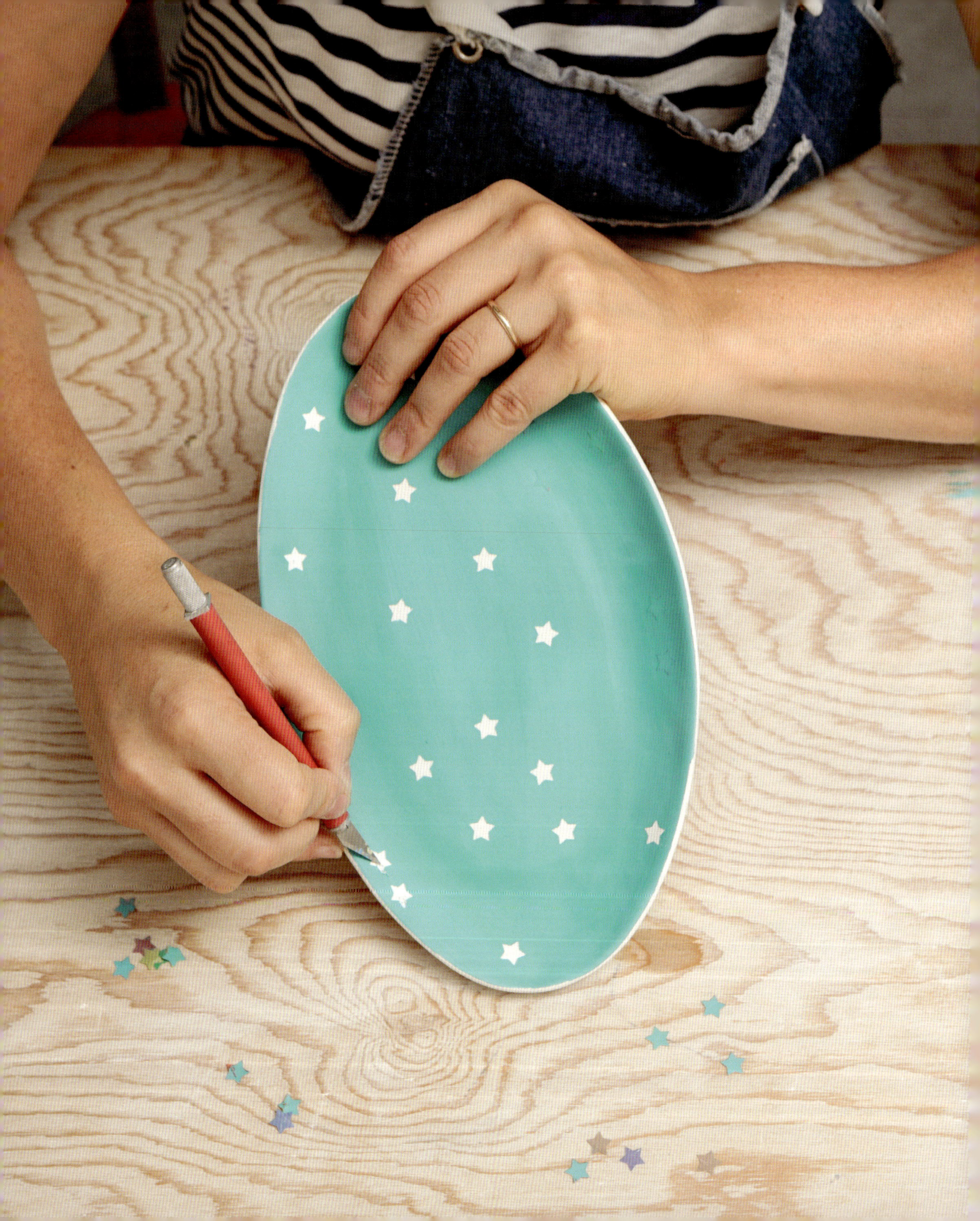

PROJEKT 9

ABKLEBEN MIT STICKERN

Irgendwann habe ich entdeckt, dass sich mit runden Aufklebern perfekte Punktmuster auf Tonoberflächen gestalten lassen. Da ich relativ große Mengen produziere, war diese einfache, schnelle und zuverlässige Methode optimal für mich. Natürlich können Sie die Technik auch mit Stickern in anderen Formen umsetzen, die es – speziell seit Scrapbooking in Mode ist – für wenig Geld in großer Auswahl zu kaufen gibt. Wer mag, kann sich sogar Sticker nach eigenen Angaben fertigen lassen.

Sie brauchen

- Feuchten Schwamm
- Gebrannte, unglasierte Keramikoberfläche
- Feines Schleifpapier (bei Bedarf)
- Sticker; Pinsel, 2,5 cm breit
- Unterglasur
- Cutter oder Ritzwerkzeug mit Speerspitze
- Staubschutzmaske
- Klare oder getönte Glasur

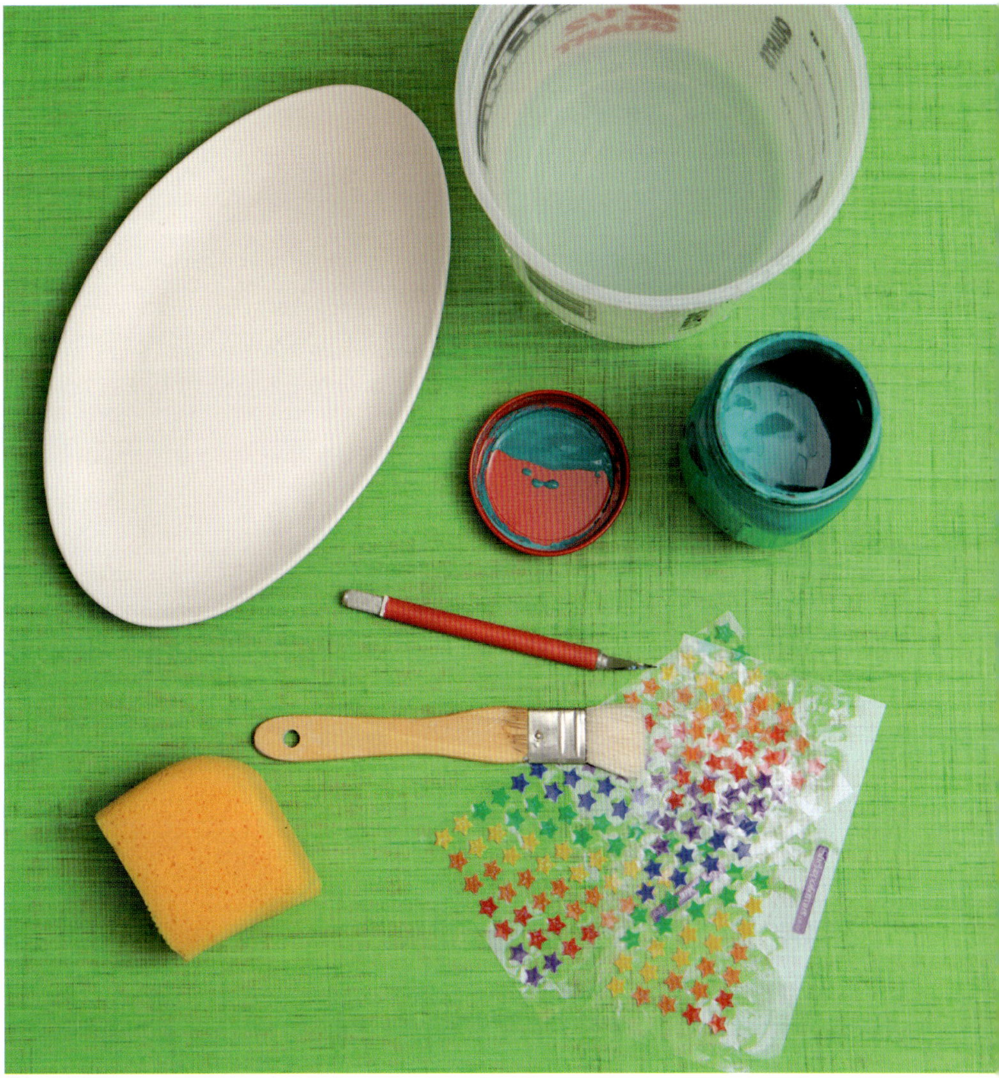

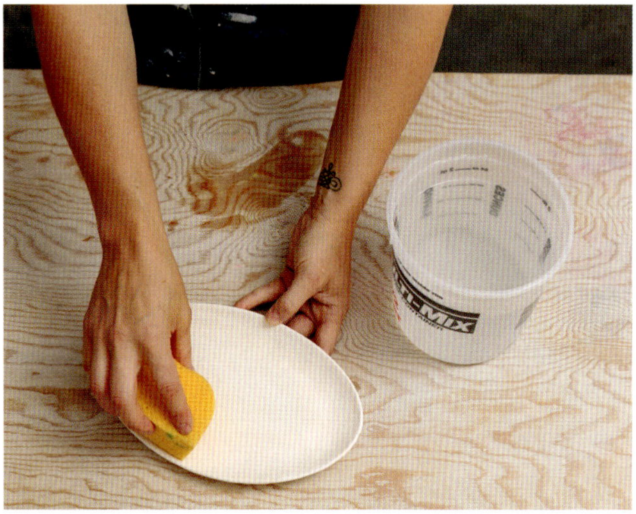

1. Die Oberfläche des geschrühten Keramikwerkstücks mit einem feuchten Schwamm abwischen, um Staub zu entfernen. Falls Rillen vom Drehen vorhanden sind, werden diese mit feinem Schleifpapier geglättet, damit an diesen Stellen keine Unterglasur unter die Aufkleber dringen kann. Dadurch würde das anschließende Bereinigen der Konturen mühsam.

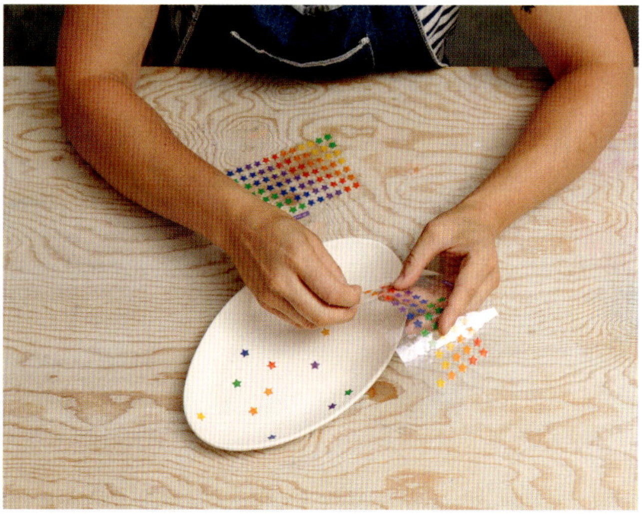

2. Die Sticker in beliebiger Anordnung auf die Tonoberfläche kleben. Wenn die Unterglasur aufgetragen wird, wirken sie wie kleine Schablonen. Probieren Sie verschiedene Anordnungen aus, arbeiten Sie mit unterschiedlichen Stickern oder setzen sie mehrere zu einer größeren Form zusammen.

TIPP

Für diese Technik können Sie Sticker aller Art verwenden. Ich habe es mit glänzenden Punkten aus Plastik versucht, aber auch mit Glitzerstickern aus dem Fundus meiner Tochter. Manche Sticker hinterlassen beim Ablösen Klebstoffrückstände auf der Tonoberfläche, an denen die Glasur nicht so gut haftet. . Geben Sie auf solche Stellen einfach einen Tupfer Glasur, und massieren Sie ihn vorsichtig in die Oberfläche ein, um sie zu versiegeln. Bei mir hat es immer funktioniert.

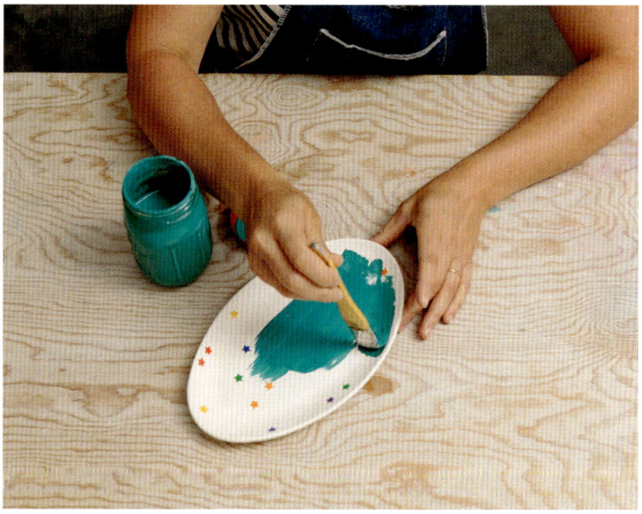

3. Wenn die Sticker aufgeklebt sind, tragen Sie mit einem 2,5 cm breiten Pinsel 1–3 Schichten Unterglasur auf die gesamte Fläche auf. Gut trocknen lassen, auch auf den Stickern. Das ist wichtig, damit sie sich später sauber entfernen lassen.

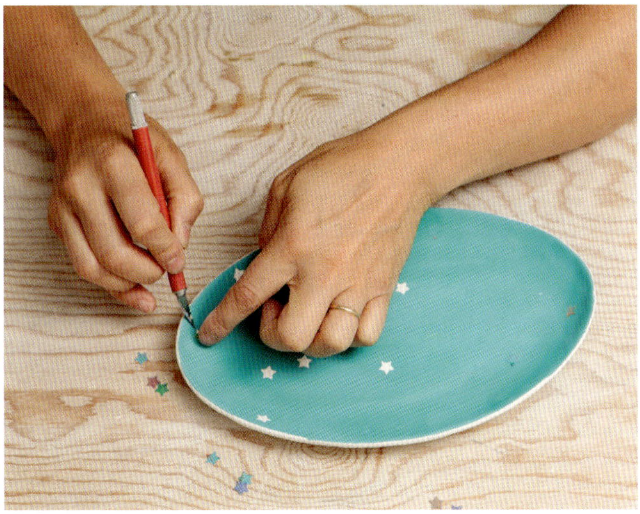

4. Die Sticker vorsichtig entfernen. Dazu mit der Spitze eines Cutters oder Ritzwerkzeugs mit Speerspitze in den Sticker stechen, um ihn anzuheben. Ganz einfach. Versuchen Sie nicht, die Sticker mit den Fingern zu entfernen, sonst kann die Unterglasur verwischen und die Konturen der Motive werden unsauber.

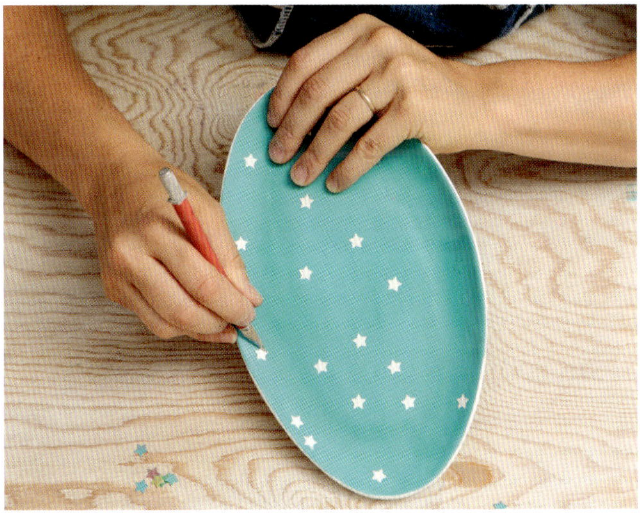

5. Normalerweise müssen an einigen Stellen, an denen die Sticker nicht perfekt am Ton gehaftet haben, die Konturen nachbearbeitet werden. Unterglasur, die unter die Stickerränder gequollen ist, können Sie leicht mit der Spitze eines Cutters oder einem Ritzwerkzeug mit Speerspitze abschaben. Dabei entsteht Staub, darum sollten Sie eine Atemschutzmaske tragen.

6. Zuletzt wird das Werkstück mit klarer oder getönter Glasur überzogen.

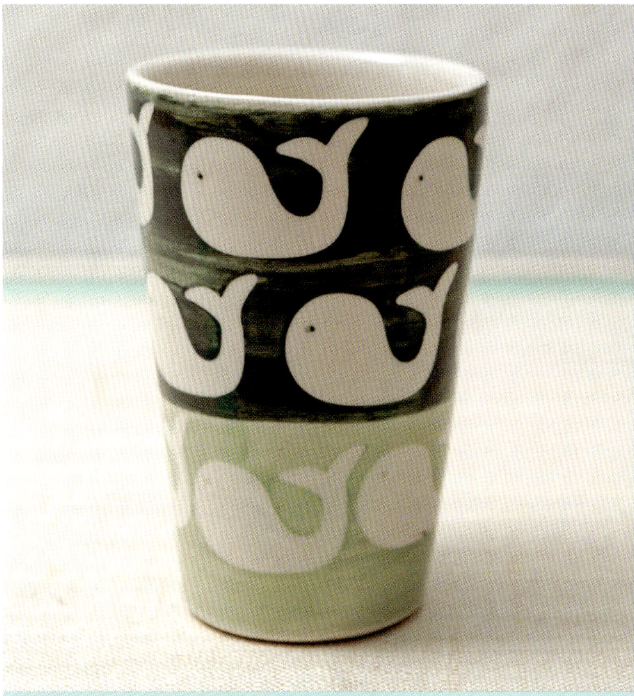

AUSPROBIEREN!

Mit Stickern lassen sich auch gemusterte Blockstreifen gestalten. Nach dem Aufkleben der Sticker nur einen Streifen des Werkstücks mit Unterglasur bestreichen. Trocknen lassen und den angrenzenden Bereich mit Unterglasur in einer anderen Farbe bestreichen. Wieder trocknen lassen, dann alle Sticker entfernen. Solche Muster können bezaubernd aussehen.

BLICK ÜBER DIE SCHULTER

Heather Mae Erickson

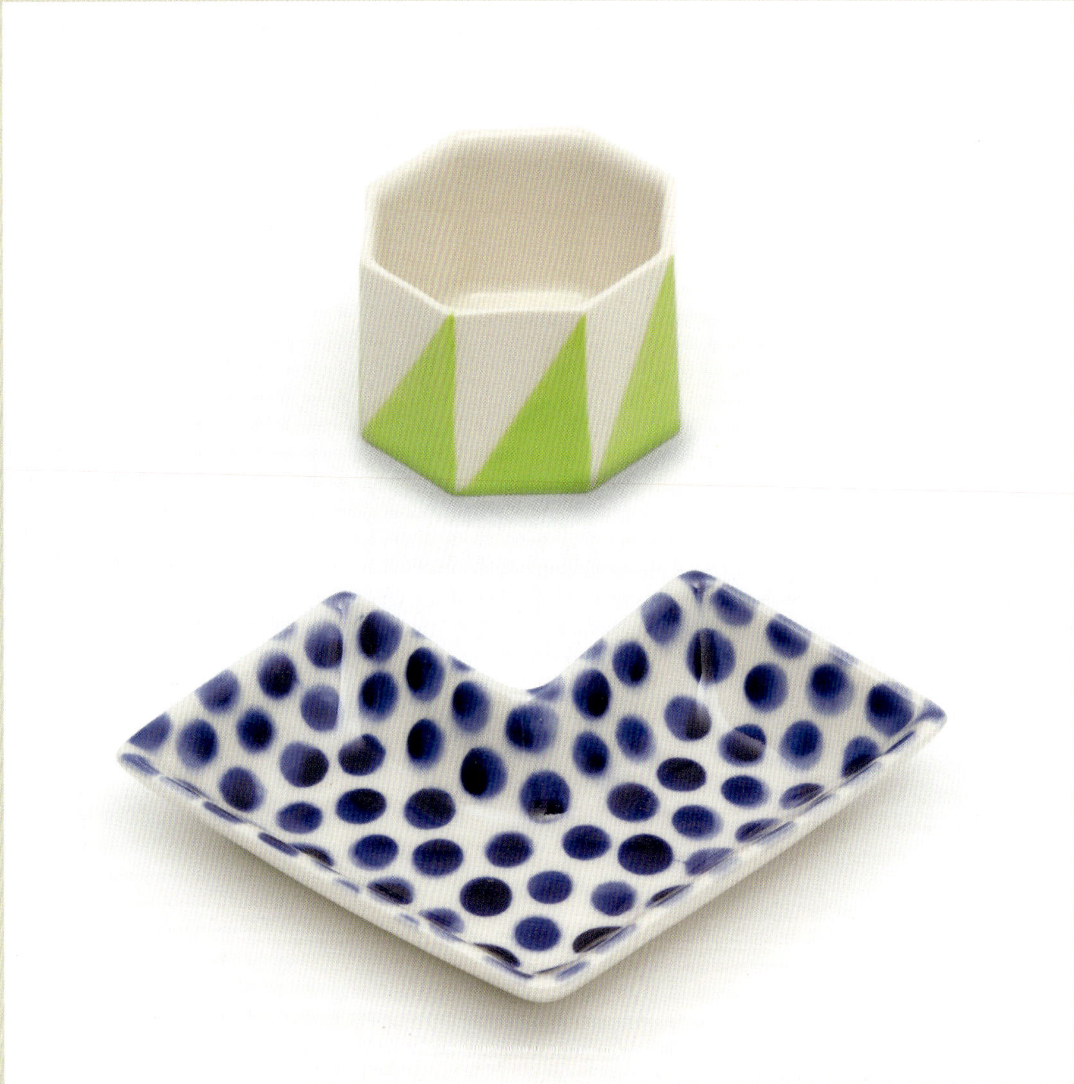

Heather Mae Erickson ist Künstlerin, Kunsthandwerkerin und Designerin. Sie erwarb ihren Master in künstlerischer Keramik an der Cranbrook Academy of Art und erhielt ein Fulbright-Stipendium, um unabhängige Studien an der Aalto Universität in Helsinki durchzuführen. Ihre Arbeiten sind in Ausstellungen und Sammlungen in aller Welt vertreten. Sie wurde mit zahlreichen Preisen ausgezeichnet, darunter dem Ersten Platz beim Horizon Award des Museum of Art and Design in New York. Heather lebt in Sylva (North Carolina, USA) und arbeitet als Dozentin für Keramik an der Western Carolina University in Cullowhee.

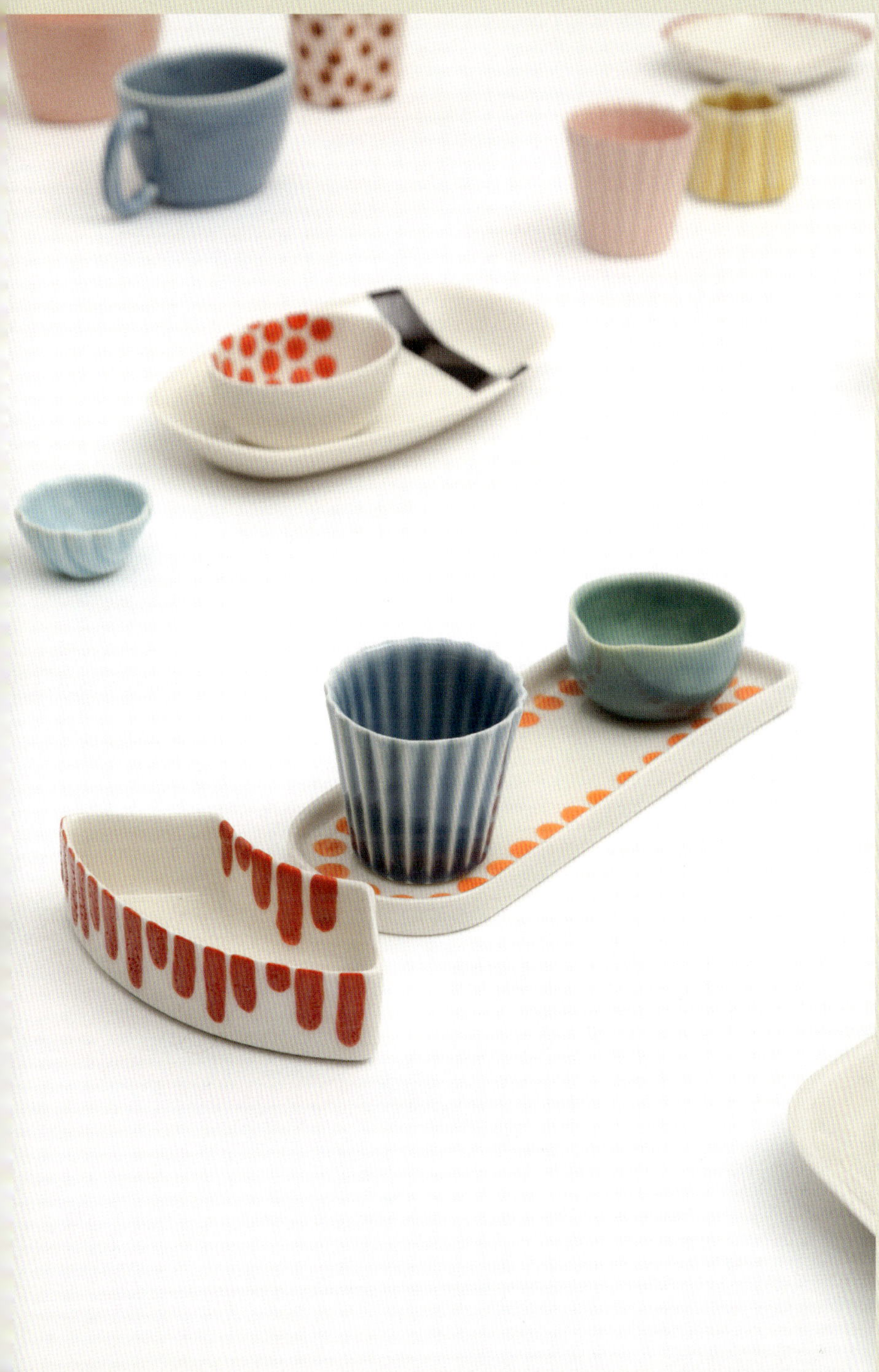

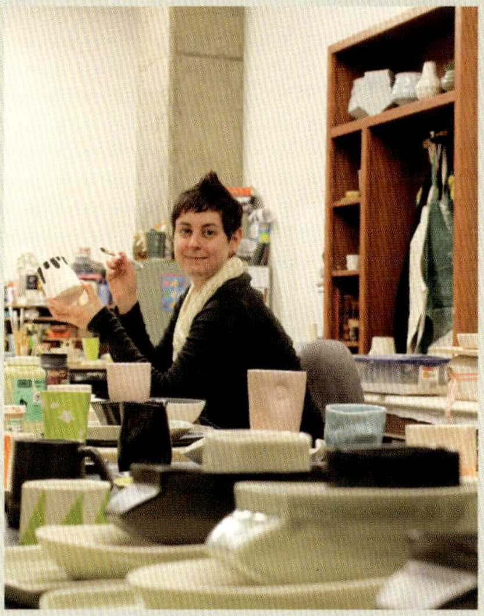

Heather sagt: „Ich arbeite mit verschiedenen Tonen, Brennmethoden und Techniken der Oberflächendekoration. Dadurch sind meine Arbeiten so vielgestaltig. Bei der Farbgebung bevorzuge ich kräftige Pastellfarben. Ich arbeite mit manuell oder maschinell zugeschnittenen Schablonen auf ungebranntem Ton, mit Schwammtechniken auf ungebrannten und gebrannten Oberflächen, mit Stickern auf Gebranntem Ton und mit Vinylklebeband in verschiedenen Breiten auf ungebranntem. Mir gefällt gerade die Vielseitigkeit der Methoden, weil sie den handwerklichen Aspekt der Oberflächengestaltung zum Ausdruck bringt. Es freut mich, wenn Menschen meine Arbeiten aus der Distanz für makellos halten und dann beim genauen Hinsehen die kleinen Unterschiede in den Tupfen oder Mustern entdecken. Für die gemusterten und einfarbigen Stücke verwende ich meist Schlicker, Unterglasur oder Pulverfarben.«

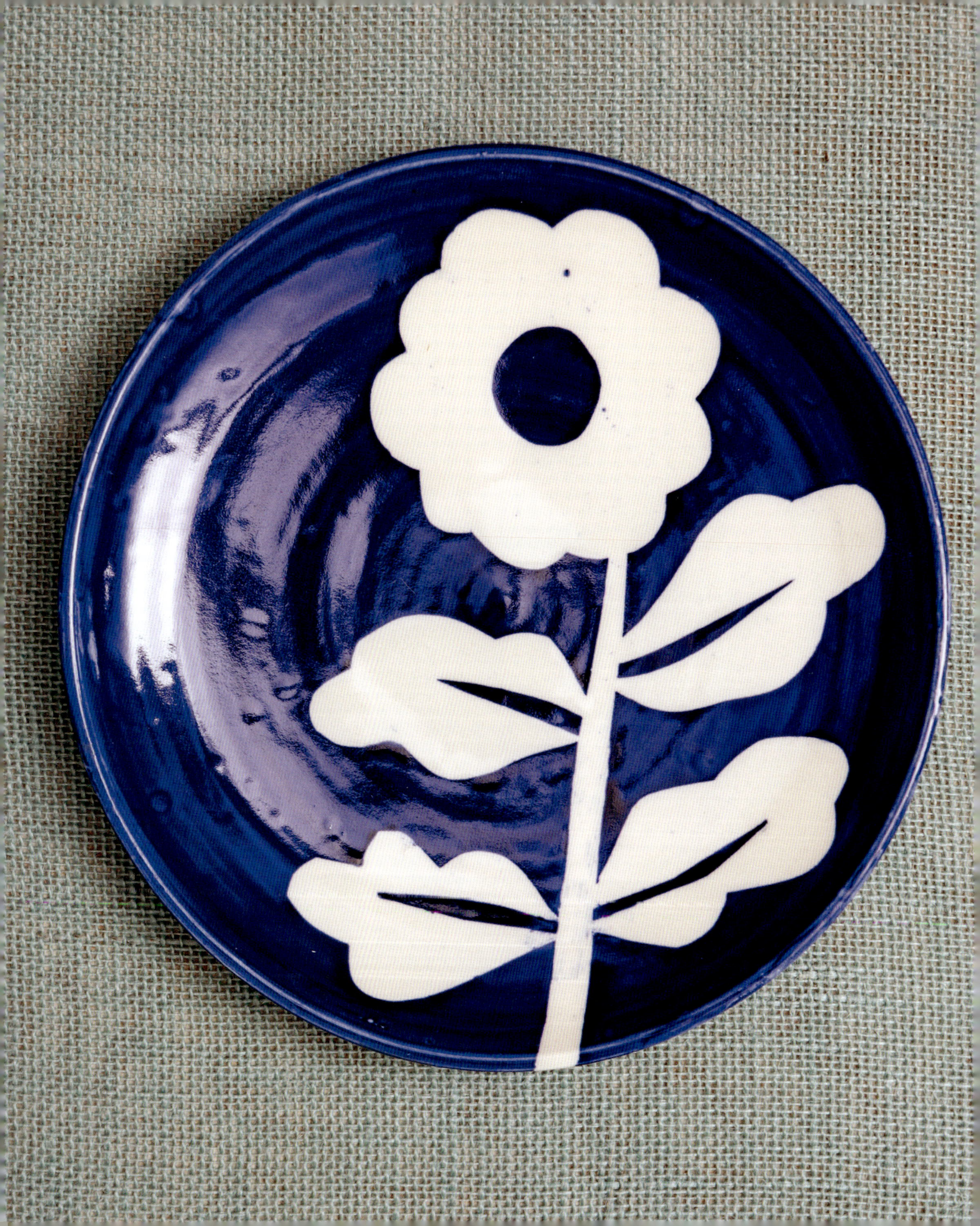

PROJEKT 10

ABKLEBEN MIT FOLIE

Diese Technik habe ich zum ersten Mal ausprobiert, als ich ein Schablonenmotiv an einer Wand gestalten wollte und versehentlich eine riesige Rolle schwarzer Klebefolie bestellt hatte. Die Folie eignet sich auch zum Abkleben größerer Motive auf gebranntem Ton gut. Schablonen kannte ich aus meiner Kindheit, denn meine Mutter verzierte die Wände mit solchen Dekoren, statt sie zu tapezieren. Sie können selbst entscheiden, wie schlicht oder komplex die Motive sein sollen. Allerdings können Sie durch die Motivform die Form des Tonobjekts betonen oder eine Art optischer Täuschung erzielen.

Sie brauchen

- Geschrühte Tonoberfläche
- Feuchten Schwamm
- Motiv oder laminiertes Transfer-Transparentpapier (Seite 53) nach Vorlage (Seite 148)
- Schere
- Klebefolie von der Rolle
- Schneidmatte
- Cutter mit neuer Klinge
- Pinsel, 2,5 cm breit
- Unterglasur
- Klare oder getönte Glasur

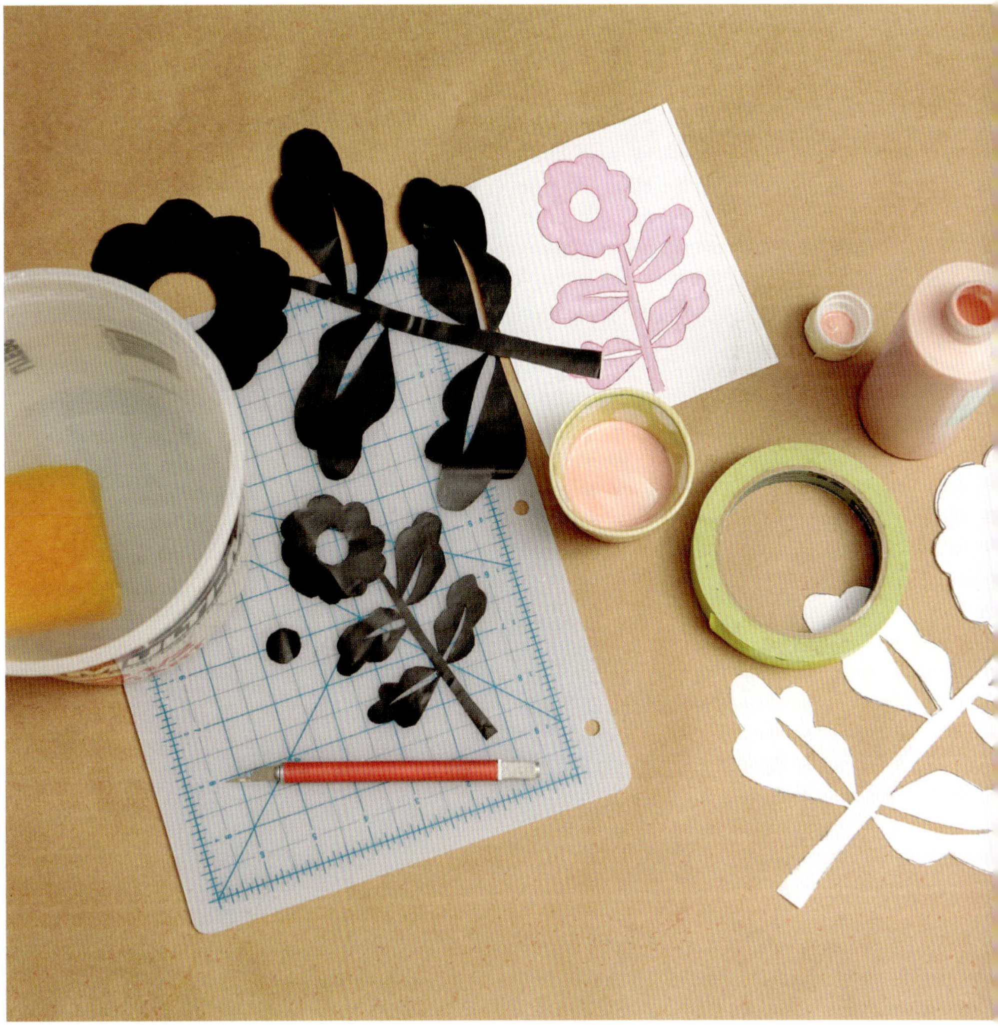

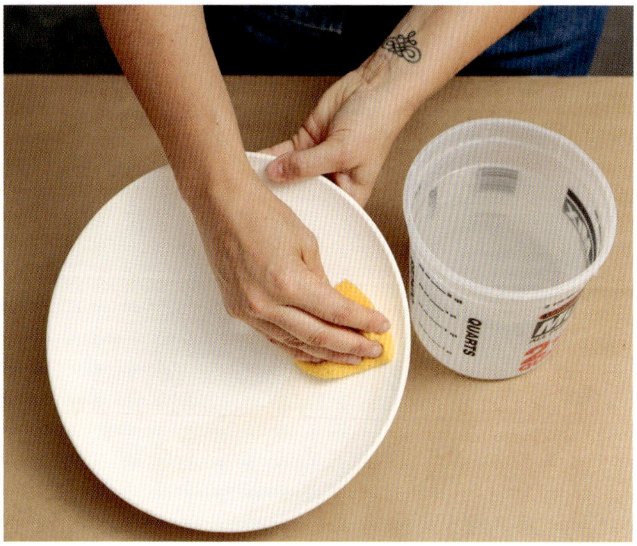

1. Die gebrannte Tonoberfläche mit dem feuchten Schwamm abwischen, um den Staub zu entfernen. Zur Seite stellen.

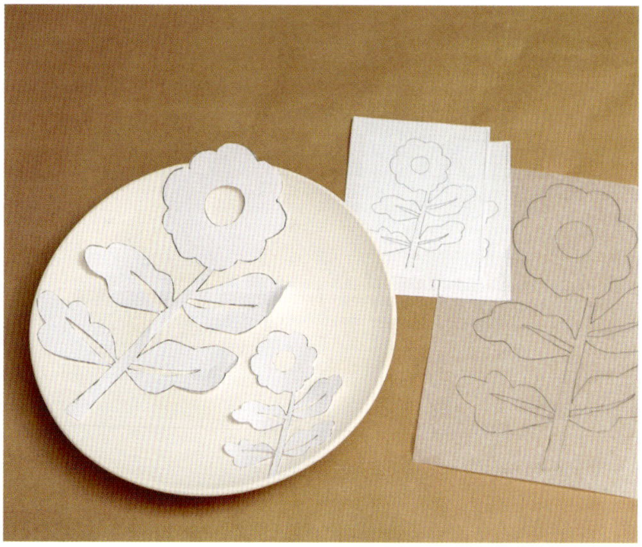

2. Ein Motiv auswählen, das zur Größe des Tonobjekts passt. Falls nötig, das Motiv in passender Größe vorzeichnen oder mit einem Fotokopierer vergrößern bzw. verkleinern. Soll sich das Motiv wiederholen, müssen Sie es mehrmals aus Folie zuschneiden. Dann ist es sinnvoll, von der Papiervorlage mehrere Kopien anzufertigen.

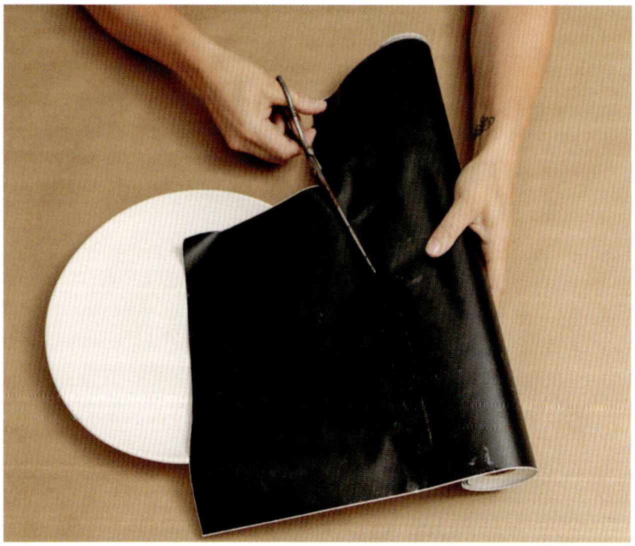

3. Ein Stück Klebefolie zuschneiden, das etwas größer als das Motiv ist, und auf die Schneidematte legen.

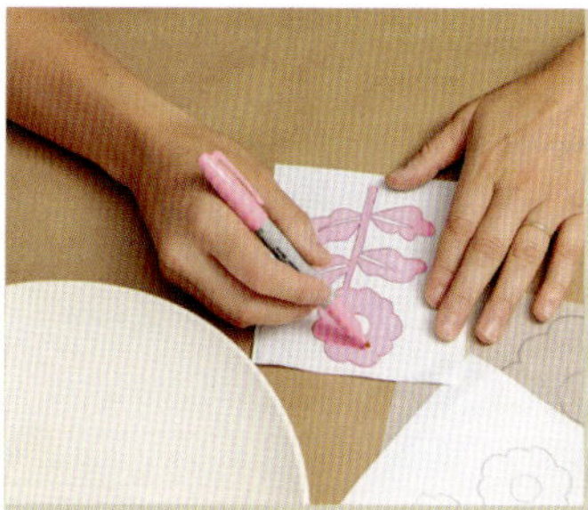

TIPP

Es kann hilfreich sein, das Motiv auf der Folie farbig auszumalen. So bekommen Sie eine bessere Vorstellung von der Größe des Motivs, und Sie haben beim Zuschneiden eine gute Orientierung.

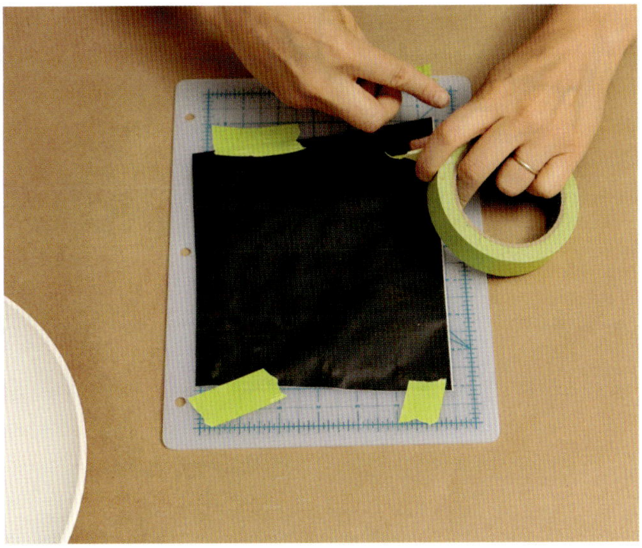

4. Die Klebefolie mit Malerkrepp auf der Schneidematte festkleben, damit sie beim Schneiden nicht verrutscht.

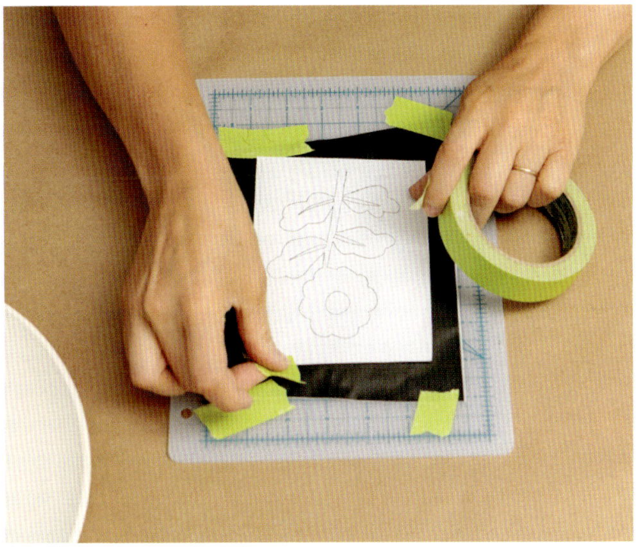

5. Die Papiervorlage mit dem Motiv auf die Klebefolie legen und ebenfalls gut mit Malerkrepp fixieren.

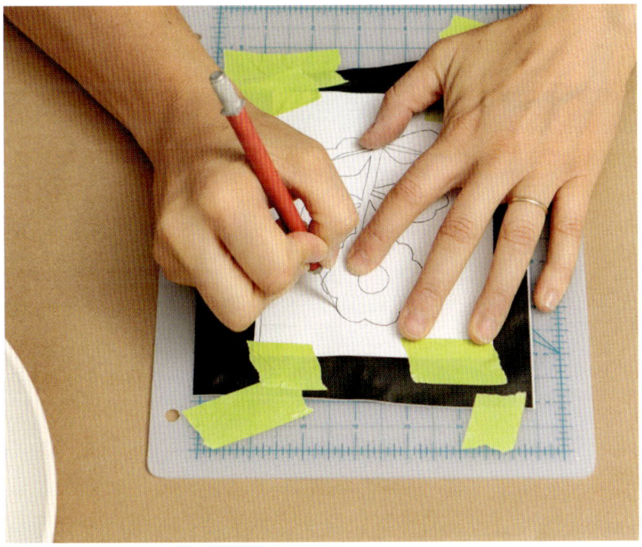

6. Nun die Schablone mit einem scharfen Cutter – am besten mit einer neuen Klinge – zuschneiden. Dabei schneiden Sie durch das Papier und die Klebefolie.

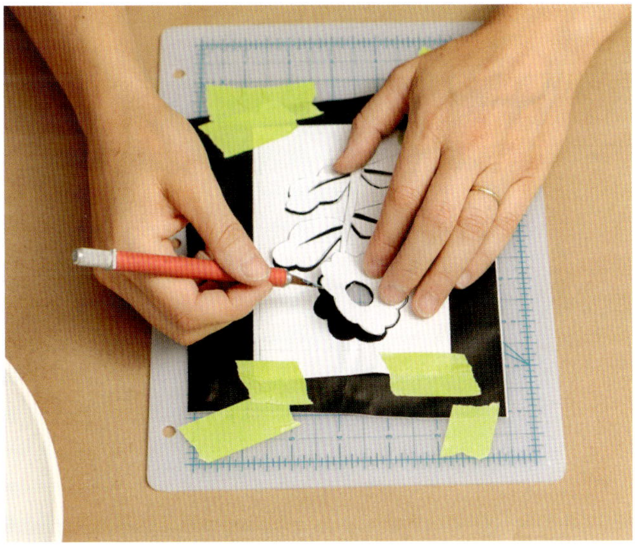

7. Das ausgeschnittene Motiv vorsichtig mit der Spitze des Cutters anheben, um es von der Schneidematte zu nehmen.

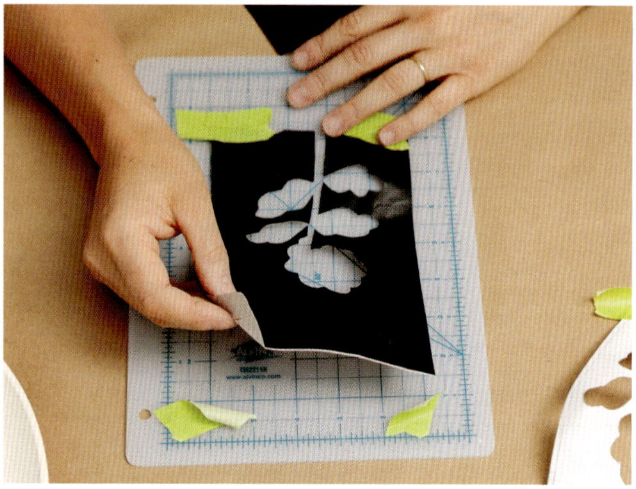

8. Der äußere Bereich der Folie bildet die Schablone. Von der Schneidematte nehmen und – falls nötig – Details der Konturen sauber nachschneiden.

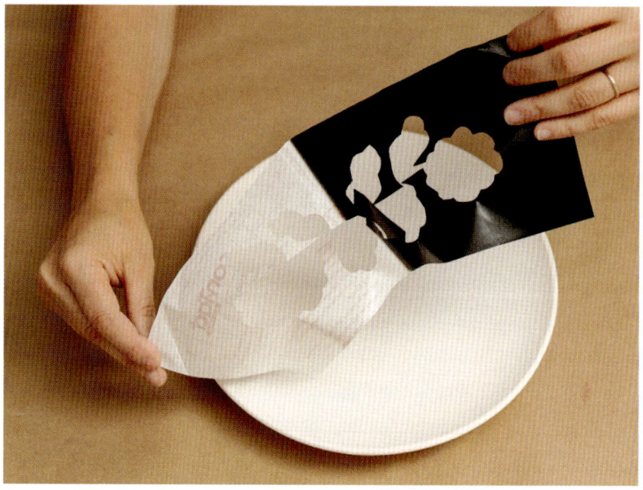

9. Das Trägerpapier von der Klebefolie abziehen, dann die Folie an der gewünschten Position auf die geschrühte Tonoberfläche kleben.

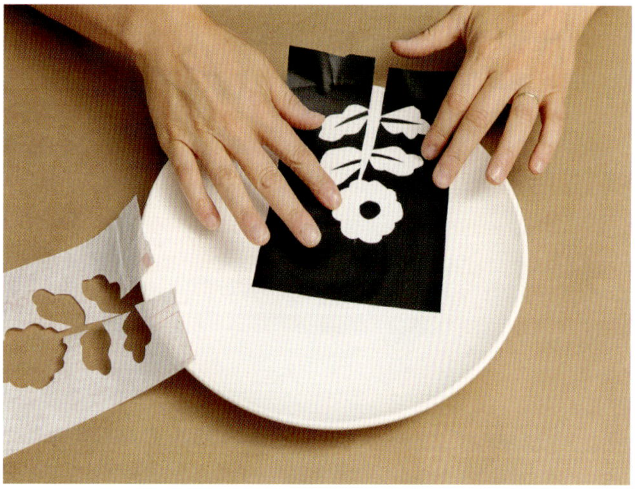

10. Die Motivränder mit den Fingern gut an den Ton andrücken, damit dort keine Farbe unter die Folie quellen kann.

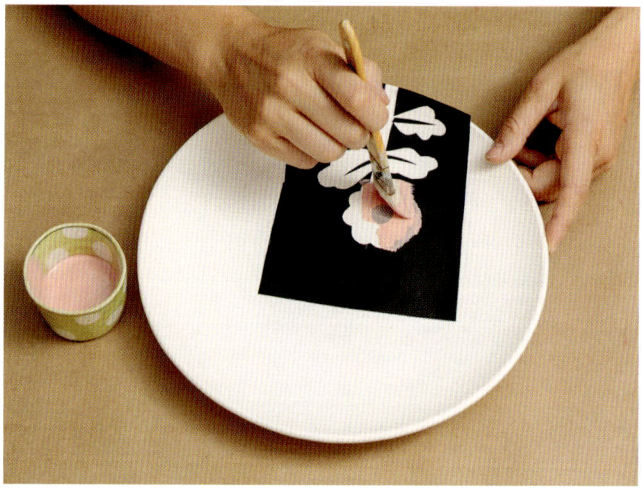

11. Jetzt mit dem Pinsel 1–3 Schichten Unterglasur auf den ausgeschnittenen Motivbereich auftragen.

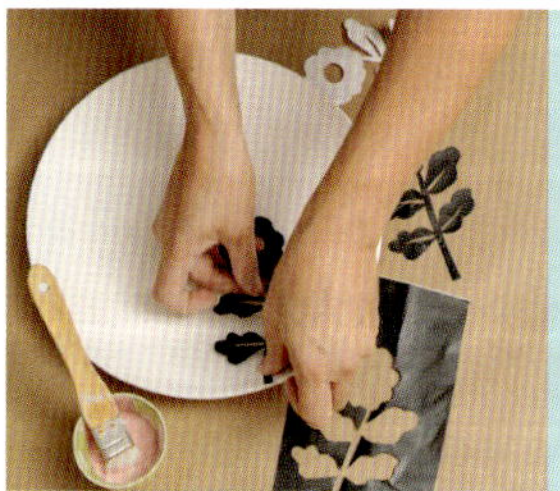

AUSPROBIEREN!

Sie können aus der Klebefolie auch Sticker in beliebigen Größen und Formen ausschneiden und wie in Projekt 9 (Seite 111) verwenden.

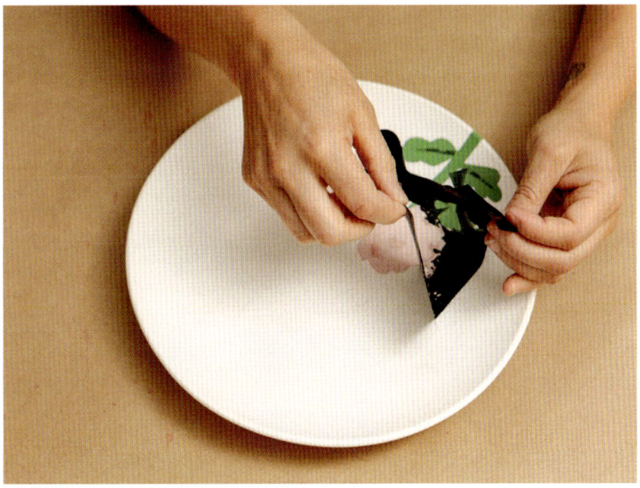

12. Trocknen lassen, dann die Schablone vorsichtig von der Tonoberfläche lösen und abziehen.

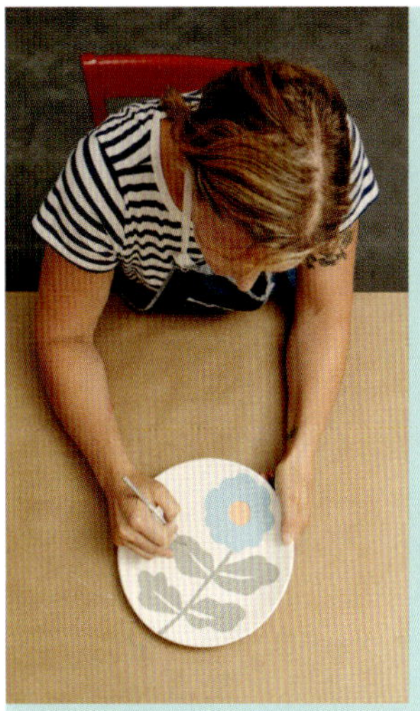

AUS-PROBIEREN!

Mit einer Töpfernadel oder einem Ritzwerkzeug können Sie die aufgemalte Unterglasur wieder abschaben, bis die ursprüngliche Tonoberfläche zum Vorschein kommt. Solche feinen Linien lockern die großen Farbflächen auf und Ihr Werkstück wirkt lebendiger.

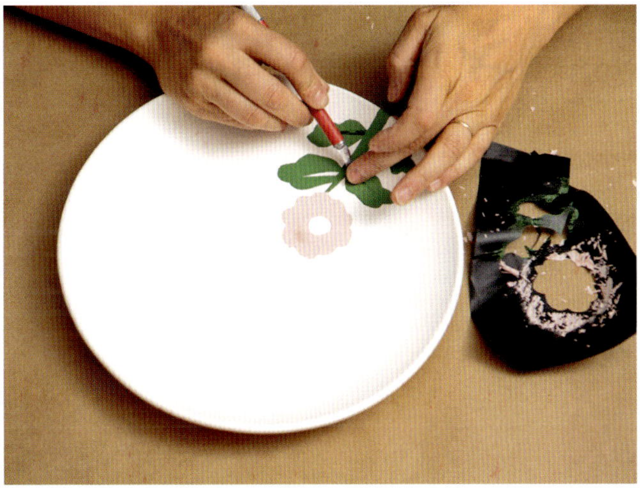

13. Falls an einzelnen Stellen Unterglasur unter die Folie gedrungen ist, können Sie diese jetzt mit der Spitze des Cutters abschaben.

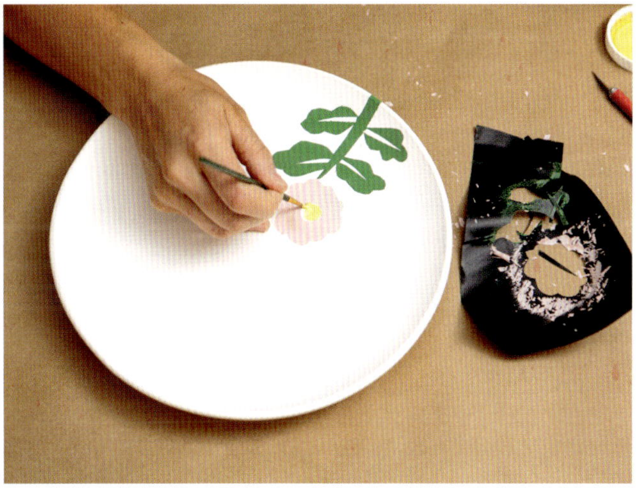

14. Einzelne Motivbereiche, die vorher abgeklebt waren, können nun mit einer anderen Farbe ausgemalt werden, wie hier das Zentrum der Blüte. Zum Schluss das Werkstück mit klarer oder getönter Glasur überziehen.

BLICK ÜBER DIE SCHULTER

Heather Braun-Dahl

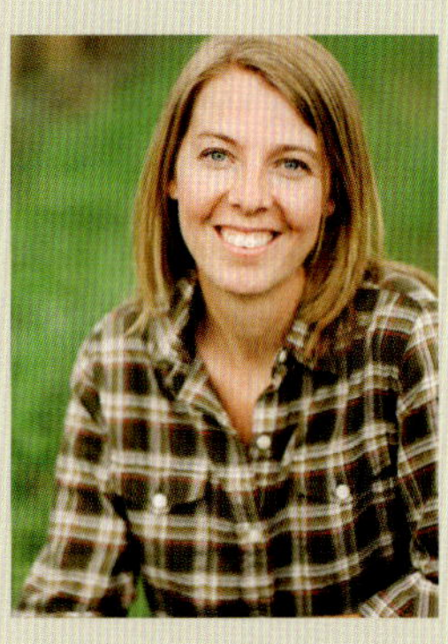

Heather Braun-Dahl lebt in Vancouver und widmet sich hauptberuflich der Keramik und Malerei. Sie hat Keramik und Malerei an der Emily Carr University of Art + Design studiert, ist danach eine Zeitlang auf Reisen gegangen, hat eine Familie gegründet, Kunstkurse für Kinder geleitet und davon geträumt, ihre Leidenschaft zum Beruf zu machen. 2007 setzte sie den Plan um und brachte mit ihrem Label Dahlhaus Malerei und Keramik unter einen Hut. Für die modernen, skandinavisch inspirierten Dekore ihrer Keramik greift sie oft auf abstrakte Bilder aus ihrer Studienzeit zurück. In den letzten Jahren haben große Einzelhandelsunternehmen wie Anthropologie und West Elm ihre Keramik ins Sortiment genommen. Ihre Arbeiten werden auch in Galerien wie Clay Studio, Gardiner Museum und verschiedenen kleineren unabhängigen Geschäften in Nordamerika verkauft. Heathers grafische Motive und ihr Feingefühl im Umgang mit Farben kommen bei Bloggern, Zeitschriften und Kunden in aller Welt gut an.

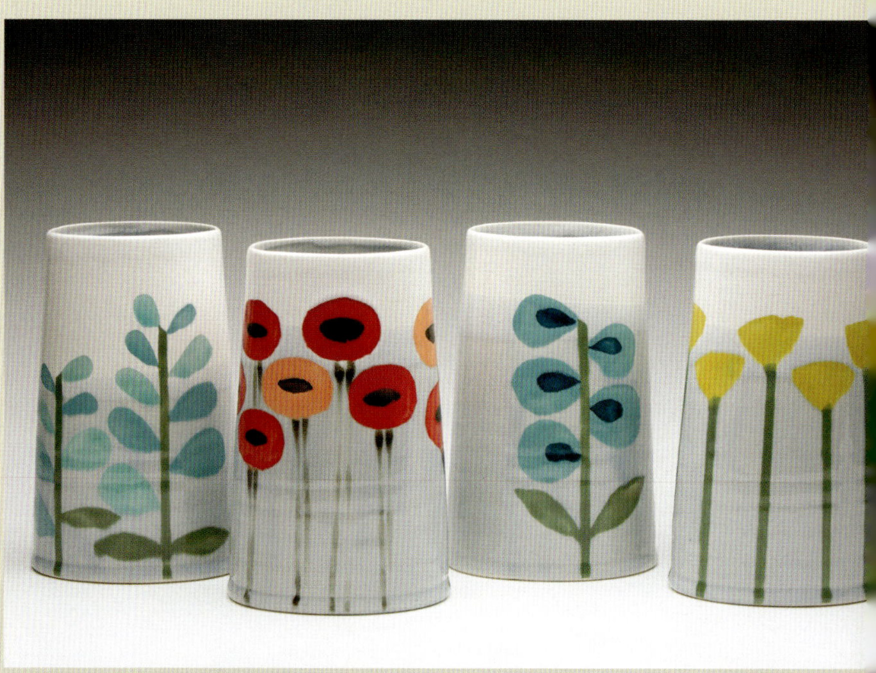

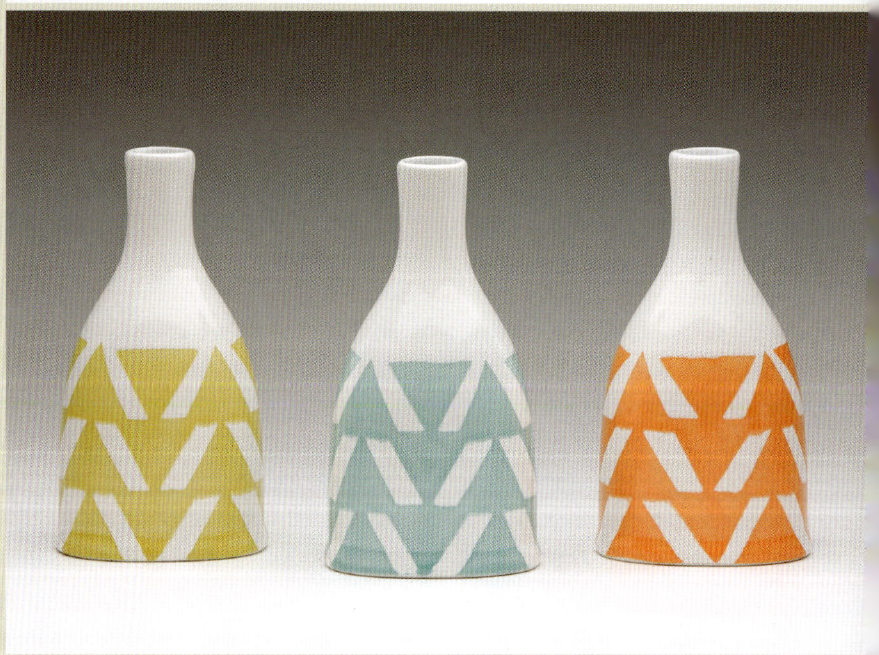

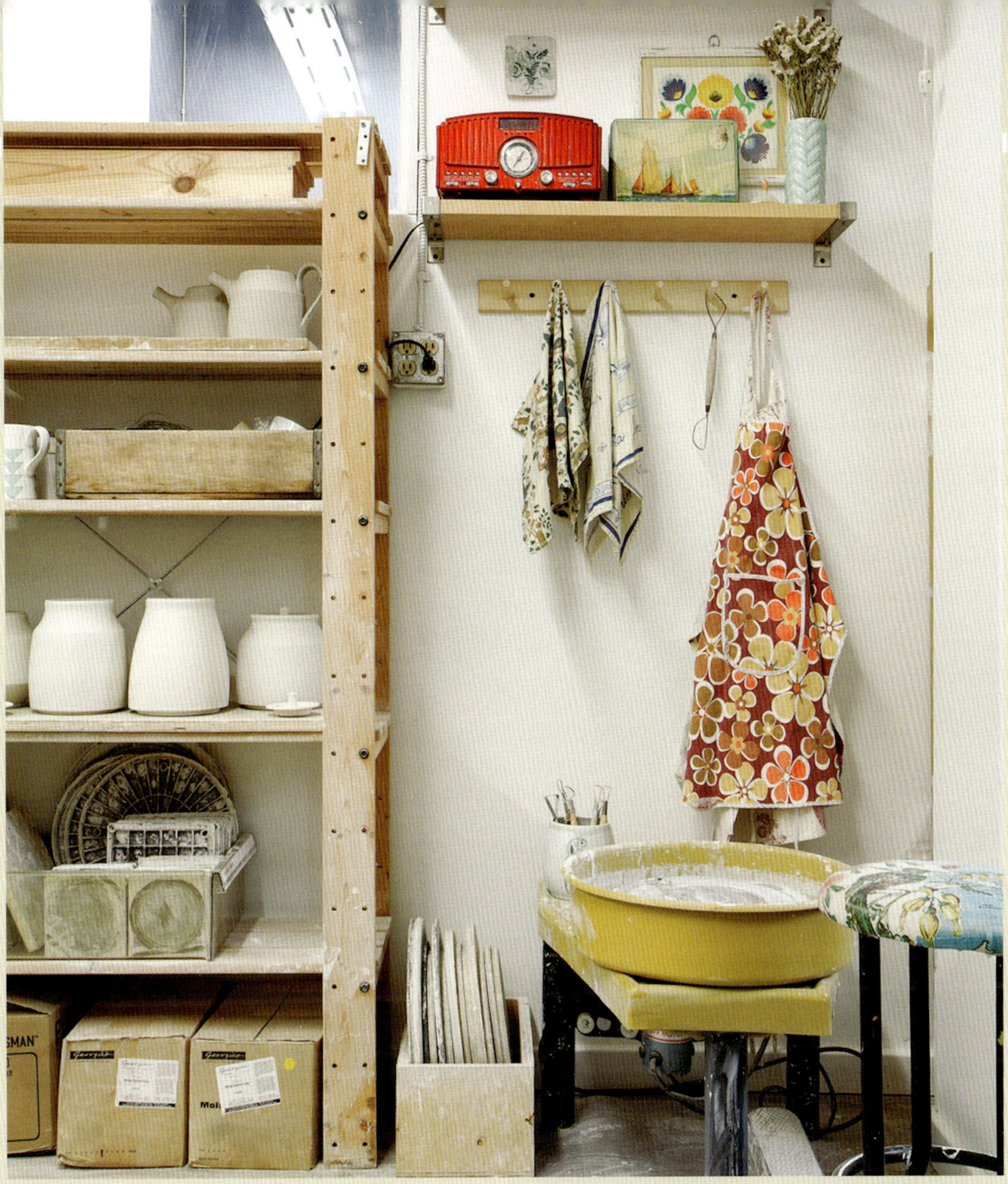

Heather sagt: „Ich habe zuerst kleinere Formen aus robustem Klebeband zugeschnitten und mit Schablonen aus Klebefolie experimentiert, um vor dem Glasieren Muster auf meinen Tonobjekten zu gestalten. Diese Arbeit dauert einige Tage, weil man für jeden Schritt einen sauberen Schwamm braucht, und weil die Stücke nach jedem Arbeitsgang trocknen müssen. Für feine Linien oder geschrühte Tonoberflächen mit starker Textur eignet sich die Methode nicht. Nach dem Schrühbrand glasiere ich zuerst die Innenseite. Dann schneide ich Schablonen aus Klebeband oder Klebefolie. Viele meiner Muster sind Streifen, Blätter oder stilisierte Blumen, die von unten nach oben „wachsen". Nach dem Abkleben tauche ich die Werkstücke in Glasur. Dann trage ich eine Schicht Wachs auf, lasse sie trocknen und löse sie ab, sodass das Muster unglasiert bleibt. Ich bereinige die Konturen, male die Motive farbig aus und tauche alles nochmals in eine andere Glasur, die auch die vorher abgeklebten Bereiche ausfüllt. Vor dem Brand entferne ich letzte Tropfen von den gewachsten Motivbereichen. Mir gefallen die klaren, aber weichen Linien, an denen die verschiedenen Glasuren zusammentreffen."

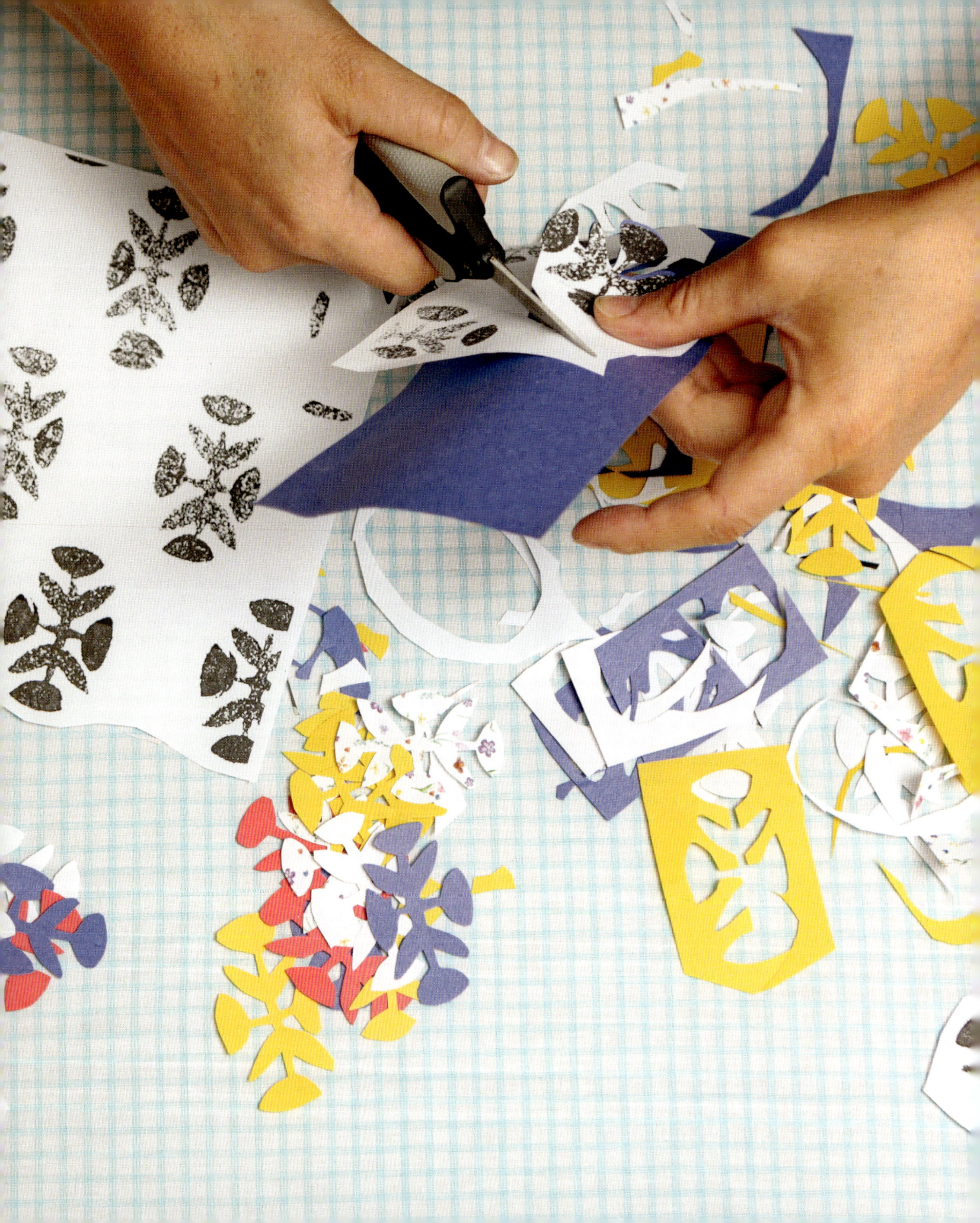

PROJEKT 11

SCHABLONEN AUS PAPIER

Diese Technik ist aus gutem Grund sehr beliebt. Zeitungspapier ist billig, jeder hat es im Haus, und es eignet sich gut für Oberflächendekorationen auf ungebranntem Ton. Es kann auf allen Tonqualitäten verwendet werden und macht sich auch für mehrschichtige Glasuren auf geschrühten Oberflächen nützlich. In diesem Projekt wird auf ungebranntem ein Motiv mehrfach wiederholt und mit Schlicker in verschiedenen Farben ausgearbeitet. Weil Zeitungspapier dünn ist, kann man mehrere Lagen in einem Arbeitsgang zuschneiden – eine effiziente Methode, um viele gleiche Schablonen zu erhalten. Papierschablonen können auch mit anderen Gestaltungstechniken auf geschrühtem Ton kombiniert werden.

Sie brauchen

Motivvorlage oder laminiertes Transfer-Transparentpapier (Seite 53) nach Vorlage (Seite 148)

Fotokopierer (bei Bedarf)

Zeitungspapier

Schere oder Cutter

Schneidematte

Pinsel, 2,.5 cm

Schlicker oder Unterglasur in zwei Farben (eine hell, eine dunkler)

Lederharte Tonoberfläche

Cutter oder Töpfernadel

Klare Glasur

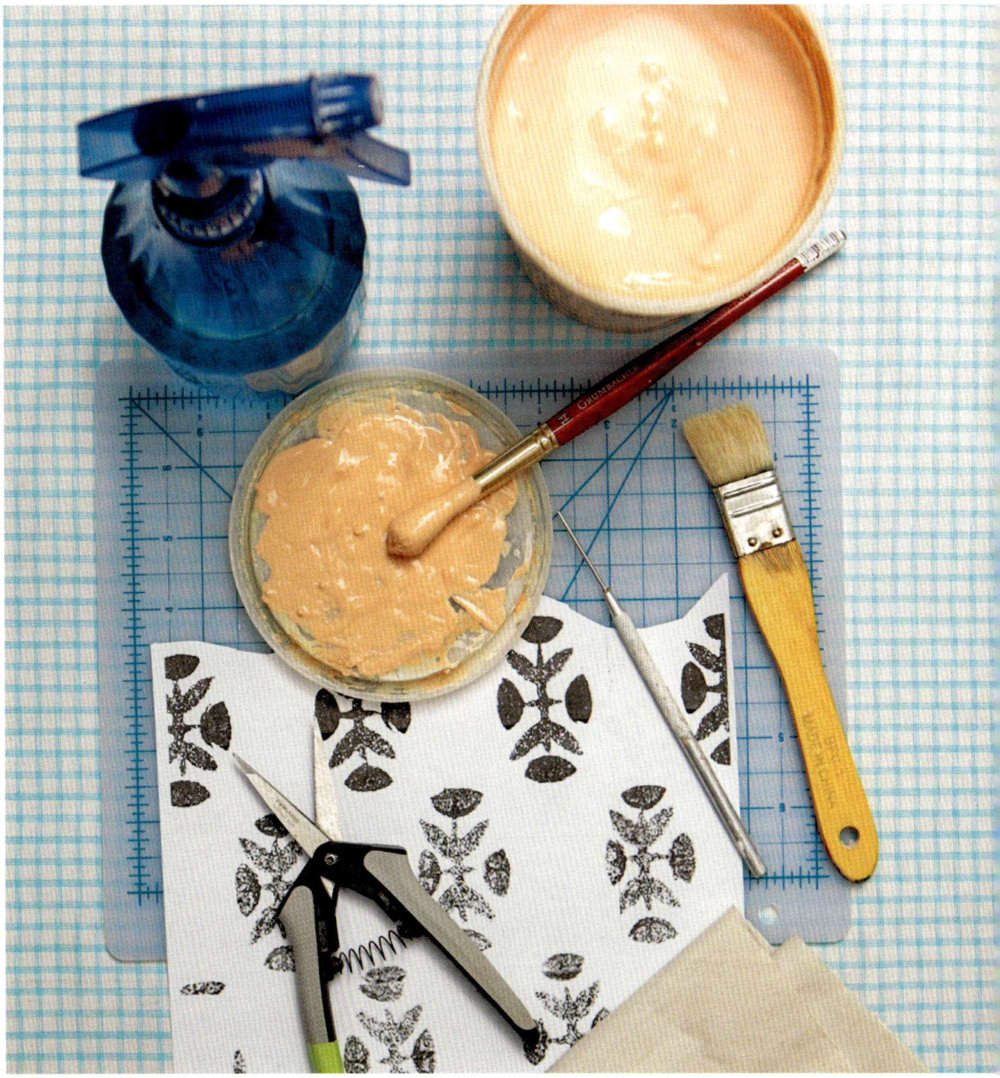

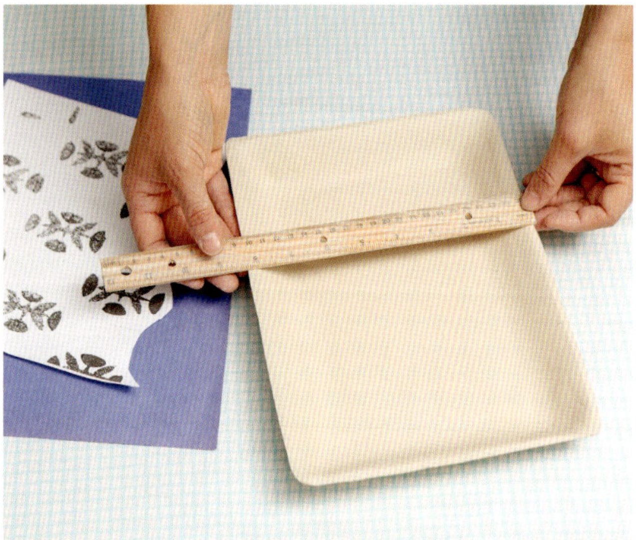

1. Falls nötig, das Motiv so vergrößern oder verkleinern, dass es gut zu den Proportionen des Werkstücks passt. Ein selbst entworfenes Motiv zeichnen Sie einfach noch einmal in passender Größe. Alternativ können Sie einen Fotokopierer verwenden.

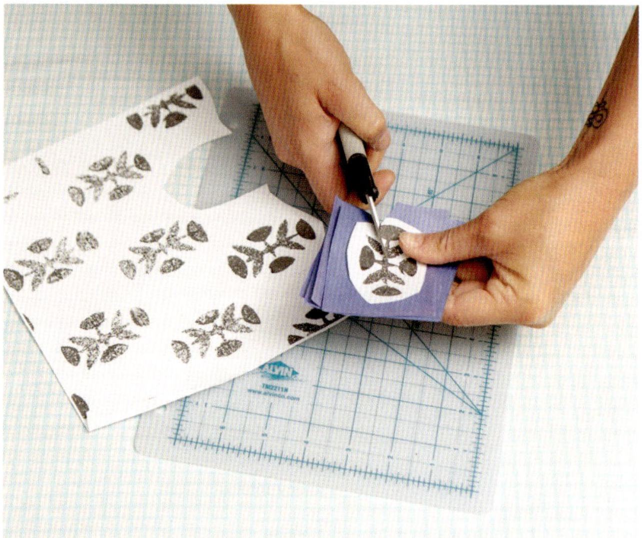

2. Die Motivvorlage auf Zeitungspapier legen und ausschneiden. Ein Einzelmotiv kann mit der Schere zugeschnitten werden. Für mehrere gleiche Motive legen Sie einige Lagen Zeitungspapier aufeinander und schneiden das Motiv mit einem Cutter auf einer Schneidematte zu. Die Papierschablonen zur Seite legen.

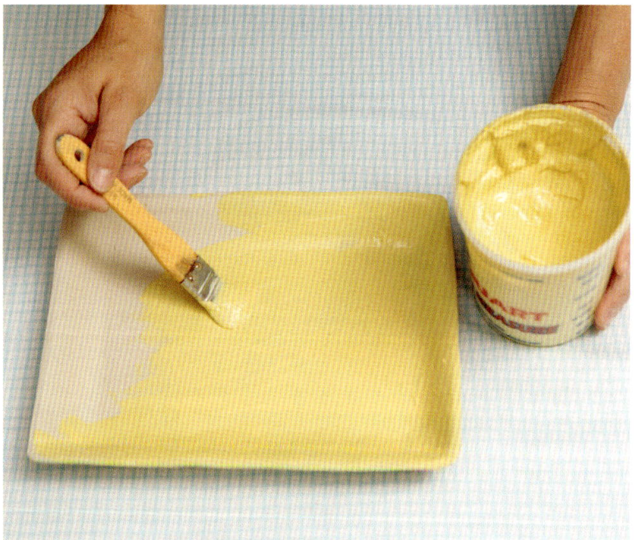

3. Mit einem 2,5 cm breiten Pinsel 1–2 Schichten oder Unterglasur in einer Farbe nach eigener Wahl auf den lederharten, ungebrannten Ton auftragen.

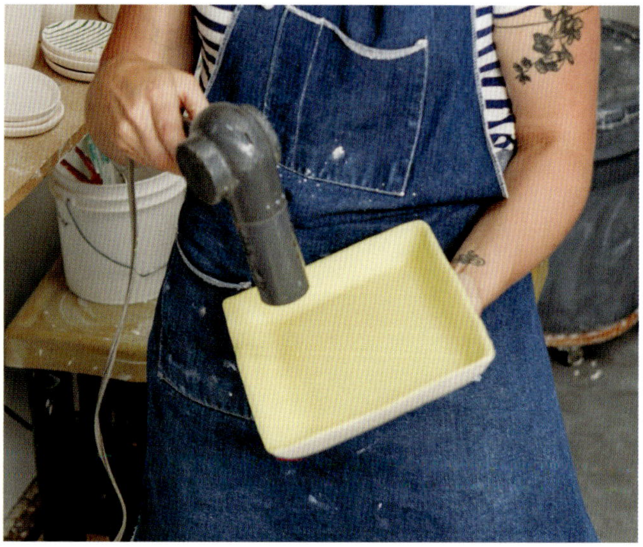

4. Den Schlicker trocknen lassen, bis er grifffest ist und seine Oberfläche nicht mehr glänzt. Er braucht nicht lederhart zu sein. Sie können diesen Vorgang mit einem Föhn beschleunigen.

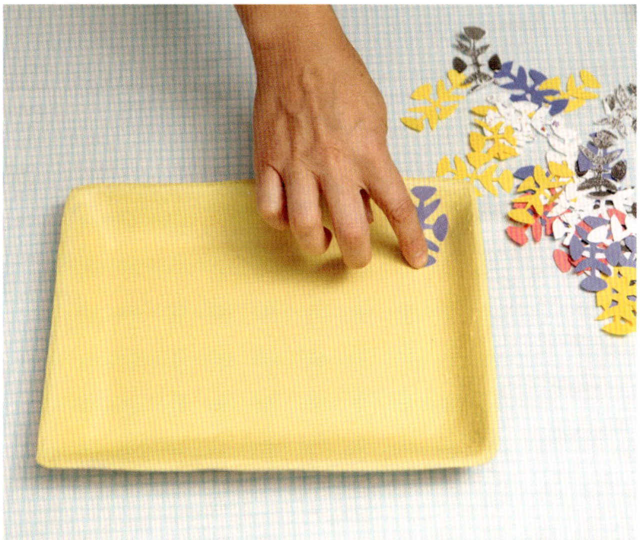

5. Die ausgeschnittenen Papiermotive vorsichtig auf den mit Schlicker oder Unterglasur bestrichenen Untergrund legen.

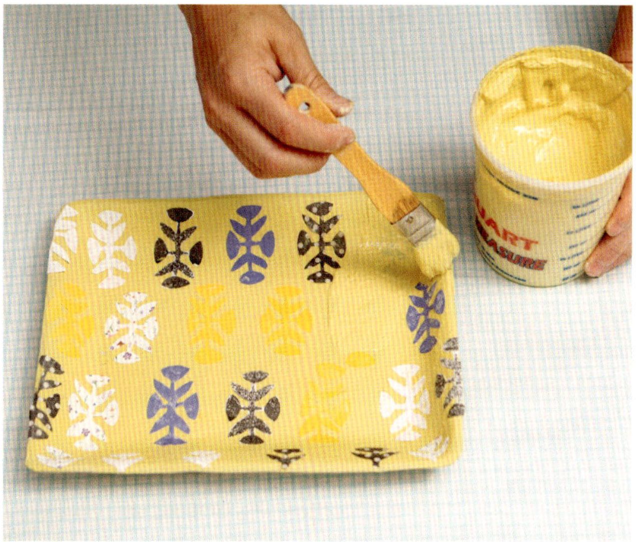

6. Eine Schicht Schlicker oder Unterglasur in derselben Farbe auftragen, dabei die Motive übermalen.

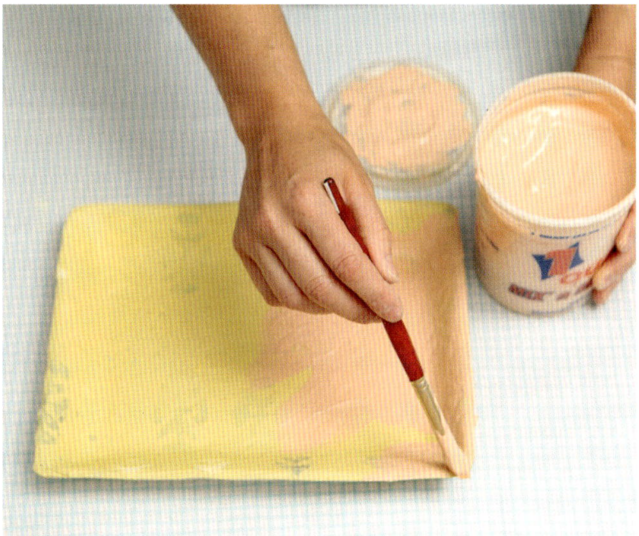

7. Wenn alle Lagen wieder lederhart getrocknet sind, wird die zweite Farbe aufgetragen. Meist sind 2–3 Schichten nötig, damit sie die erste gut abdeckt.

TIPP

Wenn Sie mit Schlicker oder Unterglasuren arbeiten, tragen Sie immer zuerst die hellere und darüber die dunklere Farbe auf. Sie deckt die helle Farbe ab und das Gesamtergebnis fällt schöner aus.

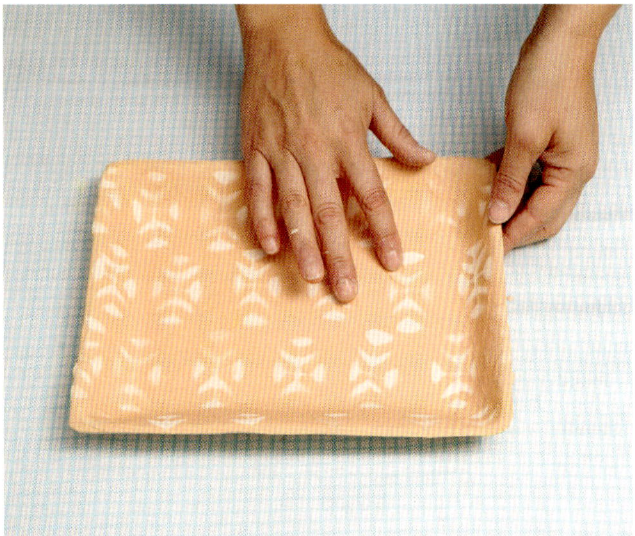

8. Schlicker oder Unterglasur wieder trocknen lassen, bis die Oberfläche lederhart ist – oder mindestens so hart, dass man sie berühren kann, ohne dass sie auf die Finger abfärbt.

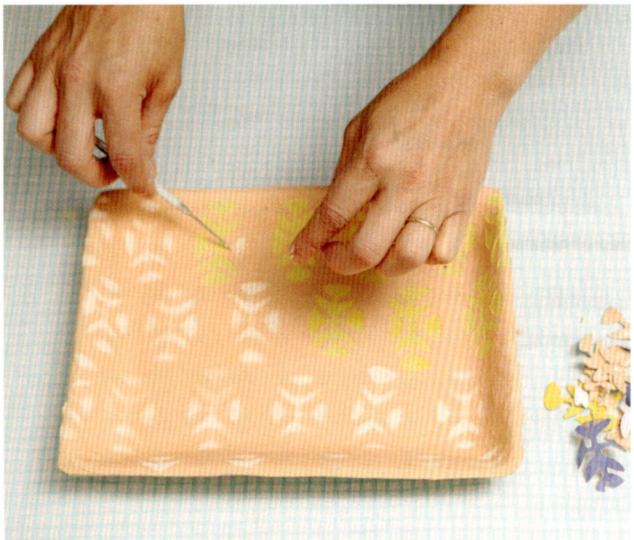

9. Mit der Töpfernadel oder der Spitze des Cutters das Papier vorsichtig ablösen, sodass die darunter liegende Farbe zum Vorschein kommt.

10. Trocknen lassen, brennen, mit klarer Glasur überziehen und nochmals brennen.

TIPP

Wenn das Papier zu trocken ist, reißt es beim Ablösen und die Konturen werden unsauber. In diesem Fall die Oberfläche mit Wasser einsprühen, um das Papier wieder zu befeuchten.

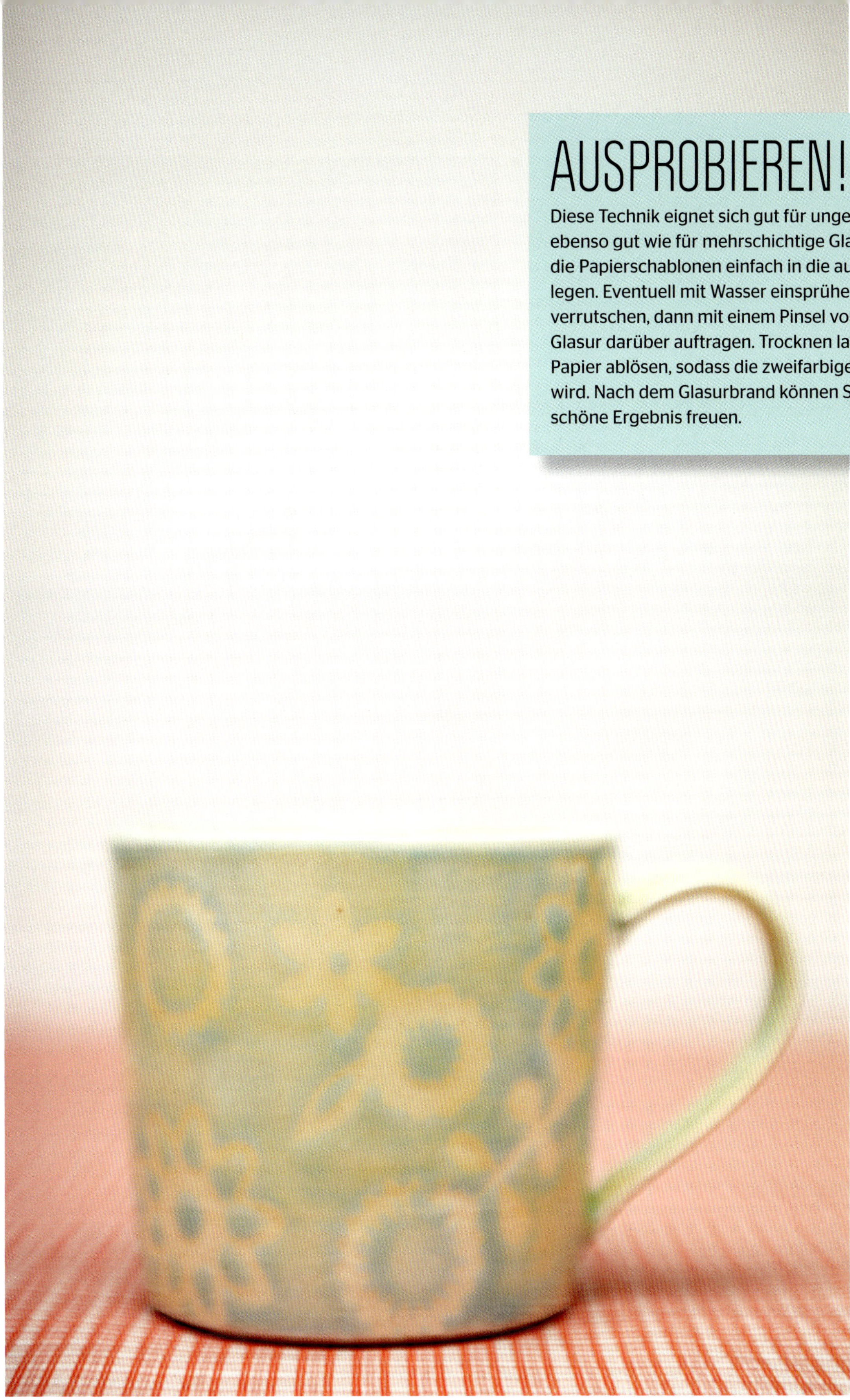

AUSPROBIEREN!

Diese Technik eignet sich gut für ungebrannten Ton ebenso gut wie für mehrschichtige Glasureffekte. Dafür die Papierschablonen einfach in die aufgetragene Glasur legen. Eventuell mit Wasser einsprühen, damit sie nicht verrutschen, dann mit einem Pinsel vorsichtig eine zweite Glasur darüber auftragen. Trocknen lassen und das Papier ablösen, sodass die zweifarbige Glasur sichtbar wird. Nach dem Glasurbrand können Sie sich über das schöne Ergebnis freuen.

BLICK ÜBER DIE SCHULTER

Meredith Host

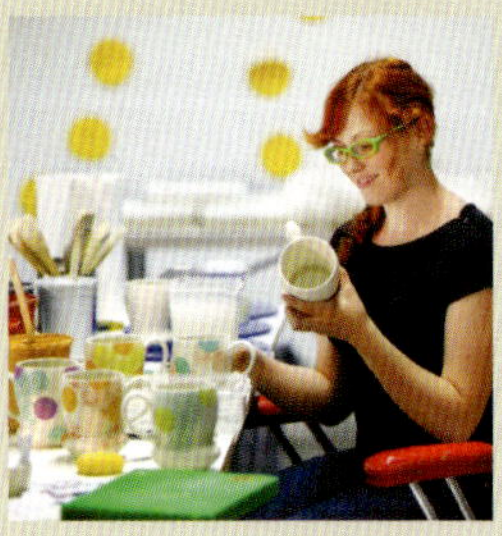

Meredith Host verbrachte ihre Kindheit und Jugend in Detroit. Sie hat den Bachelor in Keramik am Kansas City Art Institute erworben und einen Master-Studiengang in Keramik an der Ohio State University abgeschlossen. Meredith hat an mehreren Residenzprogrammen teilgenommen, beispielsweise an der School for American Crafts at RIT in Rochester (New York), am Watershed Center for the Ceramic Arts in Newcastle (Maine) und an der Dresdner Porzellan Manufaktur in Dresden. 2011 wurde sie von der NCECA und Ceramics Monthly als »Emerging Artist« ausgezeichnet. Sie lebt in Kansas City (Missouri, USA) und arbeitet hauptberuflich als Keramikerin. Sie besitzt eine große Sammlung gemusterter Kniestrümpfe und ausgestopfter Tiere und bezeichnet sich selbst als Horrorfan und Root-Beer-Kennerin.

Meredith erklärt: „Ich verziere meine farbigen Oberflächen in mehreren Arbeitsgängen mit Papier, Schablonen, Stickern und Unterglasur, teilweise im Siebdruck-Verfahren. Meine Tupfenmuster stammen aus meiner Sammlung „unterbewerteter Muster im Haushalt" (Toilettenpapier und Küchenrollen). Ich ordne die Farben gern asymmetrisch an, um für Dynamik zu sorgen. Papierschablonen stanze ich mit einem Locher aus, weil mir die akkuraten, sauberen Kreise so gut gefallen. Die Siebdruck-Muster trage ich teilweise unter und teilweise über den Schablonenmotiven auf."

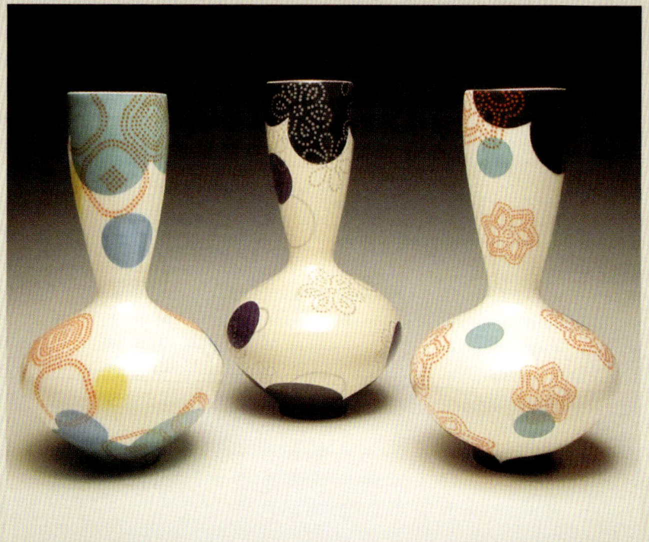

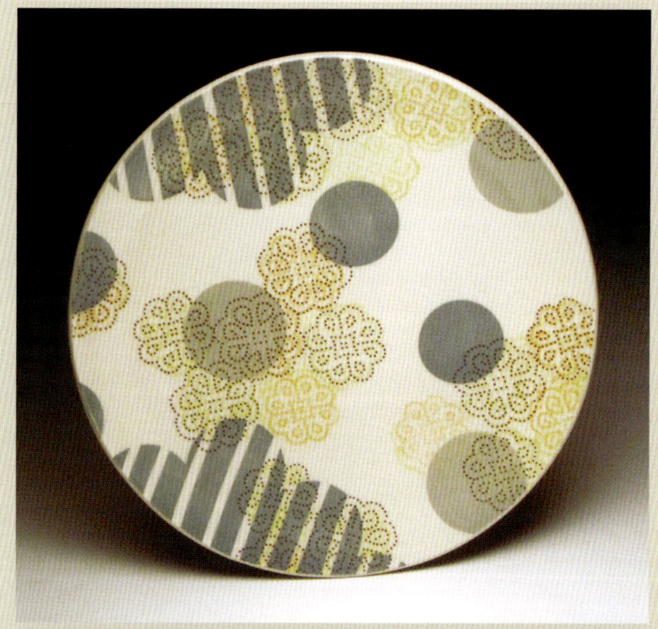

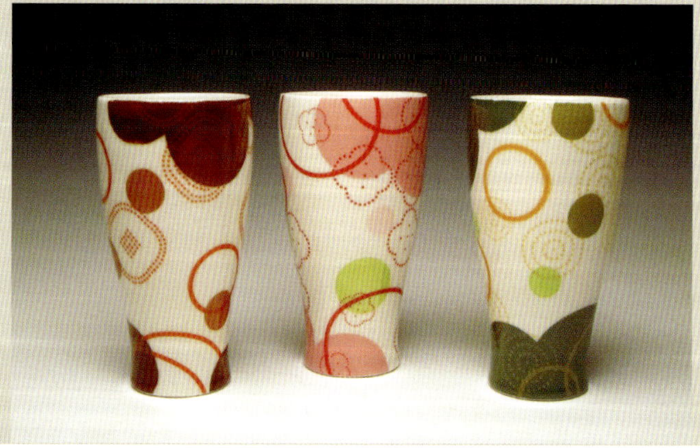

BLICK ÜBER DIE SCHULTER

Adero Willard

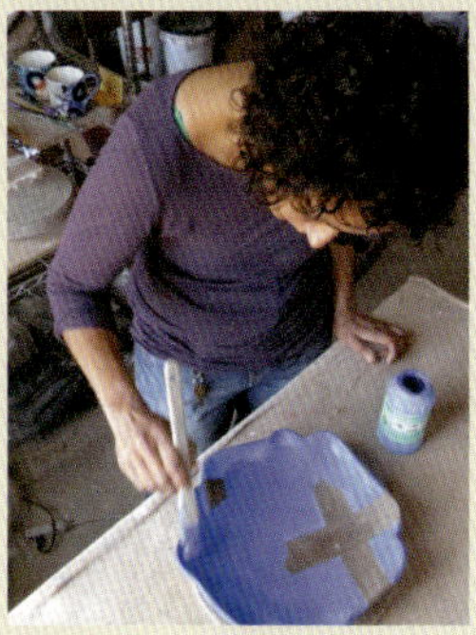

Adero Willard lebt im Westen des US-Staats Massachusetts. Sie arbeitet hauptberuflich als Keramikern und Dozentin für Keramik am Holyoke Community College. Sie hat den Bachelor an der Alfred University erworben, den Master-Studiengang am Nova Scotia College of Art and Design abgeschlossen und als »Salad Days Artist« an einem einjährigen Residenzprogramm des Watershed Center for Ceramic Arts in Maine teilgenommen. Aderos Arbeiten sind landesweit in Galerien und auf Kunsthandwerksausstellungen zu sehen, beispielsweise in der Ferrin Gallery, in Craft Boston und in der Smithsonian Craft Show. Sie leitet Workshops an Universitäten und Kunstzentren in den ganzen USA und wurde in verschiedenen namhaften Publikationen und Büchern vorgestellt. Ihr Interesse an der Oberflächengestaltung steht in engem Zusammenhang mit ihrer Begeisterung für Textildesign, Malerei und Collage.

Adero sagt: „Die Oberflächendekoration fasziniert mich. Ich kombiniere mehrschichtige Muster, Sgraffito, Farbe und eine Abdecktechnik mit Wachs, um Muster zu gestalten, die teilweise versteckt sind und teilweise unter einem farbigen Schleier liegen. Am liebsten dekoriere ich ovale oder quadratische Teller, weil ich gern Kompositionen entwickle, die diese Ebenen auflösen, um die Ecke verlaufen oder eine räumliche Wirkung suggerieren. Dabei fließt auch mein Faible für Quilts und Applikationen ein. Vor allem aber mag ich Unikate, weil Waren aus Massenproduktion so stereotyp sind. Ich gestalte meine Dekorationen immer auf lederhartem Ton, und immer fließen meine Liebe zur Natur, Geschichten aus meiner Kindheit und aus meiner Fantasie ein."

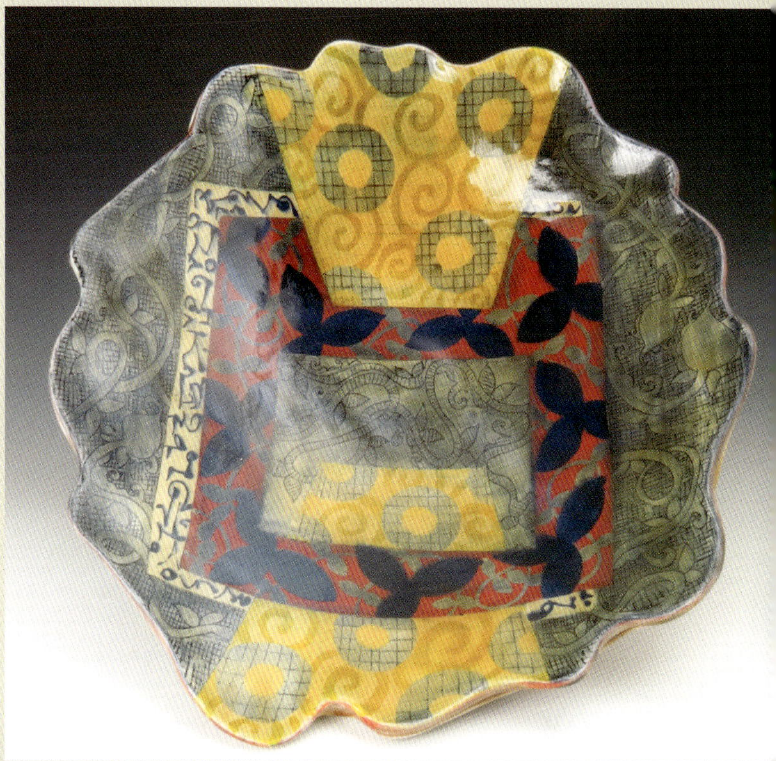

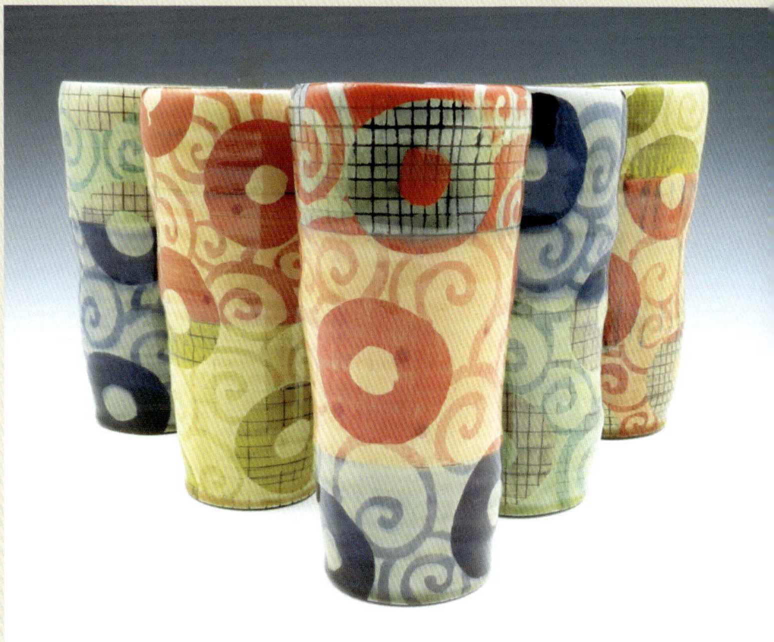

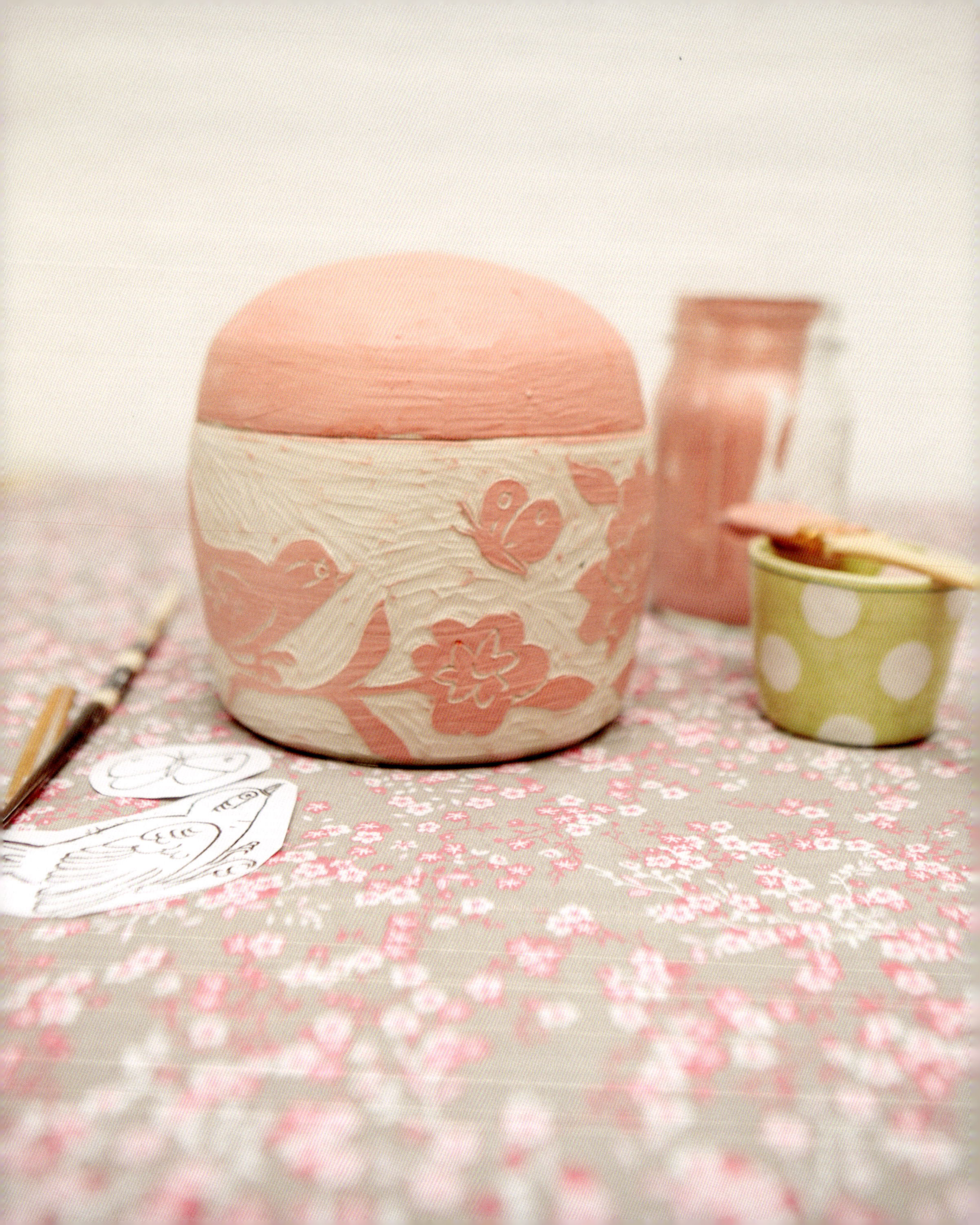

PROJEKT 12

SGRAFFITO

Die Sgraffito-Technik habe ich während des Studiums durch meine Damalige Dozentin, die Künstlerin Kathy King, kennen gelernt. Kathy sah, dass ich töpferte, zeichnete und Holzschnitte anfertigte. Sie riet mir, Sgraffito zu probieren, um alle drei Techniken zu kombinieren. Ich war sofort begeistert, und ich bin es noch heute. Das Schnitzen eines Motivs in der Tonoberfläche ist so meditativ wie das Malen oder Zeichnen, und der grafische Charakter der Motive, die dabei entstehen, ist typisch für die Sgraffito-Technik. Sie können aus freier Hand arbeiten oder die Motive zuerst mit Schablonen auf dem Ton vorzeichnen. Mir gefällt besonders, dass man sich bei dieser Technik keine großen Gedanken über die Glasur machen muss. Eine Klarglasur genügt. Als ich in einer kommerziellen Werkstatt große Mengen Töpferwaren mit Sgraffito-Motiven verzieren musste, habe ich einige spezielle Werkzeuge schätzen gelernt. Auch diese möchte ich Ihnen hier gern vorstellen.

Sie brauchen

- 2 Pinsel, 2,5 cm breit
- Schlicker oder Unterglasur
- Lederharte Tonoberfläche
- Motiv oder laminiertes Transfer-Transparentpapier (Seite 52) nach Vorlage (Seite 149)
- Töpfernadel oder Stachel vom afrikanischen Stachelschwein
- Ritzwerkzeug
- Küchen-Scheuerschwamm
- Klare Glasur

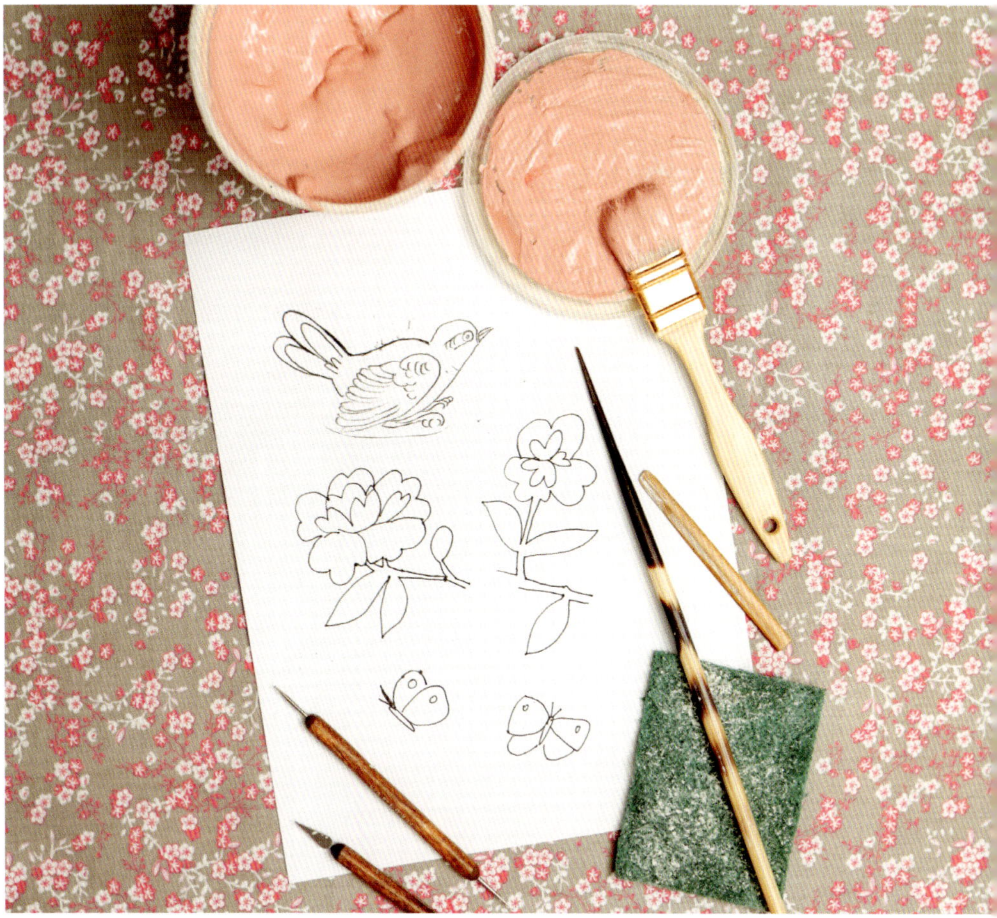

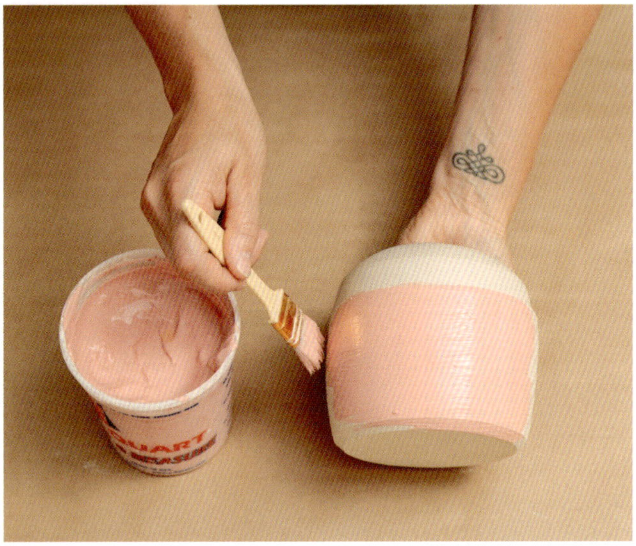

1. Mit einem Pinsel 3-2–3 Schichten Schlicker oder Unterglasur auf die lederharte Tonoberfläche auftragen. Trägt man nur eine Schicht auf, sind meist die Pinselstriche stärker zu sehen. Lederhart trocknen lassen.

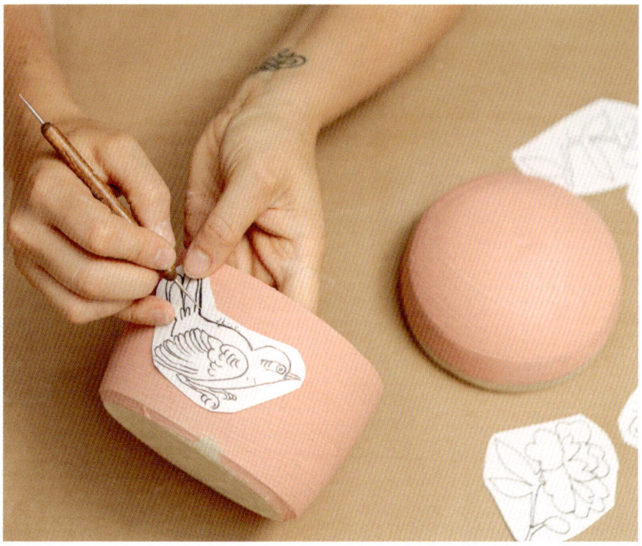

2. Mithilfe der Vorlage oder Schablone das Motiv auf die Tonoberfläche übertragen. (Tipps zur Herstellung der Vorlage siehe Seite 53).

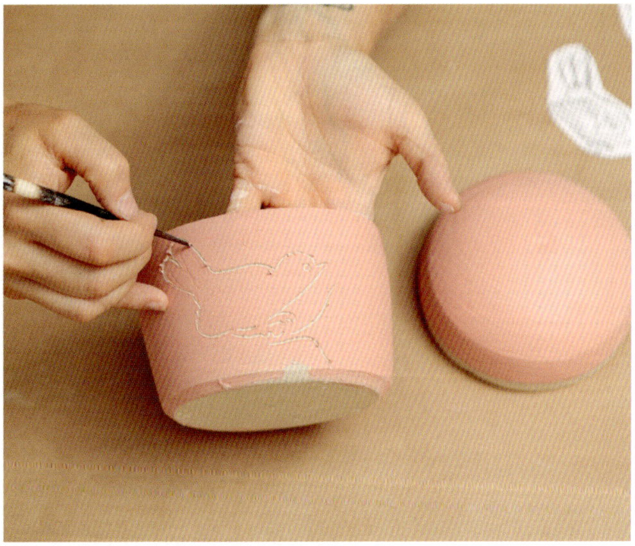

3. Mit der Töpfernadel oder dem Stachelschwein-Stachel den Umriss des Motivs in den Schlicker ritzen. Bis zu dieser Linie wird der Hintergrund später abgetragen.

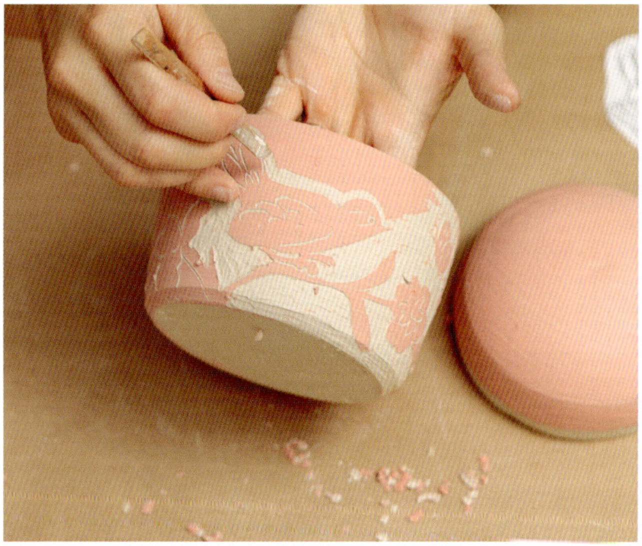

4. Jetzt vorsichtig rings um das Motiv herum Schlicker oder Unterglasur mit dem Ritz- oder Bambuswerkzeug wieder abschaben.

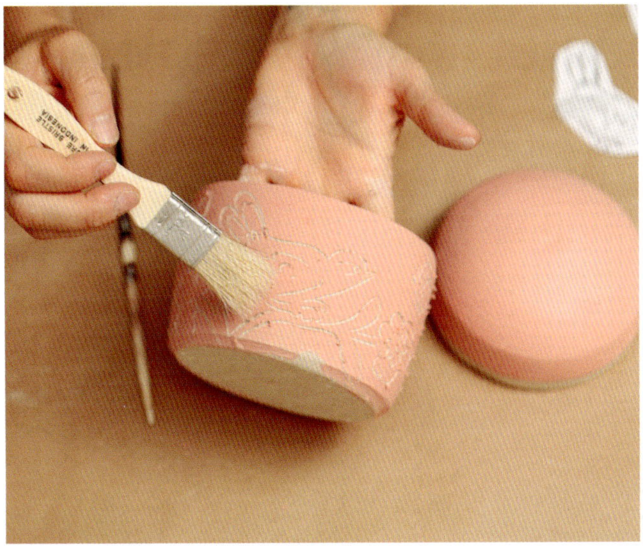

5. Während des Schabens mit einem trockenen, sauberen Pinsel die entstehenden Krümel entfernen. Decken Sie den Fußboden am besten großflächig ab, denn wenn die Krümel herunterfallen, entsteht viel Staub. Das Werkstück knochentrocken trocknen lassen.

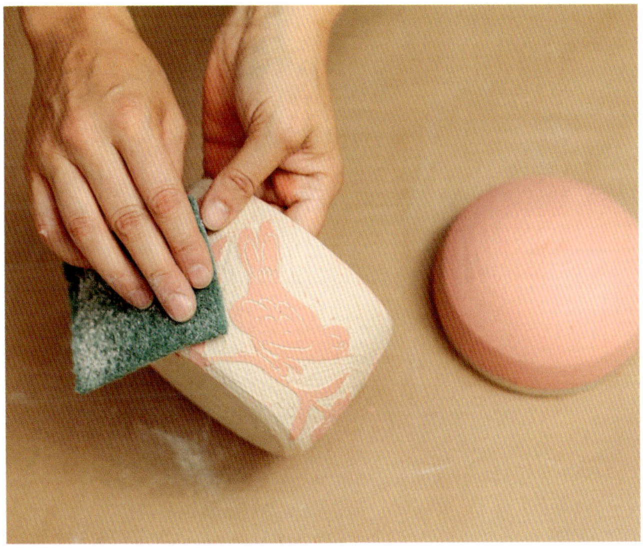

6. Vor dem Brennen das Werkstück vorsichtig mit dem Scheuerschwamm glätten. Unebenheiten müssen entfernt werden, denn sie würden sich nach dem Brand scharf anfühlen. Vorsichtig arbeiten, um die Unterglasur nicht wieder abzutragen. Dann folgt der Schrühbrand. Danach das Werkstück klar glasieren.

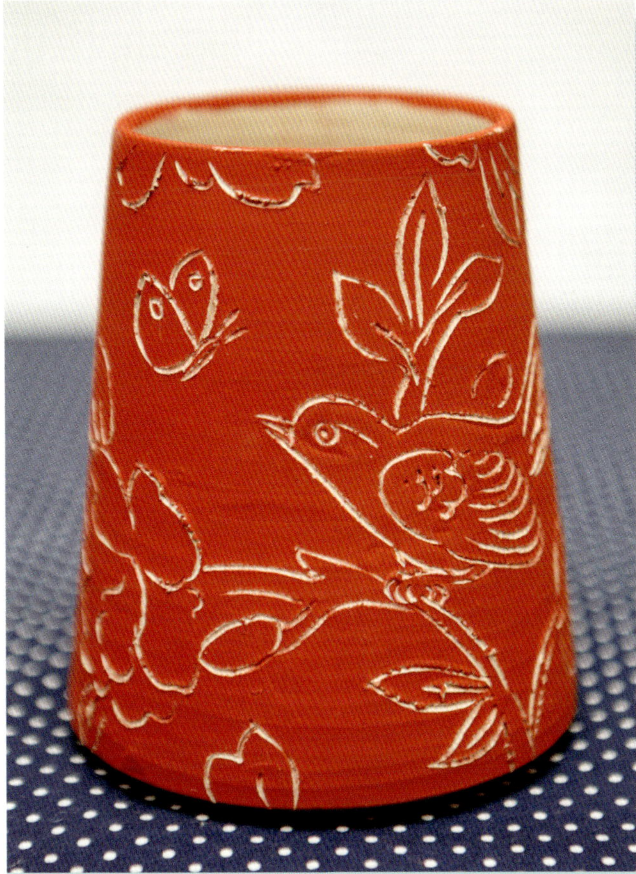

AUSPROBIEREN!

Je nach Art der Dekoration können Sie auch das Werkstück mit zwei oder drei Schichten Unterglasur bestreichen und nach dem Trocknen mit der Töpfernadel oder dem Ritzwerkzeug ein lineares Muster oder Motiv in diese Schicht ritzen. Diese Arbeitsweise ist vor allem bei Töpfern beliebt, die mit Terrakotta und weißem oder hellem Schlicker arbeiten. Das Dekor erscheint später in Form von roten Linien auf hellem Grund.

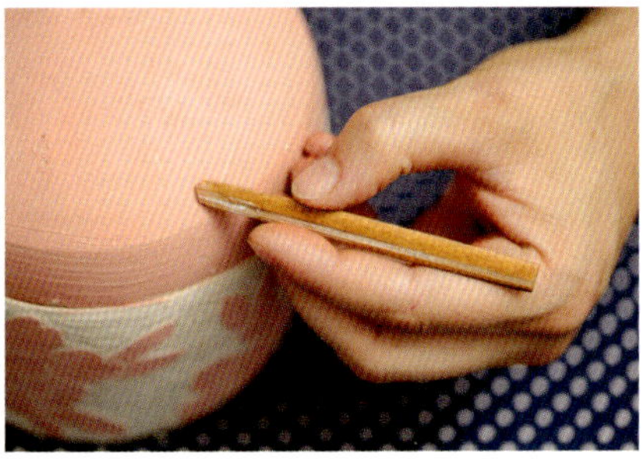

EIN BAMBUSWERKZEUG HERSTELLEN

Ein Bambuswerkzeug eignet sich besonders gut, um zügig größere Flächen der Schlicker- oder Unterglasurschicht zu entfernen, und Sie können es ganz einfach selbst machen. Wer keinen Bambus im Garten hat, bekommt die Halme im Blumengeschäft.

Sie brauchen

- Kleine Handsäge
- Bambus
- Cutter oder Säge
- Schleifpapier, 200er Körnung

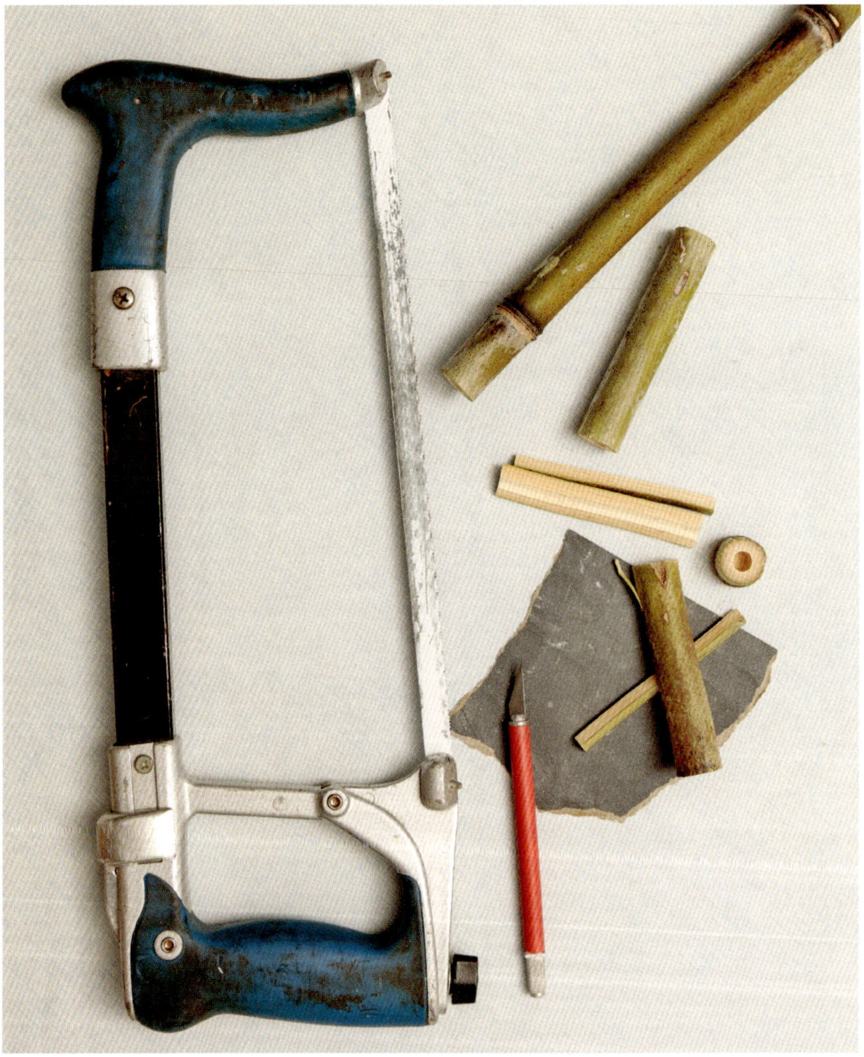

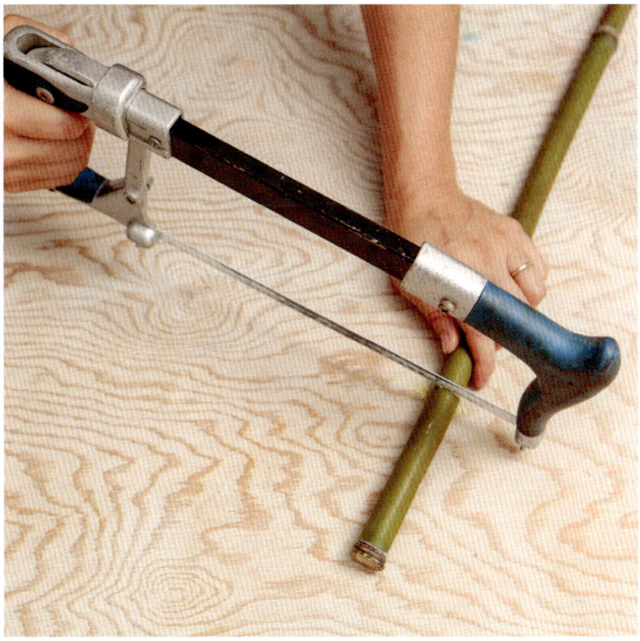

1. Mit einer kleinen Handsäge vom Bambus ein Stück in der gewünschten Länge absägen.

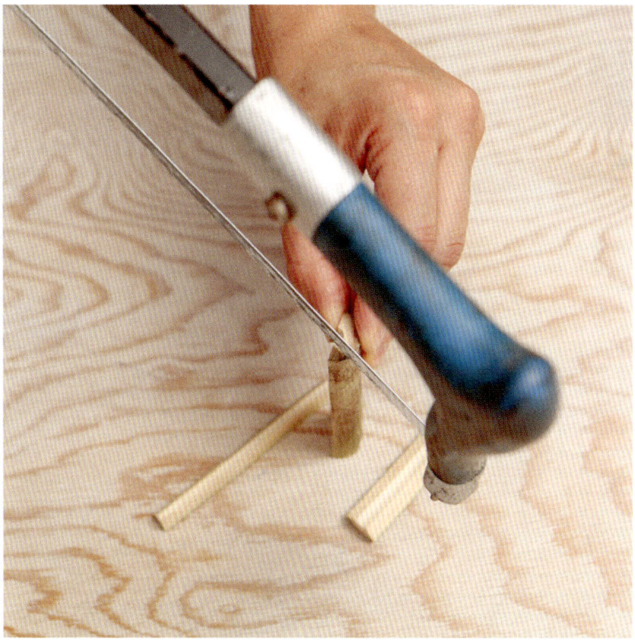

2. Mit dem Cutter oder der Säge das Bambusstück längs aufschneiden. So erhalten Sie einen langen, schmalen Streifen.

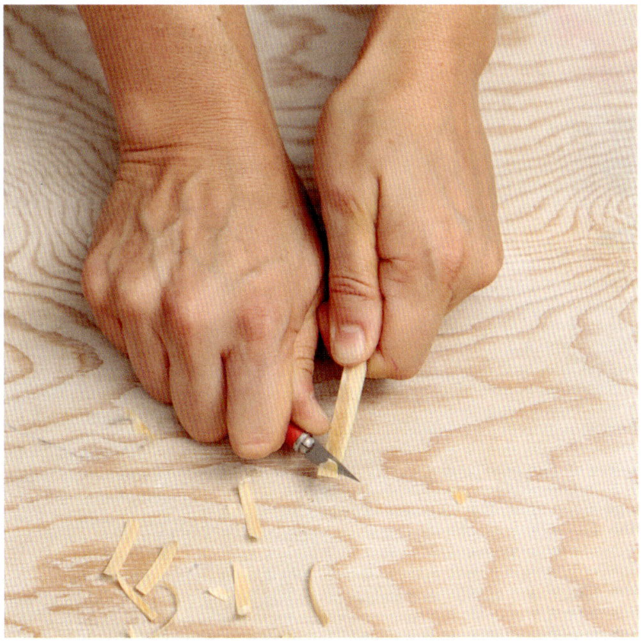

3. Ein Ende (oder beide) flach anspitzen. Form und Winkel der Spitze können Sie nach Bedarf variieren.

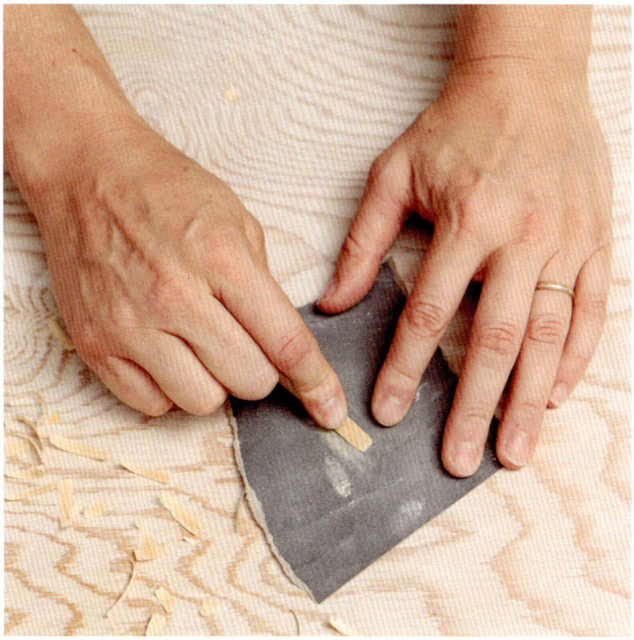

4. Die Spitze vorsichtig abschleifen, damit beim Abtragen des Tons glatte Linien entstehen.

BLICK ÜBER DIE SCHULTER

Kari Radasch

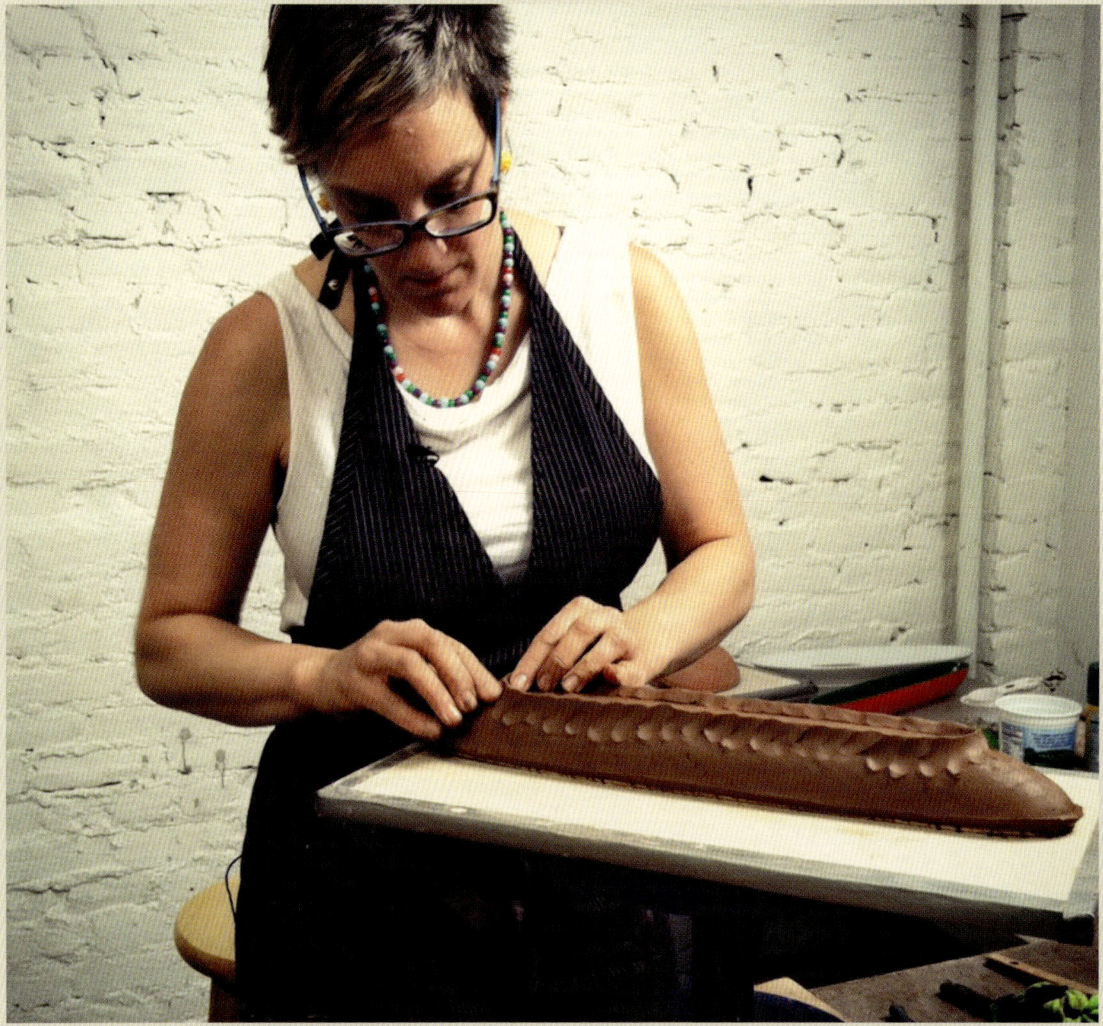

Kari Radasch lebt in Westbrook (Maine, USA), wo sie als Kunstkeramikerin arbeitet. Sie hat den BFA am Maine College of Art erworben und den Master an der University of Nebraska Lincoln. Als erste Töpferin wurde sie mit der Evelyn Shapiro Foundation Fellowship am Clay Studio in Philadelphia geehrt, außerdem wurde sie mit einem SAC Artist Award von der Society of Arts and Crafts in Boston ausgezeichnet. 2010 führte sie auf der Konferenz der NCECA Demonstrationen durch, außerdem hat sie landesweit Kurse geleitet und Vorträge gehalten. Zurzeit lehrt sie Keramik am Maine College of Art, wenn sie nicht in ihrer eigenen Werkstatt arbeitet oder sich ihren kleinen Zwillingen widmet.

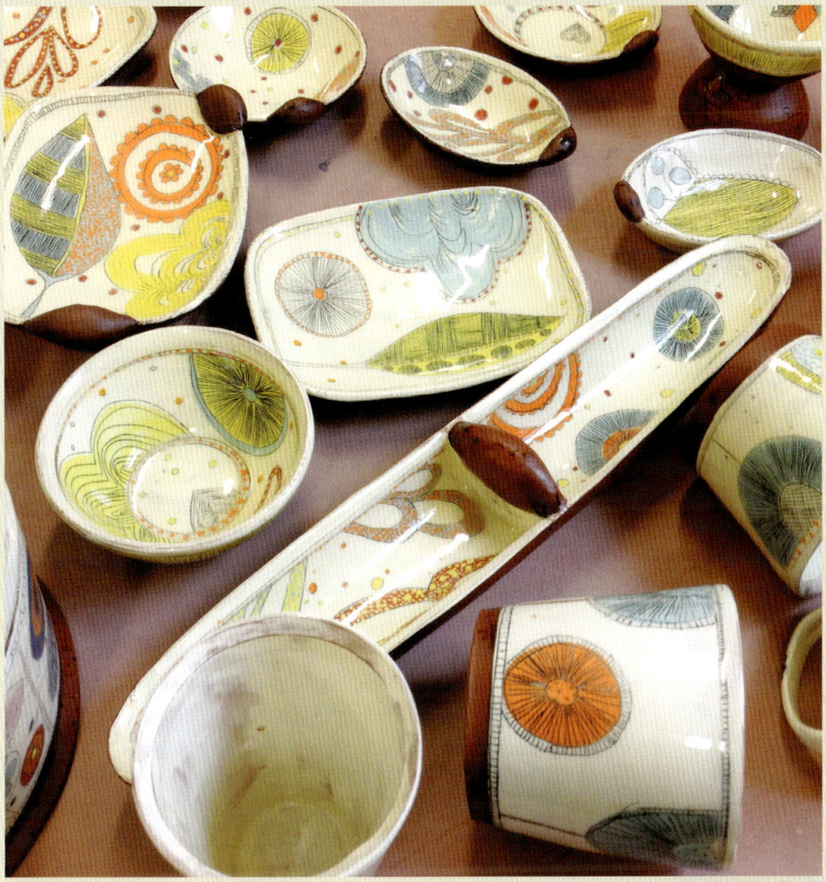

Kari sagt: „Ich arbeite sehr intuitiv. Wenn es ans Dekorieren geht, verteile ich zuerst allerlei Vorlagen auf der Arbeitsfläche, zum Beispiel Kinderbücher, Reproduktionen von Volkskunst, interessant gemusterte Stoffe oder Schnappschüsse von Dingen, die mich inspirieren. Ich habe eine große Materialsammlung, und sie wächst immer weiter. Zuerst bestreiche ich mein Werkstück mit einer gleichmäßigen Schicht weißer Terra sigilata, in die ich mein Motiv ritze. Dann fülle ich die Zeichnung farbig aus und versuche, die geritzten Linien auszusparen. Nach dem Schrühbrand bestreiche ich das ganze Werkstück mit schwarzer Unterglasur und wische sie wieder ab. Dadurch bekommt die Keramik eine Patina und wirkt wie antik. Mit farbigen Glasuren setze ich Akzente, bevor ich das ganze Stück klar glasiere."

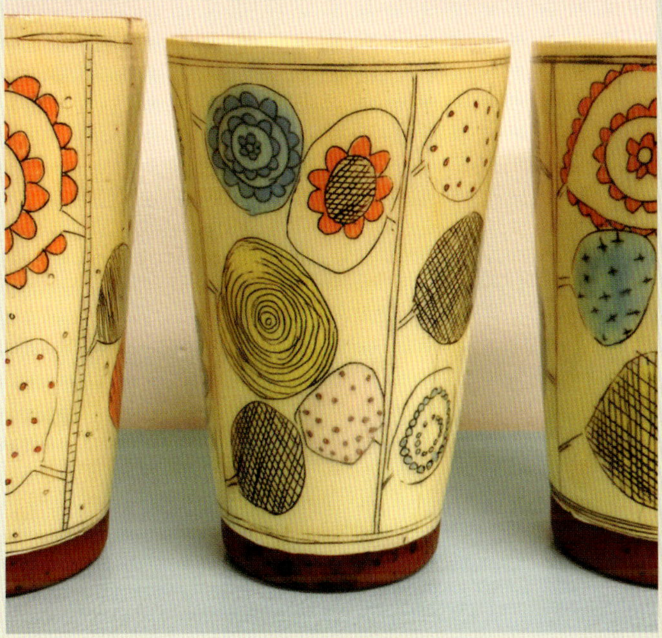

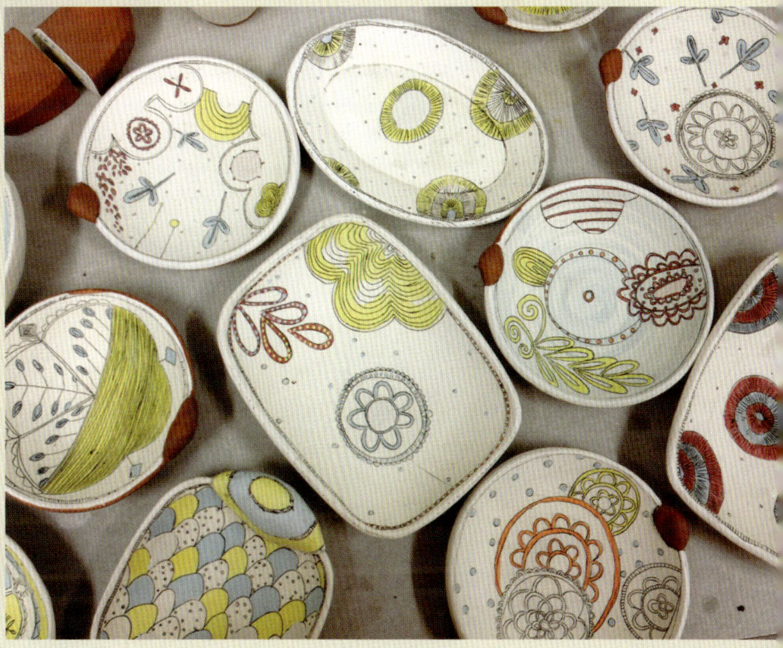

BLICK ÜBER DIE SCHULTER

Maria Dondero

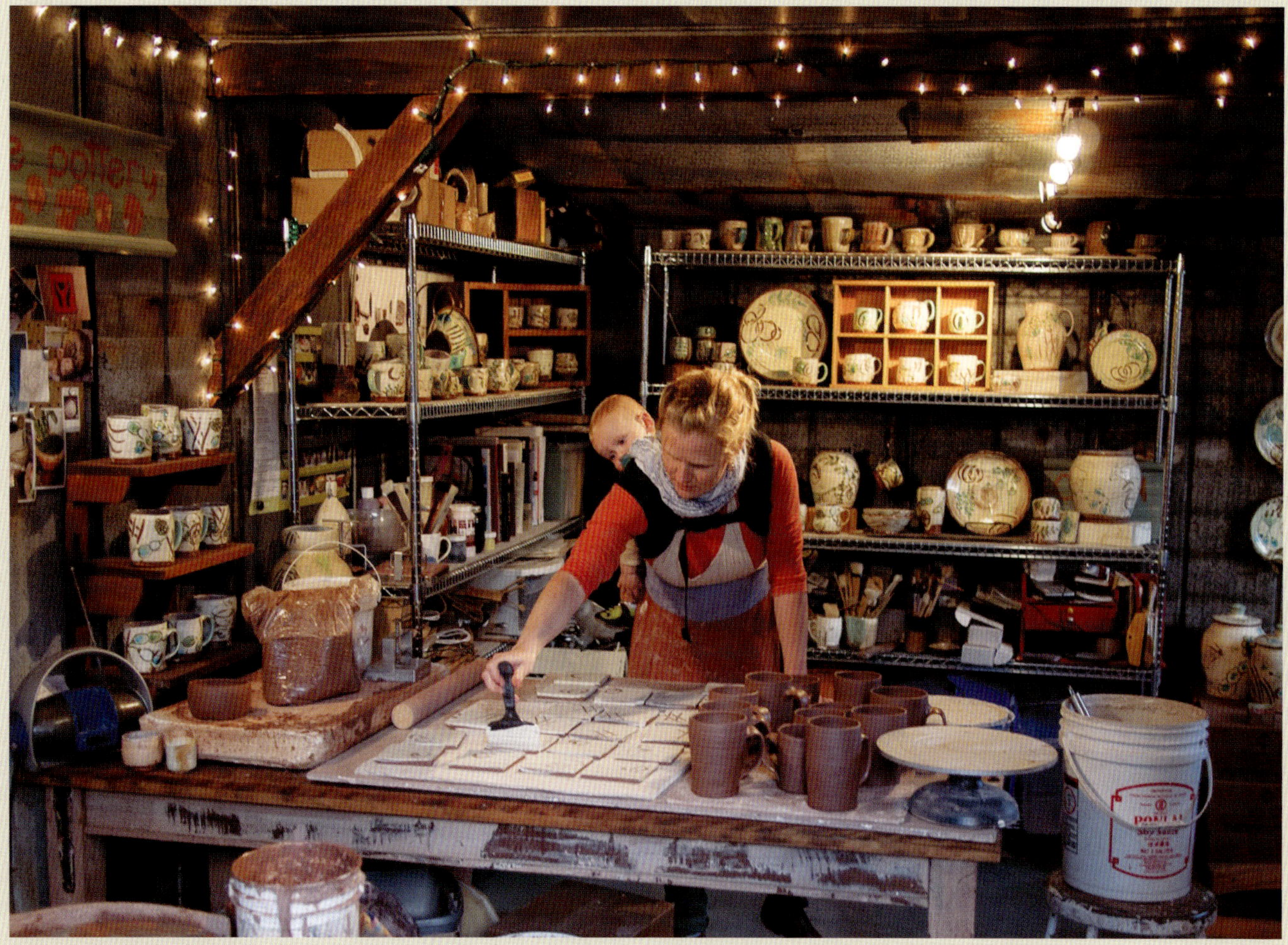

Maria Dondero lebt mit ihrem Mann und ihren beiden Söhnen in Athens (Georgia, USA), wo sie als Töpferin arbeitet. Seit sie 2008 ihren Master an der University of Georgia erworben hat, ist sie auch als Dozentin tätig. Maria stellt Gebrauchskeramik her, deren Aussehen auf historische Vorbilder aus aller Welt anspielt. Motive aus ihrer Lebensumgebung zeichnet sie aus freier Hand auf die Tonoberflächen. Ihre Arbeiten werden überall in den USA in Galerien ausgestellt.

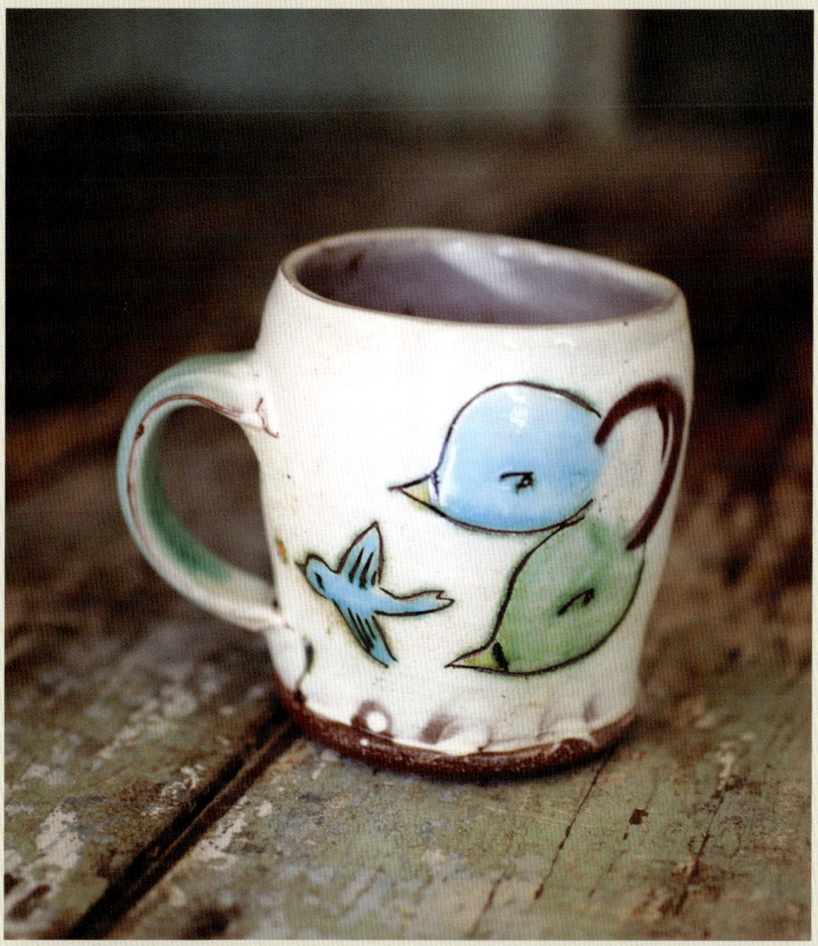

Maria sagt: „Wenn ein Werkstück lederhart ist, trage ich einen weißen Kaolinschlicker auf. Manchmal arbeite ich mit dem Pinsel, manchmal tauche ich das Werkstück. Wenn der Schlicker etwas angetrocknet ist, zeichne ich zügig Tier- oder Pflanzenmotive hinein, sodass der darunter liegende dunkle Ton sichtbar wird. Ich versuche, beim Zeichnen nicht zu viel zu denken. Stattdessen lasse ich die Finger laufen und orientiere mich an der Form des Gefäßes. Nach dem Schrühbrand färbe ich die geritzten Linien mit einer Eisen-Kupfer-Glasur ein, damit die Farbgebung und Textur facettenreicher wirkt. Dann kommen die Farben. Ich verwende hauptsächlich selbst gemischte Glasuren mit Kupfer- und Eisenoxiden, die einen schönen Kontrast zum dunklen Ton und zum hellen Schlicker bilden. Zuletzt sprühe ich alles mit klarer Glasur ein. Dabei bleiben die Texturen größtenteils erhalten und die Oberfläche glänzt nicht zu stark."

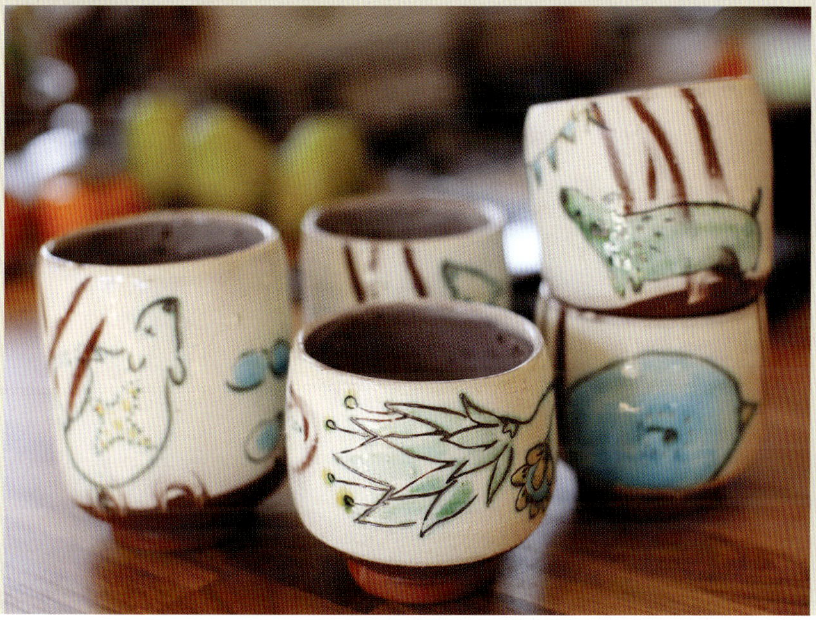

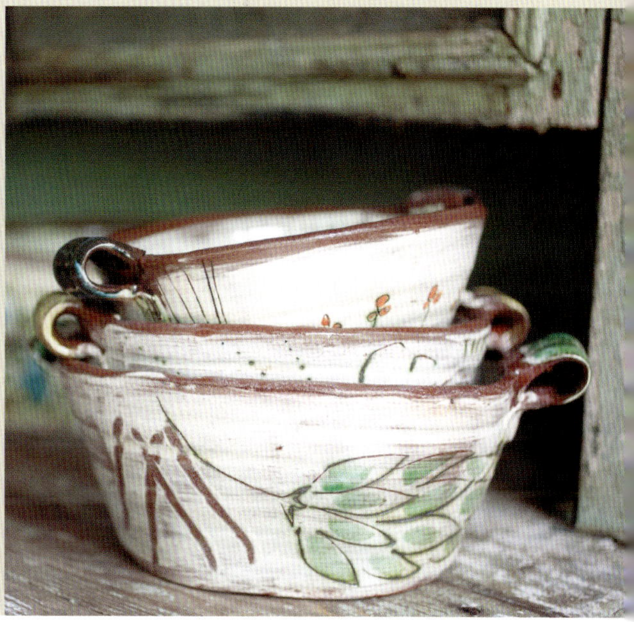

VORLAGEN

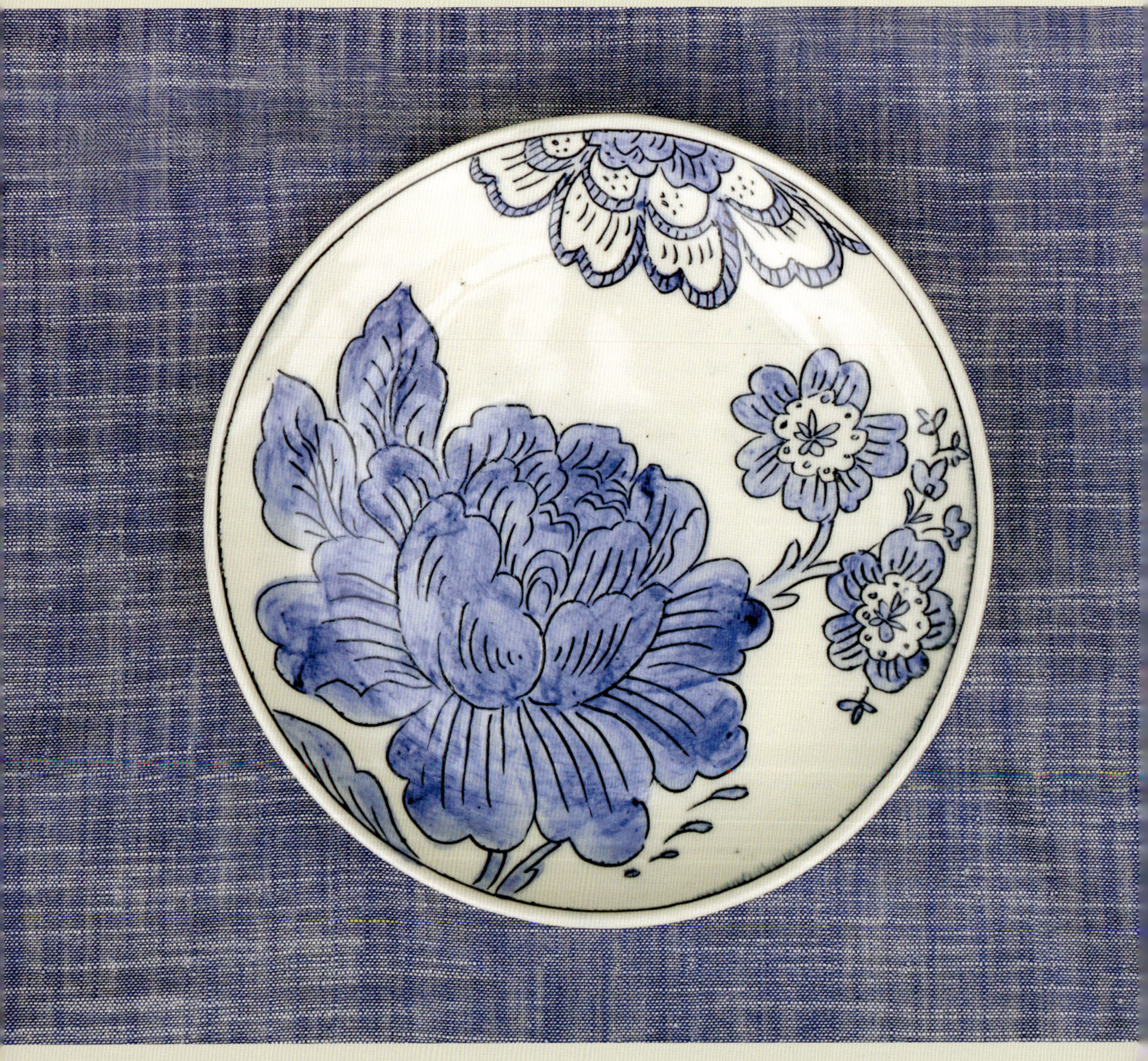

PROJEKT 1: MISHIMA (SEITE 57)

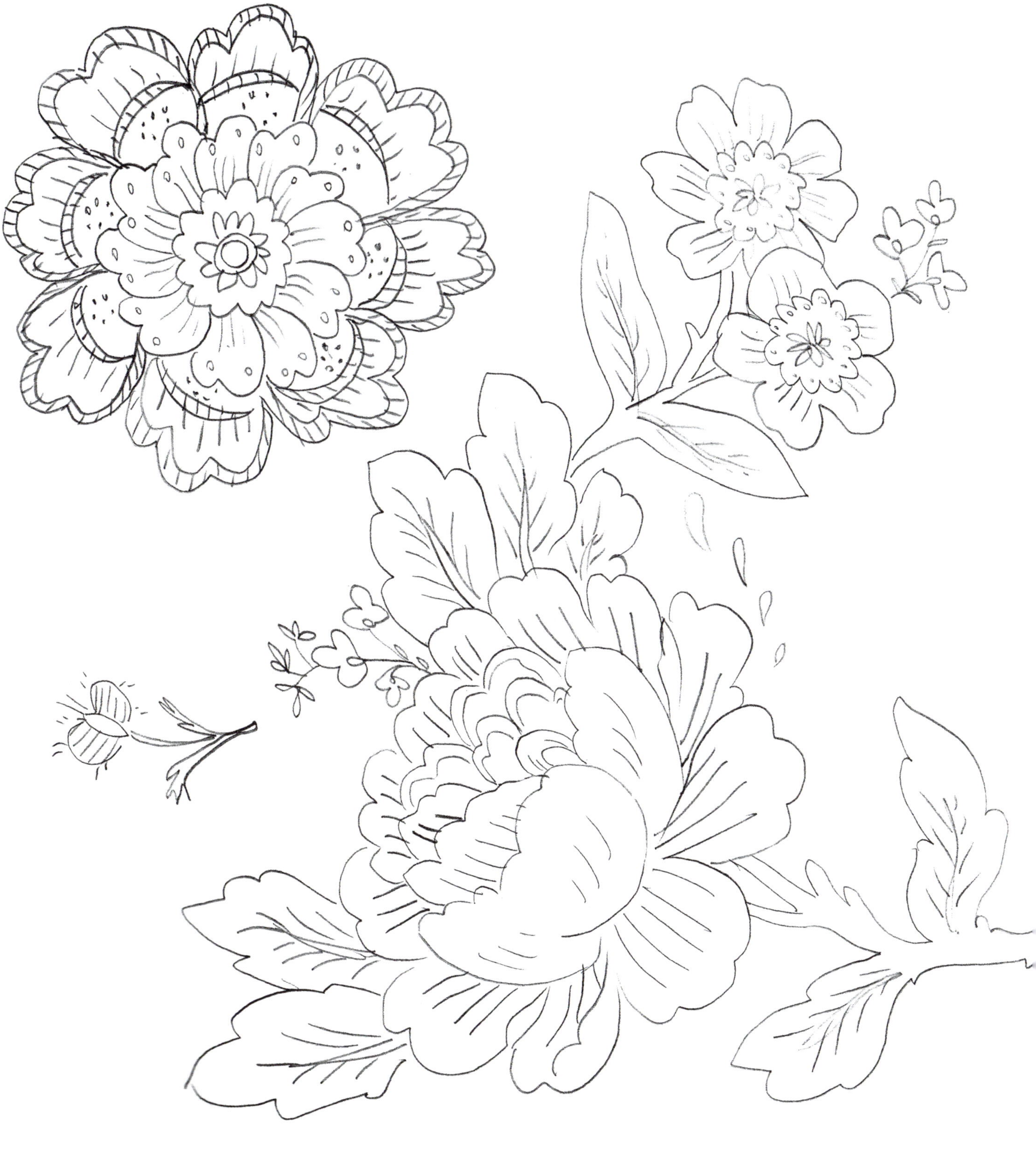

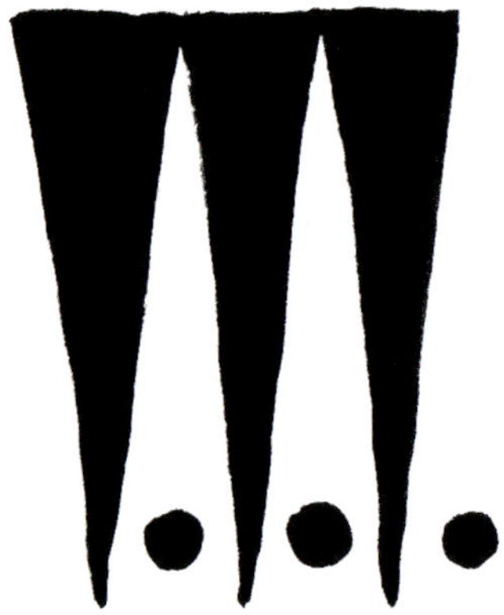

VORLAGE FÜR STEMPEL MIT DREIECKEN UND PUNKTEN

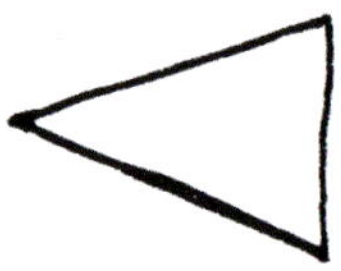

VORLAGE FÜR STEMPEL MIT DREIECKSLINIE

VORLAGE FÜR STEMPEL MIT DREIECK

PROJEKT 4: FREIES ZEICHNEN (SEITE 79)

Verwenden Sie die Begriffe als Stichwörter für freies Assoziieren und Zeichnen. Sie können die Felder auch mit Begriffen eigener Wahl füllen.

fliegen	leicht	rund	sprudelnd	Traum
Schnörkel	Bogen	Schlaufe	Explosion	Blüten-blatt
Punkte	windig	Wurzel	Blatt	offen
dicht	Strich	Knall	Stern	streng
Spitze	Verbin-dung	Fähre	springen	wachsen

PROJEKT 7: SCHABLONEN AUS DER NATUR (SEITE 97)

PROJEKT 8: ABDECKEN MIT SCHELLACK (SEITE 103)

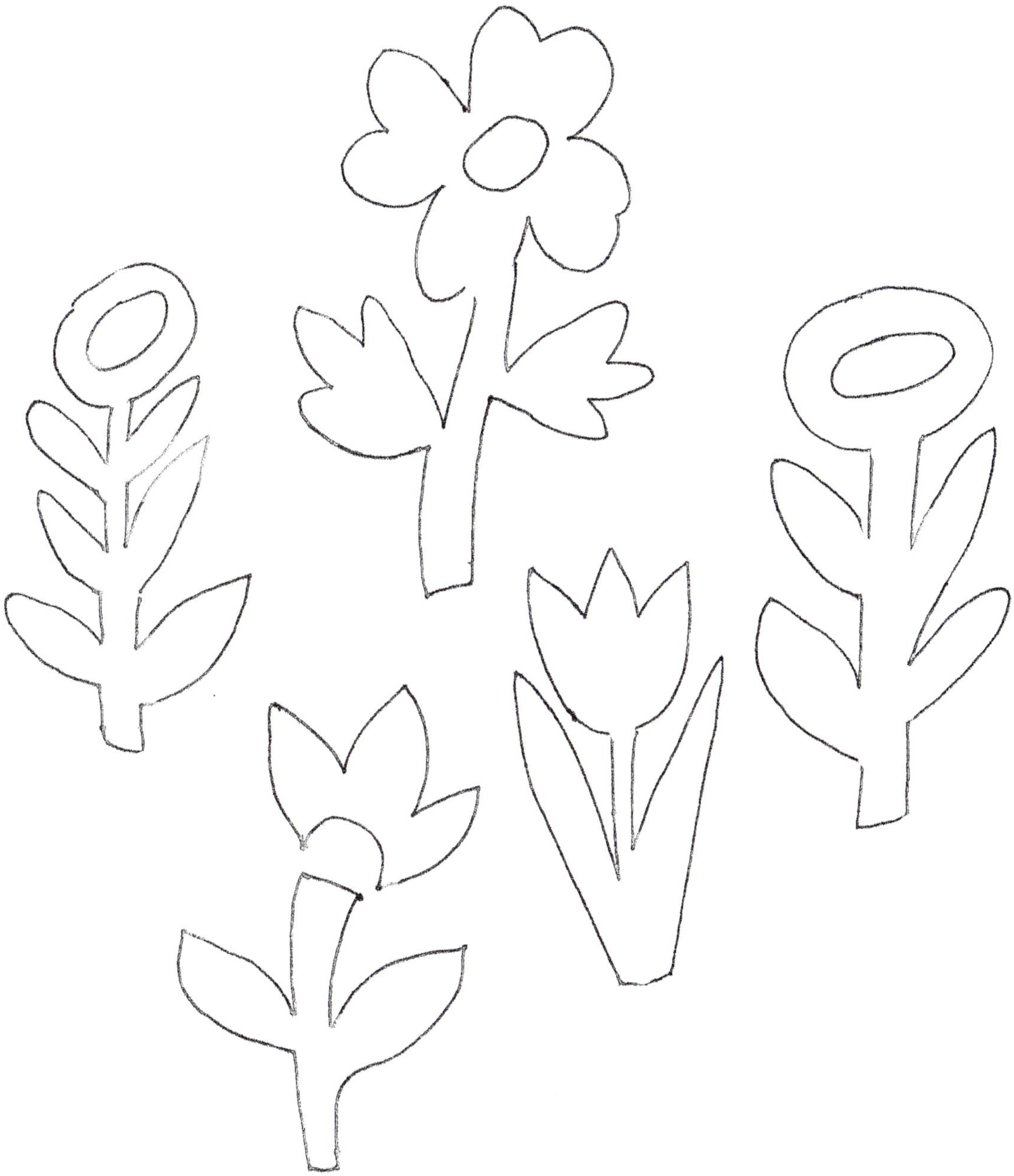

PROJEKT 10: SCHABLONE AUS FOLIE (SEITE 117)

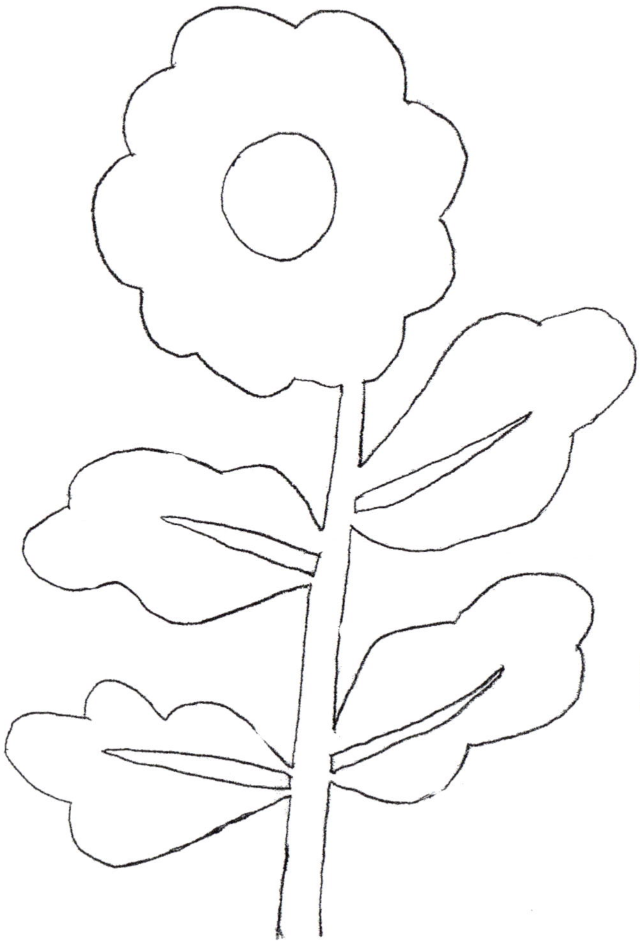

PROJEKT 11: PAPIERSCHABLONE (SEITE 125)

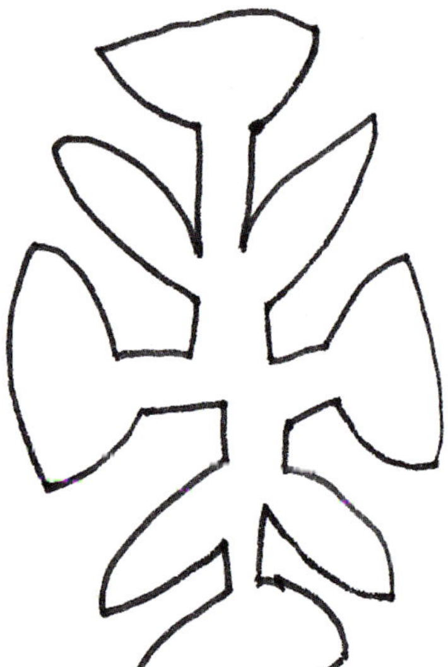

PROJEKT 12: SGRAFFITO (SEITE 133)

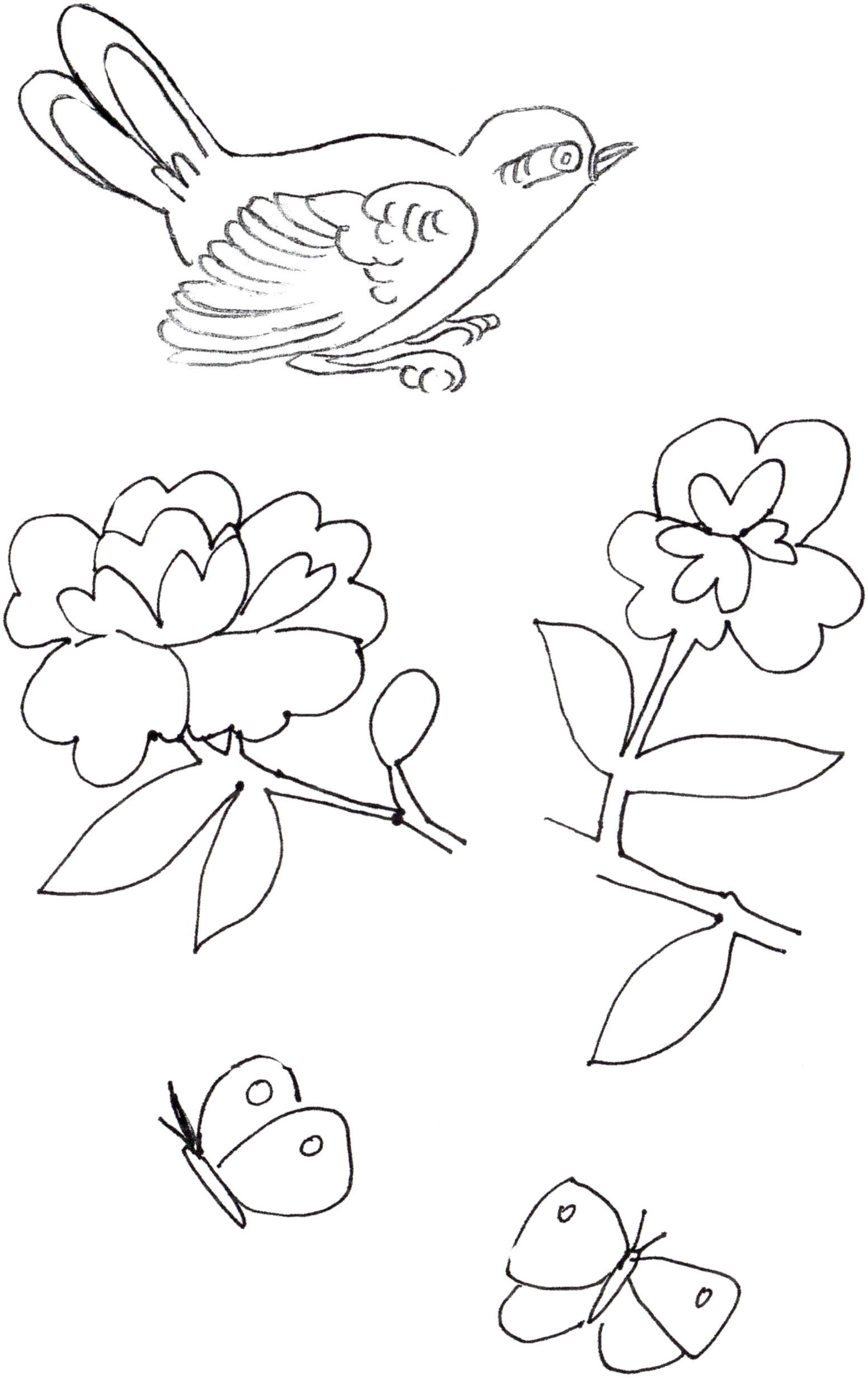

WISSENSWERTES

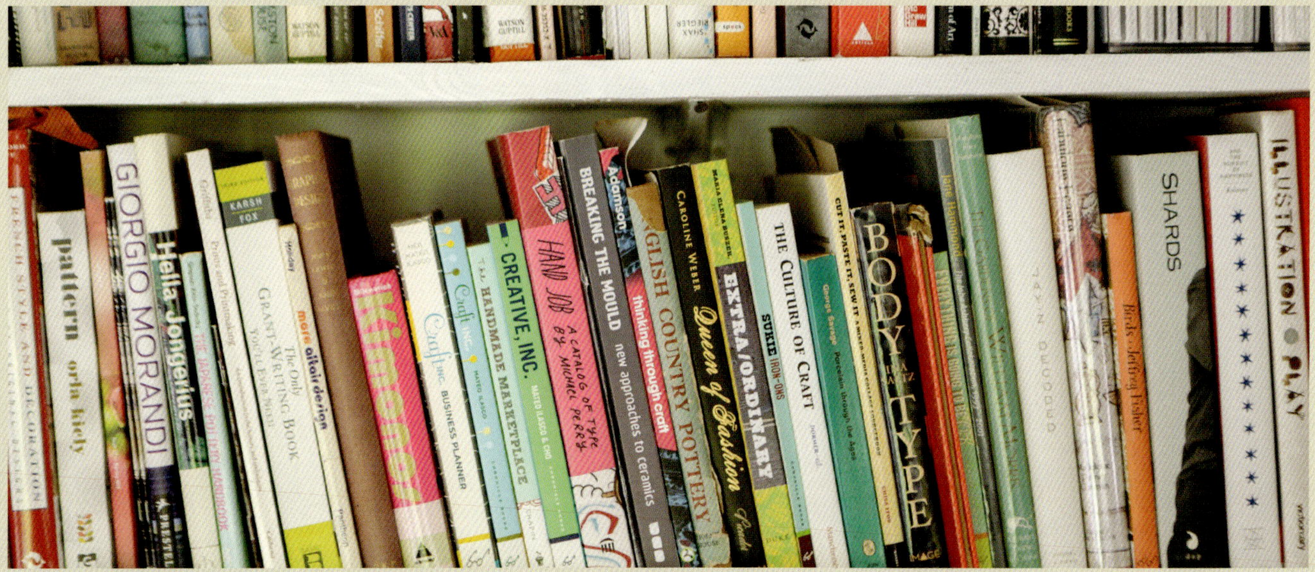

Ton

Der Ton, aus dem die Projekte in diesem Buch gefertigt wurden, trägt die Bezeichnung Laguna's Miller WC-617 #16. Es handelt sich um eine rohweiße Kaolinmasse mit guter Plastizität, die sich leicht bearbeiten lässt. Der hohe Kieselerdeanteil reduziert die Rissbildung in meiner Lieblingsglasur. Der Ton eignet sich auch gut zum Formen von Platten.

Laguna
Firmensitz und Haupt-Produktionsbetrieb in Los Angeles County, Kalifornien, USA. Händlersuchfunktion auf der Website.
14400 Lomitas Avenue
City of Industry, CA 91746
www.lagunaclay.com

Unterglasur und Unterglasurstifte

Im Rezeptteil finden Sie Zubereitungen für Schlicker und Engobe, doch nichts geht über die Vielseitigkeit gekaufter Unterglasur. Für die meisten Projekte in diesem Buch habe ich AMACO-Unterglasuren verwendet. Sie können auf rohem und geschrühtem Ton bei verschiedenen Brenntemperaturen verwendet werden. Auch meine Lieblingsglasuren vertragen sich gut mit den AMACO-Unterglasuren.

Underglasur-Stifte werden in Projekt 4 zum Zeichnen auf geschrühtem Ton verwendet. AMACO Unterglasurstifte sind in vielen Farben erhältlich und können bei verschiedenen Temperaturen gebrannt werden.

AMACO
6060 Guion Road
Indianapolis, IN 46254
www.amaco.com

Glasur

Die transparente Glasur, die für die Projekte in diesem Buch verwendet wird, mische ich in meiner Werkstatt selbst. Das Rezept finden Sie auf Seite xx. Wenn Sie Glasuren nicht selbst mischen möchten, können Sie selbstverständlich auch gekaufte Produkte verwenden.

The Ceramic Shop

Bei allen farbigen Glasuren in diesem Buch handelt es sich um Cone 6 Casual Tints von The Ceramic Shop. Sie eignen sich zum Tauchen und

Pinseln und neigen auf der Tonqualität Miller #16 von Laguna nicht zur Rissbildung.

The Ceramic Shop
3245 Amber Street, 1st Floor
Philadelphia, PA 19134
www.theceramicshop.com

Werkzeuge und Materialien für die Töpferei

AMACO bietet ein ausgezeichnetes Zeichenwerkzeug mit dem Namen T-3 Stylus an, das ich zum Übertragen von Vorlagen sowie für Mishima- und Sgraffito-Techniken sehr empfehle. Auch andere Werkzeuge und Materialien sind bei AMACO in großer Auswahl erhältlich.

Bailey Ceramic Supply
PO Box 1577
62 Tenbroeck Avenue
Kingston, NY 12402
www.baileypottery.com

Pinterest

Diese Online-Plattform ist hilfreich beim Suchen und Sammeln von Ideen. Ich habe verschiedene »Inspirations-Ordner« angelegt, aber auch einen mit Farbkombinationen, die mir gefallen. Auf diese Ordner greife ich gern zurück, wenn ich neue Gestaltungsideen entwickle.
www.pinterest.com

Instagram

Instagram ist eine Online-Plattform, auf der Fotos geteilt werden. Es ist interessant zu verfolgen, was andere Künstler und Kreative fotografieren und veröffentlichen. Natürlich können Sie hier auch Fotos eigener Ideen oder Inspirationen ablegen und später wieder aufgreifen.
www.instagram.com

Gummistempel

Es gibt verschiedene Online-Shops, bei denen Sie Gummistempel nach eigenen Motiven herstellen lassen können. Sie brauchen nur Ihre Motive als Bilddatei hochzuladen. Ich arbeite gern mit Simon's Stamps zusammen.
www.simonstamp.com

Zeitschriften

Zeitschriften sind großartige Ideengeber, und sie machen es leicht, immer am Puls der Trends zu bleiben. Hier folgt eine kurze Liste meiner Lieblingszeitschriften. Internationale Publikationen sind etwas teurer, aber das Geld ist gut angelegt.

Anthology Magazine
www.anthologymag.com

Elle Decor
www.elledecor.com

Frankie Magazine
www.frankie.com.au

Selvedge Magazine
www.selvedge.org

World of Interiors
www.worldofinteriors.co.uk

Geprägtes Papier

Mit geprägtem Papier lassen sich interessante Texturen auf Ton gestalten. Eine große Auswahl geprägter Papiere bietet Paper Mojo an. Ich empfehle, das Papier mehrmals mit Schellack zu bestreichen, damit es länger hält.
www.papermojo.com

Websites von Museen

Viele größere Museen zeigen ihre Sammlungen oder einen Teil davon im Internet. Ich greife auf diesen Fundus zurück, wenn ich historische Vorlagen suche oder einfach auf Ideensuche bin.

Cooper-Hewitt
http://collection.cooperhewitt.org

Metropolitan Museum of Art
www.metmuseum.org/collection

New York Public Library
www.nypl.org/collections

Victoria & Albert Museum
http://collections.vam.ac.uk

REZEPTE

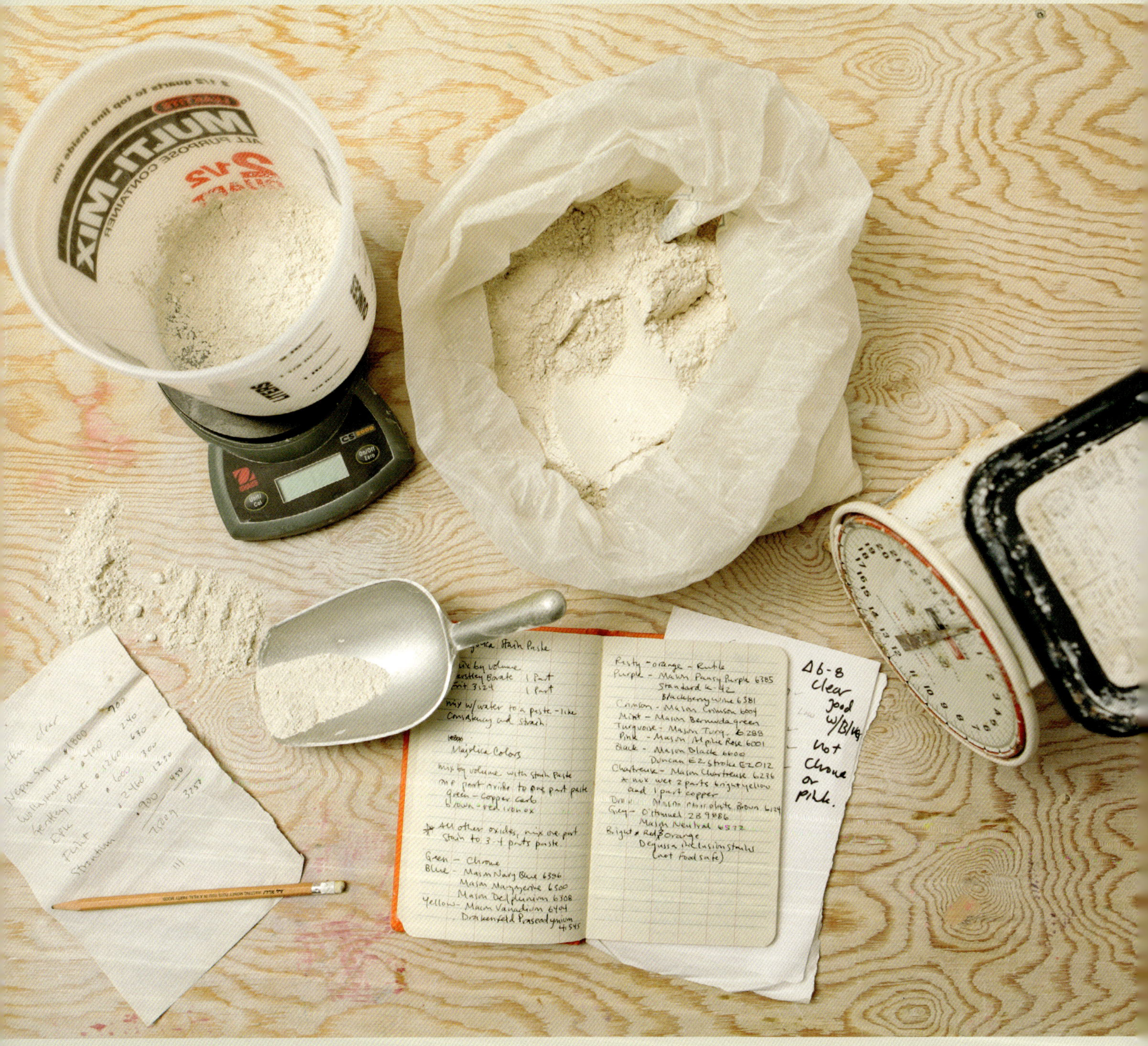

Cindy Kolodjeski durchscheinende Engobe-Basis: Kegel 04, Oxidation

Meist brennbar bis Kegel 6 – bitte vorher ausprobieren!

EPK	10
Kentucky Ball #4	30
(Ich verwende OM4 Ball Clay, der sich bestens eignet)	
Glomax (kalzinierter Kaolin)	50
Fritte 3110	36
Talkum	30
Kieselerde	40
CMC (trocken)	2
Macaloid (trocken)	2

Mit Wasser pastös anrühren und auf geschrühten Ton auftragen. Die Basis kann mit Farben und Oxiden im Verhältnis 1:1 eingefärbt werden. Zur Verwendung wie eine kommerzielle Unterglasur dünner anrühren.

Arnie's Fish Sauce Slip: Kegel 04–10 Oxidation oder Reduktion

Vielseitige Schlicker-Basis, problemlos geeignet für Tone im Brennbereich Kegel 04–10. Deckend weiß. Lässt sich gut mit Farbstoffen und Oxiden einfärben.

Kaolin (Grolleg)	43.3
Flint	15.71
Kona F-4 Spar	23.67
Bentonite	9.47
Pyrax	7.85

Zuerst die trockenen Zutaten gründlich mischen, dann mit Wasser verrühren, bis die Mischung eine cremige Konsistenz hat. Kann zum Pinseln oder Tauchen auch dünner angerührt werden.

Kitten's klare Glasur: Kegel 6 Oxidation

Nephelinsyenit	30
Wollastonit	8
Gerstleyborat	21
EPK	10
Flint	41
Strontium	15

Alle Zutaten mischen, dann durch ein 80er und danach durch ein 100er Sieb geben. Die Glasur sollte sehr dünn aufgetragen werden.

Empfohlene Zusätze von Farbstoffen und Oxiden für Kitten's klare Glasur:

Bermuda Mason Stain: 4%

Yellow Mason Stain: 4%

Bright Purple: 8%

Kobaltkarbonat: 1%

Lobster Red Mason Stain: 8%

Coke Bottle Clear Tint: 0,25% Rotes Eisenoxid und 0,2% Kupferkarbonat

Robin's Egg Blue: 0,25% Robin Egg Mason Stain und 0,5% Kupferkarbonat

GLOSSAR

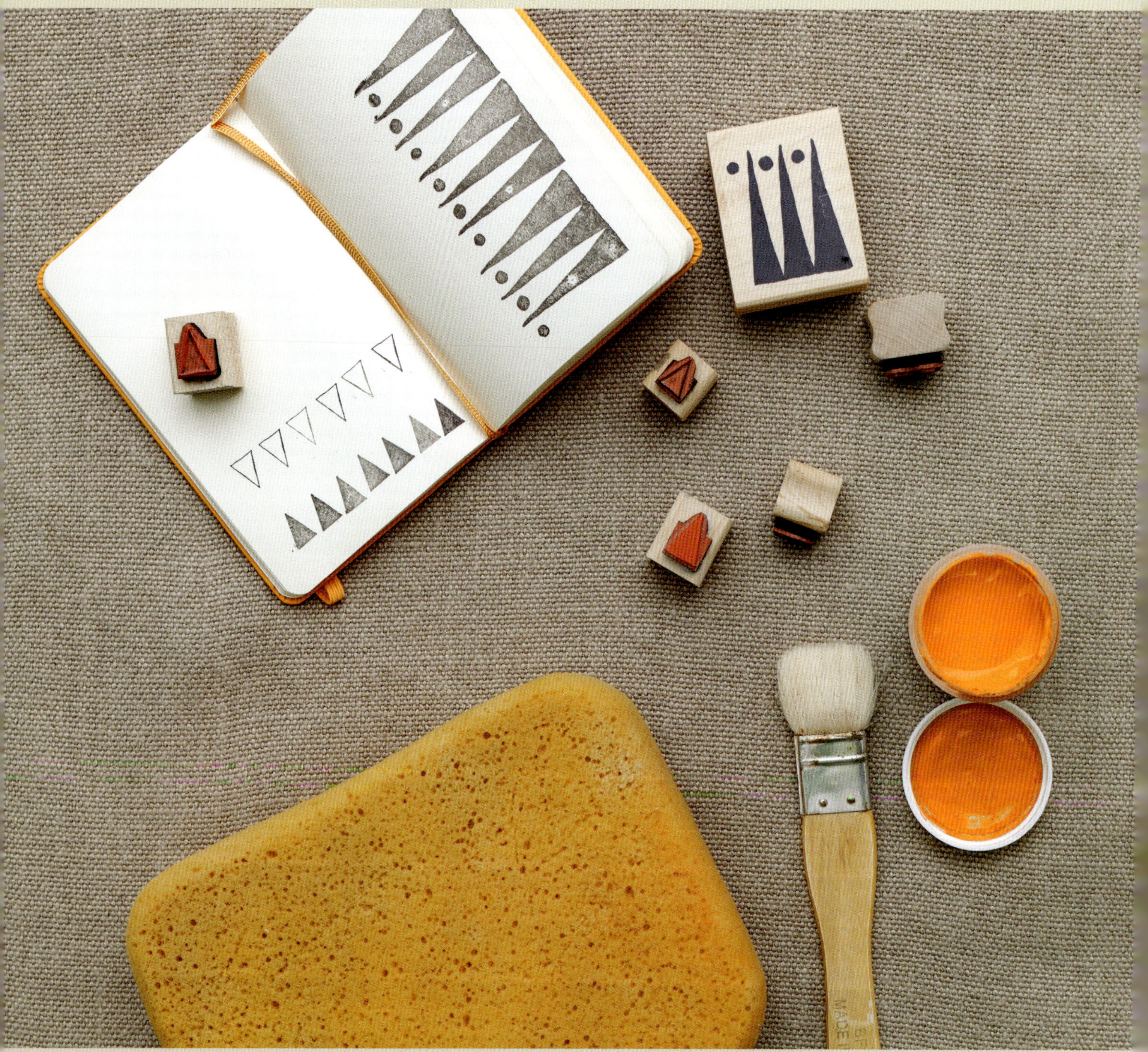

Schrühbrand: Der erste Brand, oft bei einer Temperatur von ca. 980 °C. Dabei verdampft die im Ton enthaltene Restfeuchtigkeit und der Ton wird gehärtet. Danach kann die poröse Oberfläche glasiert werden.

Knochentrocken: Der maximale Trocknungsgrad, der an der Luft ohne Hilfsmittel zu erreichen ist. Knochentrockener Ton fühlt sich warm an. Enthält der Ton noch Feuchtigkeit, fühlt er sich wegen der Verdunstungskälte kühl an. Knochentrockener Ton ist sehr zerbrechlich.

Kalziniert: Bezeichnung für Kaolin, dem durch Erhitzen die Feuchtigkeit entzogen wurde und der seine plastischen Eigenschaften verloren hat. Kalzinierter Kaolin wird für Engoben und Unterglasuren verwendet, weil er im Brand nicht schwindet oder reißt – er ist ja bereits gebrannt.

Farbkörper: Farbkörper können eigenständig als Unterglasurfarben verwendet werden, aber auch zum Einfärben von Ton, Schlicker, Engobe oder Glasur. Man kann mit ihnen auch auf Glasuren malen. Meist werden sie in Pulverform angeboten. Synthetisch hergestellte Produkte sind in einer größeren Bandbreite von Farbtönen erhältlich als natürliche Metalloxide, die auch zum Einfärben der Tonoberfläche verwendet werden.

Wachsabdeckung: Ein flüssiges Wachs, das vor oder nach dem Schrühbrand auf die Tonoberfläche aufgetragen wird, damit auf den abgedeckten Bereichen keine Glasur haftet

Ton: Im Kontext dieses Buchs eine handelsübliche Mischung aus natürlichem Ton und Hilfsstoffen, die Plastizität, Brenntemperatur oder endgültige Farbe des Tons beeinflussen können.

Color-Blocking: Oberflächendekoration mit größeren, einfarbigen Flächen in zwei oder mehr Farben. Auf weitere Strukturen oder Muster wird normalerweise verzichtet, damit die grafische Wirkung der Farbblöcke erhalten bleibt.

Rissbildung: Spannungsrisse in der Glasur können während des Brands entstehen, wenn die Glasur nicht gut auf den Ton abgestimmt ist.

Prägen: Das Eindrücken von Dekorationen oder Mustern in die Oberfläche des Tons.

Steingut: Poröse, nicht gesinterte Keramik aus Ton, de durch seinen hohen Eisenoxidgehalt eine rötliche Farbe hat. Schrühbrand meist bei hoher Temperatur (Kegel 04), Glasurbrand bei niedriger Temperatur (Kegel 05–06).

Embossing: Oberflächengestaltung (z. B. durch Schnitzen oder Stempeln), bei der sich das fertige Muster reliefartig von seinem Grund abhebt.

Fließmittel: Hilfsstoffe, die den Schmelzpunkt von Glasuren senken und so das Verschmelzen mit der Gefäßoberfläche erleichtern.

Glasur: Eine flüssige Mischung aus Kieselsäure, Fließmitteln, Stabilisatoren und anderen Stoffen. Wird zur Verzierung und zur Versiegelung der Oberfläche auf keramische Objekte aufgebrannt. Glasuren werden meist nach dem Schrühbrand aufgetragen, oder die Tonobjekte werden in die Glasur getaucht.

Grünkörper: Objekte aus ungebranntem Ton in den verschiedenen Stadien der Trocknung.

Schamotte: Pulverisierter, gebrannter Ton, der in verschiedenen Körnungen erhältlich ist. Wird beigemischt, damit sich Ton besser verarbeiten lässt, weniger schrumpft und sich nicht so stark verformt. Findet vor allem in der Aufbaukeramik Anwendung.

Aufbaukeramik: Formen von Ton mit den Händen und einfachen Werkzeugen (ohne Zuhilfenahme einer Drehscheibe), beispielsweise durch Modellieren oder zusammensetzen von Tonrollen oder platten.

GLOSSAR

Brenntemperaturen: Je nach Art des Tons wird bei unterschiedlichen Temperaturen gebrannt. Hohe Brenntemperatur ca. 1250 bis 1310 °C (Kegel 8–12), mittlere Brenntemperatur ca. 1160 bis 1240 °C (Kegel 4–7), niedrige Brenntemperatur ca. 580 bis 1150 °C (Kegel 022–3).

Laminieren: Ein Material (z. B. Papier) mit einer Schicht transparentem Plastik (in diesem Buch Paketklebeband) überziehen.

Lederhart: Ein Trocknungsstadium, in dem Ton noch sichtbar feucht ist, aber bereits so fest, dass man Objekte anfassen und bearbeiten kann, ohne dass sie sich verformen. Lederharter Ton ist steif, aber noch weich genug, um ihn zu schnitzen, zu ritzen, abzudrehen oder an ein anderes Teil aus Ton anzusetzen. Schlicker, Engobe und andere Unterglasuren werden meist auf lederharten Ton aufgetragen.

Mishima: Eine Dekorationstechnik, bei der in lederharten Ton lineare Muster geritzt und mit Schlicker oder Unterglasur ausgefüllt werden. Auch als Intarsientechnik bekannt.

Motiv: Eine erkennbare, wiederkehrende Form oder ein Element eines Musters.

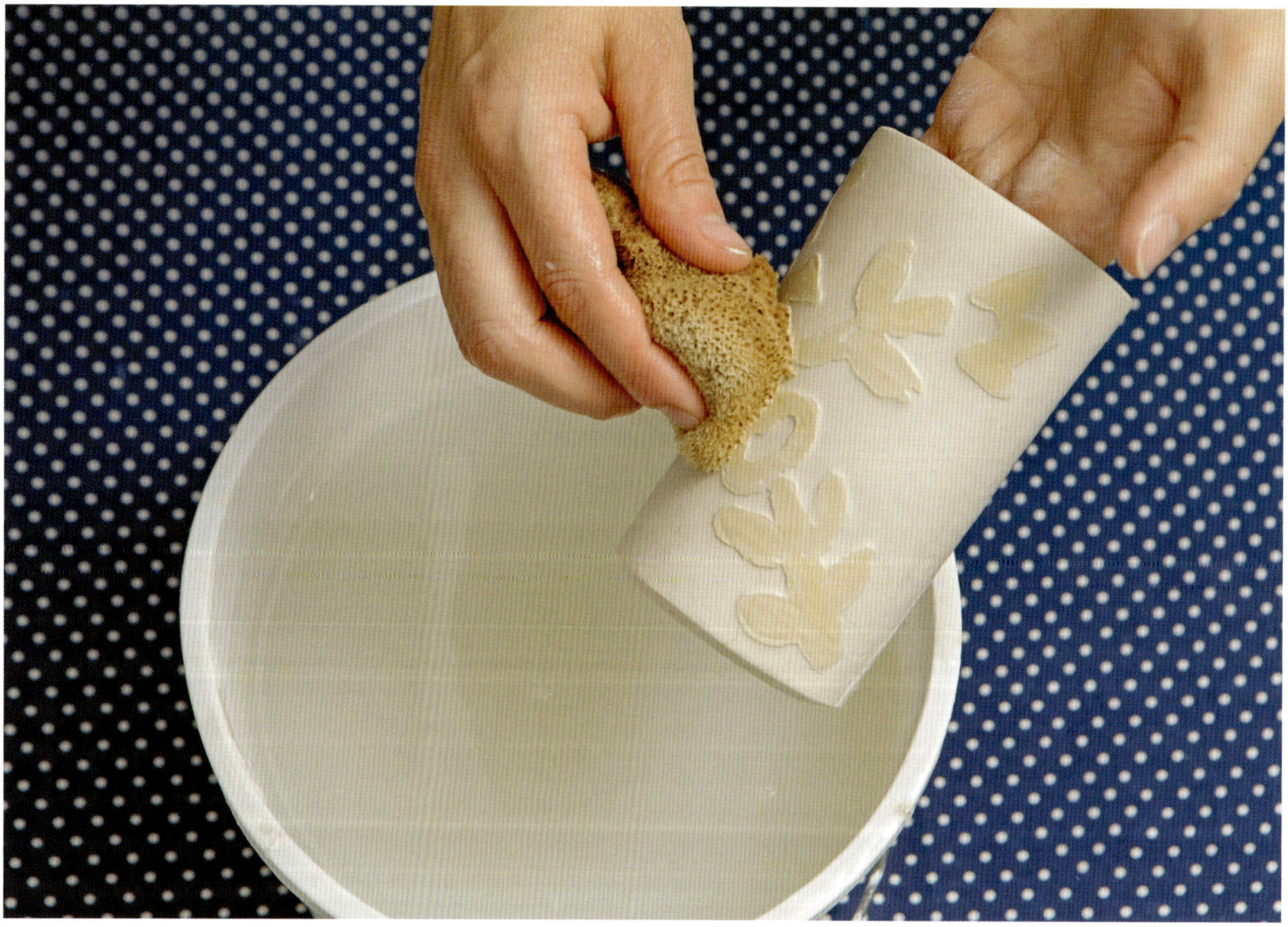

Oxidation: Eine Atmosphäre im Brennofen, bei der mehr Sauerstoff vorhanden ist, als nötig wäre, um den Brennstoff restlos zu verbrennen.

Oxide: Oxidierte Metalle (z.B. Kobalt, Eisen oder Kupfer), die zum Einfärben von Schlicker, Glasur oder Unterglasur verwendet werden. Eisenoxid beispielsweise hat einen rostroten Farbton.

Nadelstich: Glasurfehler in Form eines kleinen Lochs. Glasuren enthalten einen Anteil flüchtiger Inhaltsstoffe. Wenn diese während des Brands entweichen, brodelt die Glasur. Entweichen diese Gase auch noch während der Abkühlphase, kann es zur Bildung von Nadelstichen oder größeren Kratern kommen.

Porzellan: Ein feiner, weißer Ton mit hoher Dichte. Schrühbrand bei niedriger Temperatur (Kegel 06–08), Glasurbrand bei mittlerer bis hoher Temperatur (Kegel 6–10).

Keramikgips: Spezieller Gips, der z.B. zur Herstellung von Kopfplatten, Donseln oder Formen verwendet wird.

Innenglasur: Eine Glasur, mit der die Innenseite eines Gebrauchsgefäßes überzogen wird.

Reduktion: Eine Atmosphäre im Brennoffen, bei der mehr Brennstoff als Sauerstoff vorhanden ist. Sie bewirkt eine unvollständige Verbrennung. Dabei wird Kohlenstoff freigesetzt, der sich an alle noch vorhandenen Sauerstoffatome anlagert. Dadurch reduziert sich der Sauerstoffgehalt im Ton und der Glasur, und deren Farben und Oberflächeneigenschaften können sich verändern.

Sgraffito: Fachausdruck für eine Ritztechnik, bei der in eine Engobeschicht Muster geritzt werden, durch die der Ton des Gefäßes zu sehen ist.

Schlicker: Mit Wasser gesättigter Brei aus Ton oder Tonresten. Auch dickflüssiger Ton, der für reliefartige Verzierungen oder zum Ansetzen von Teilen verwendet wird. Soll Schlicker zum Gießen in Gipsformen verwendet werden, müssen ihm meist Hilfsstoffe zugesetzt werden, die für eine gleichmäßige Konsistenz sorgen.

Schwindung: Die Schrumpfung des Tons durch Wasserverdunstung beim Trocknen und Brennen

Steinzeug: Harte, undurchsichtige, gesinterte Keramik, meist aus Rohton und Schamotte, häufig bräunlich oder graubraun. Wird bei hoher Temperatur gebrannt.

Unterglasur: Flüssige, keramische Pigmente, die unter einer klaren oder farbigen, transparenten Glasur aufgetragen werden. In diese Gruppe fallen Schlicker, Engobe und verschiedene Fertigprodukte aus dem Fachhandel.

Verglasen: Reaktion im Brand bei hoher Temperatur, durch die Glasuren und bestimmte Tone (Steinzeugton, Porzellan) wasserdicht werden. Bei Temperaturen unter 1000 °C bleibt der gebrannte Ton wasserdurchlässig.

Kegel, pyrometrische: Kleine Kegel aus keramischem Material, die zum Messen der Hitzeentwicklung im Brennofen verwendet werden

Kieselsäure (Silica): Ein glasbildendes Material, das für Tonmischungen und Glasuren verwendet wird

Temperaturschock: Schnelles Erhitzen oder Abkühlen von Keramikgegenständen. Kann zu Rissen führen.

Plastizität: Der Charakter von feuchtem Ton: weich, geschmeidig und formbar, aber in gewissem Maße formstabil.

BETEILIGTE KÜNSTLER

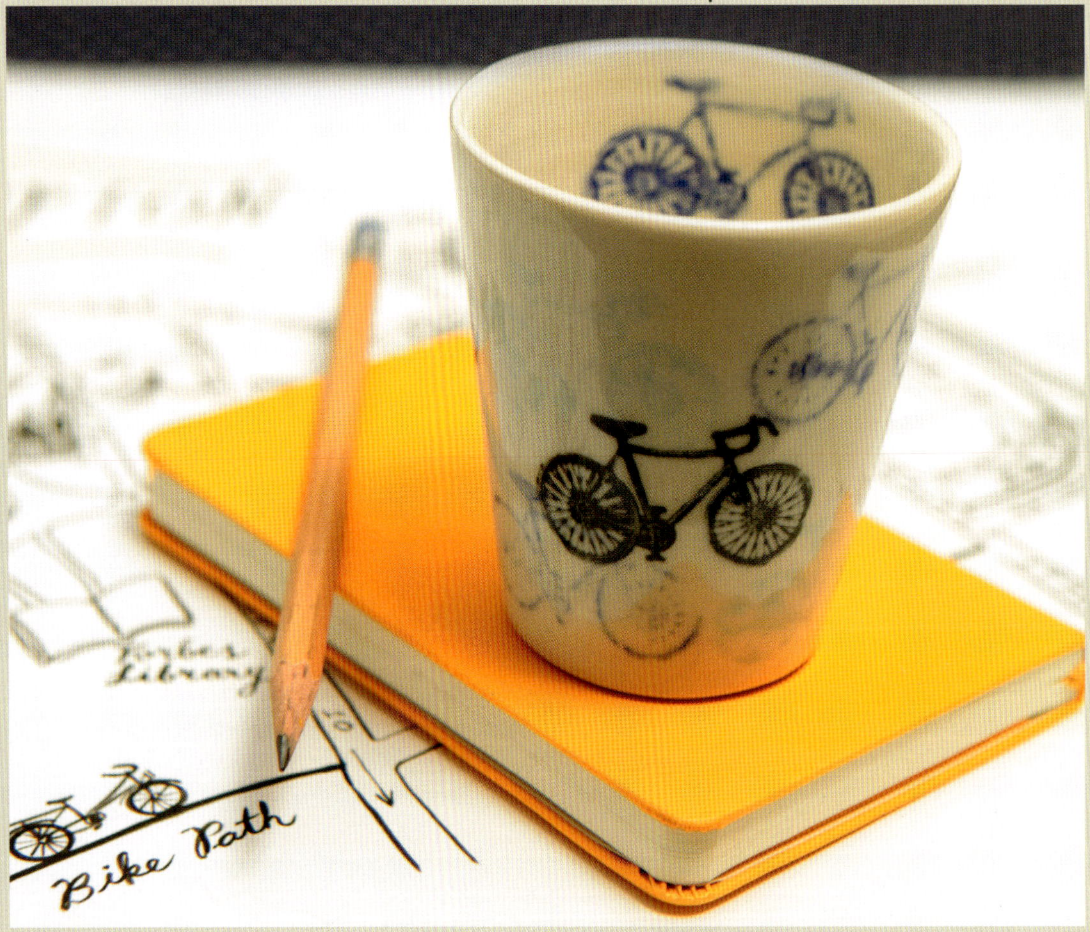

Heather Braun-Dahl www.dahlhausart.com
Sunshine Cobb www.sunshinecobb.com
Chandra DeBuse chandradebuse.com
Maria Dondero mariadondero.com
Rae Dunn www.raedunn.com
Heather Mae Erickson heathermaeerickson.com
Diana Fayt www.dianafayt.com
Meredith Host meredithhost.com
Kristen Kieffer kiefferceramics.com
Hannah Niswonger www.hnclay.com
Brooke Noble www.facebook.com/nobleclaygirl
Doug Peltzman www.dougpeltzman.com
Sandi Pierantozzi sandiandneil.com
Brenda Quinn www.brendaquinn.com
Kari Radasch kariradasch.com
Alex Reed alexjreed.com
Andy Shaw shawtableware.com
Evelyn Snyder www.kscopepottery.com
Adero Willard aderowillard.com

DIE AUTORIN

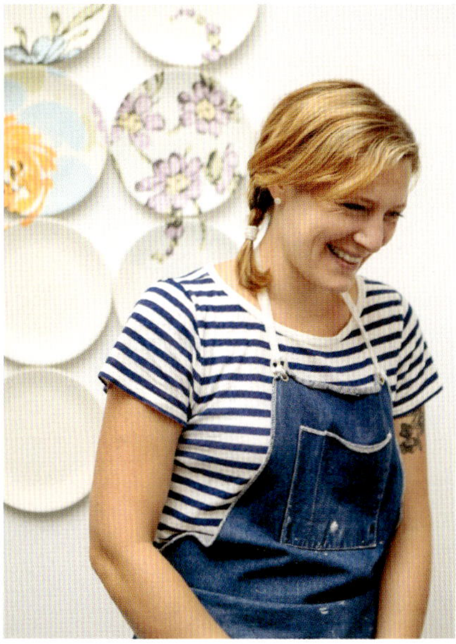

Molly Hatch kam als Tochter einer Malerin und eines Biobauern zur Welt. Kreativität spielt in ihrem Leben seit jeher eine große Rolle. Heute liegen ihre Schwerpunkte auf origineller Keramik und charaktervollen Federzeichnungen. In beiden Disziplinen setzt sie mit viel Talent und Fantasie Pop-Art-Elemente ein.

Nach ihrem Studium (Keramik und zeichnen) hat Molly 2008 im Tiefgeschoss ihres Hauses eine Keramikwerkstatt eingerichtet und bald einen ganz eigenen Stil entwickelt. Ihre zeitgemäßen Arbeiten, oft mit historischen Anspielungen, fanden bald Anklang, und heute hat sie als Künstlerin und Designerin Erfolg. Neben Geschirr gestaltet sie auch andere Dinge für die Wohnung. Sie entwirft ganze Kollektionen in ihrem modernen, der Tradition verpflichteten Stil.

Weitere Informationen über Molly und ihre Arbeit auf ***www.mollyhatch.com*** *und* ***mollyhatchstudio.com.***

DIE FOTOGRAFIN

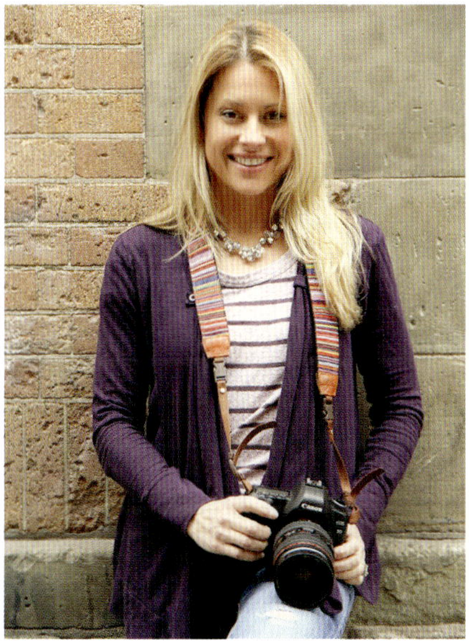

Thea Coughlin hat sich nach ihrer Ausbildung zur Lehrerin als Fotografin selbstständig gemacht. Sie lebt mit ihrem Mann und ihrem Sohn im Staat New York.

Neben der Porträt- und Werbefotografie arbeitet sie häufig für Zeitschriften wie Country Living, Somerset Studio, Where Women Create und Healthy Life. Wenn Thea nicht mit der Kamera unterwegs ist, mit Klienten spricht oder Seminare gibt, wandert sie gern mit ihrer Familie durch die Wälder, klettert auf Bäume oder lacht mit ihren Lieben.

Weitere Informationen über Thea und ihre Arbeit auf ***www.theacoughlin.com.***

DANK

Ohne viele gute Ratgeber und helfende Hände hätte dieses Buch nicht entstehen können. Ich danke meinem Mann und meiner Familie, die mir den Rücken freigehalten haben, damit ich abends und an den Wochenenden arbeiten konnte. Vielen Dank an meine Lektorin
Mary Ann Hall für ihre Unterstützung und Beratung und dafür, dass sie mich Schritt für Schritt durch die Arbeit begleitet hat. Ohne sie hätte ich es nicht geschafft. In ästhetischer Hinsicht hat mit meine Freundin und Kollegin Asya Palatova mit vielen guten Tipps geholfen. Durch Thea Coughlins Erfahrung und ihre großartigen Fotos ist dieses Buch wunderschön geworden, und die Zusammenarbeit mit Thea war eine wahre Freude. Besonderen Dank sage ich allen Künstlern für ihre Beiträge zu diesem Buch. Dank geht zu guter Letzt an Elena Zachary, die mir geholfen hat, meine Gedanken in Worte zu fassen und bei den Fotoshootings eine unverzichtbare Hilfe war.